Testing Program

HOLT, RINEHART AND WINSTON

A Harcourt Classroom Education Company

Austin · **New York** · **Orlando** · **Atlanta** · **San Francisco** · **Boston** · **Dallas** · **Toronto** · **London**

Contributing Writers

Barbara Kelley
Parkway Central High School
Chesterfield, MO

Elizabeth M. Rowe
Oceanside, NY

Mary Olmstead
Austin, TX

Jena Hiltenbrand
Austin, TX

Valérie Simondet
Bellaire, TX

Copyright © by Holt, Rinehart and Winston

All rights reserved. No part of this publication may be reproduced or transmitted in any form or by any means, electronic or mechanical, including photocopy, recording, or any information storage and retrieval system, without permission in writing from the publisher.

Teachers using ALLEZ, VIENS! may photocopy complete pages in sufficient quantities for classroom use only and not for resale.

Cover Photo Credits
Group of students: Marty Granger/HRW Photo
CD: Digital imagery® © 2003 Photodisc, Inc.

Art Credits
All art, unless otherwise noted, by Holt, Rinehart and Winston.
Page 276, Bruce Roberts; 308, Gilles-Marie Baur.

ALLEZ, VIENS! is a trademark licensed to Holt, Rinehart and Winston, registered in the United States of America and/or other jurisdictions.

Printed in the United States of America

ISBN 0-03-065566-8

1 2 3 4 5 6 7 066 05 04 03 02 01

Contents

Chapter Quizzes and Tests

To the Teacher iv

Chapitre 1
Quizzes 1
Chapter Test 13
Scripts and Answers 21

Chapitre 2
Quizzes 27
Chapter Test 39
Scripts and Answers 47

Chapitre 3
Quizzes 53
Chapter Test 65
Scripts and Answers 73

Chapitre 4
Quizzes 79
Chapter Test 91
Scripts and Answers 99

Chapitre 5
Quizzes 105
Chapter Test 117
Scripts and Answers 125

Chapitre 6
Quizzes 131
Chapter Test 143
Scripts and Answers 151

Midterm Exam
Exam 157
Scripts and Answers 168

Chapitre 7
Quizzes 171
Chapter Test 183
Scripts and Answers 191

Chapitre 8
Quizzes 197
Chapter Test 209
Scripts and Answers 217

Chapitre 9
Quizzes 223
Chapter Test 235
Scripts and Answers 243

Chapitre 10
Quizzes 249
Chapter Test 261
Scripts and Answers 269

Chapitre 11
Quizzes 275
Chapter Test 287
Scripts and Answers 295

Chapitre 12
Quizzes 301
Chapter Test 313
Scripts and Answers 321

Final Exam
Exam 327
Scripts and Answers 338

Speaking Tests

To the Teacher 341
Speaking Test Evaluation Form 342
Speaking Tests, Chapitres 1–12 343

To the Teacher

The *Allez, viens! Testing Program* contains the following assessment materials: quizzes, Chapter Tests, and Speaking Tests. For other assessment options, such as performance assessment or portfolio suggestions, see the *Alternative Assessment Guide*. The *Testing Program* is organized by chapter, and each chapter contains these components:

- **Quizzes** Six quizzes accompany each chapter, two quizzes for each **étape**. Each is short enough to be administered within approximately 20 minutes, leaving ample time for other activities. The first quiz for each **étape** (Quiz A) focuses on the grammar and vocabulary for that section of the chapter. These Grammar and Vocabulary quizzes principally test writing and reading skills, and feature more discrete-point, closed-ended assessment. They may be used for evaluation, or as review in preparation for the second quiz in each **étape** and the Chapter Tests. The **Etape** quizzes (Quiz B) assess listening, reading, and writing skills as well as culture, using a combination of closed and open-ended formats. Listening and reading sections evaluate comprehension of the **étape** material, while in the writing section, students are asked to express themselves in real-life situations. You will find the listening section of each **Etape** quiz (Quiz B) recorded on the *Audio Compact Discs*. The scripts and answers to all the quizzes are also included in the *Testing Program*. For ease in grading, the total point value for three quizzes, one from each **étape**, equals 100. The Grammar and Vocabulary quiz for each **étape** always has the same point value as its Quiz B counterpart, allowing you to choose to administer either of the two quizzes in any given **étape**. Alternate grammar and vocabulary quizzes for each **étape** can be found in the *Student Make-Up Assignments with Alternative Quizzes* book.

- **Chapter Tests** The Chapter Tests for Chapters 1–12 include listening, reading, writing, and culture segments and are designed to be completed in one class period. Score sheets are provided with the tests, as well as listening scripts and answer keys. With the exception of the writing and some culture segments, the Chapter Tests are designed to facilitate mechanical or electronic scoring. You will find the listening segments for the Chapter Tests recorded on the *Audio Compact Discs* for the corresponding chapter.

- **Midterm and Final Exams** The Midterm Exam is a comprehensive exam covering material from Chapters 1–6, while the Final Exam focuses on material from Chapters 7–12. These exams evaluate listening, reading, writing, and culture. As in the Chapter Tests, the listening, reading, and some of the culture sections are designed to facilitate mechanical or electronic scoring. Score sheets, scripts, and answers are provided for both exams. You will find the listening portions of these exams on *Audio Compact Discs 6* and *12* respectively.

- **Speaking Tests** There is one Speaking Test for each chapter. For more detailed suggestions on administering and grading these tests, see "To the Teacher" and the rubrics on pages 341 and 342 of this book.

Bon séjour!

PREMIERE ETAPE

Quiz 1-1A

Maximum Score: 30/100

Grammar and Vocabulary

A. Julien is writing to Carla about his family. Complete his letter with the appropriate present tense forms of the verbs **avoir** or **être**. (8 points)

> Salut Carla,
> Comment ça va? Voici quelques photos de ma famille. Mes parents (1) _____ assez jeunes. Mon père (2) _____ quarante ans et il est professeur à l'université ici. Ma mère (3) _____ blonde, intelligente et super sympa! Mes sœurs Caroline et Pauline (4) _____ les cheveux blonds comme ma mère, mais moi, je/j' (5) _____ brun. Je/J' (6) _____ les yeux verts. Comme tu vois, nous (7) _____ tous un peu gros. Nous adorons manger! Et toi, tu (8) _____ comment? Ecris-moi vite!
> Julien

SCORE ____

B. Paul and Monique look alike. Describe Monique based on these descriptions of Paul. (4 points)

1. Paul est beau. _____
2. Paul est sportif. _____
3. Paul est brun. _____
4. Paul est heureux. _____

SCORE ____

Nom _____ Classe _____ Date _____

Quiz 1-1A

C. Write a sentence describing each of the following people or characters. Mention one trait each one has and one trait each one doesn't have. (12 points)

1. Miss Piggy® _____
2. Michael Jordan _____
3. Mes parents _____
4. Céline Dion _____
5. Je _____
6. Mon ami(e) _____

SCORE ☐

D. Fill in the blanks with the appropriate present tense form of the verb in parentheses. (6 points)

1. Nous _____ (étudier) beaucoup.
2. Tu _____ (parler) français?
3. Ils _____ (aimer) regarder la télé.
4. Je _____ (jouer) au foot tous les jours.
5. Vous _____ (préférer) lire ou écouter de la musique?
6. Il _____ (danser) bien.

SCORE ☐

TOTAL SCORE ☐ /30

Bon séjour!

PREMIERE ETAPE

Quiz 1-1B

Maximum Score: 30/100

I. Listening

A. Listen to the following description of Arthur and Maxime. Write **A** if the characteristics describe Arthur and **M** if they describe Maxime. (10 points)

1. _____ has brown eyes and hair.
2. _____ is younger.
3. _____ loves sports.
4. _____ prefers music.
5. _____ is very smart.

SCORE _____

II. Reading

B. Your new pen pal, Christine, wrote to tell you about herself and her brother Pierre. Read her letter and answer the questions that follow in English. (10 points)

> Je m'appelle Christine Doreau. J'ai quatorze ans. Je suis grande, blonde et j'ai les yeux verts. J'aime beaucoup le cinéma et le théâtre. J'adore aussi le basket et le volley. Je suis très sociable et j'ai beaucoup d'amis. Je ressemble beaucoup à mon frère, Pierre. Lui aussi, il a les cheveux blonds et les yeux verts. Il a quinze ans, mais il est de taille moyenne. Il est sympa et intelligent, mais il n'est pas sportif. Il est assez gourmand. Il aime écouter de la musique et voir des films. Des fois, nous allons au cinéma ensemble.

Nom_____ Classe_____ Date_____

Quiz 1-1B

CHAPITRE 1

1. What physical trait(s) do Christine and Pierre have in common?
   _____

2. How are they different physically?
   _____

3. Who is more athletic? Who likes to eat?
   _____

4. What are Christine's interests?
   _____

5. What do Christine and Pierre do together?
   _____

SCORE [ ]

III. Writing

C. As a reporter for a French entertainment magazine, you're interviewing one of your favorite celebrities. Write your conversation below, making sure to include at least four questions about his or her interests and favorite activities. (10 points)

_____
_____
_____
_____
_____
_____
_____
_____

SCORE [ ]

TOTAL SCORE [ ] /30

Nom _____ Classe _____ Date _____

Bon séjour!

DEUXIEME ETAPE

Quiz 1-2A

Maximum Score: 40/100

Grammar and Vocabulary

A. Based on what each person is doing, choose what he or she is <u>not</u> going to wear. (10 points)

1. Nadia va à la plage.
   - **a.** un maillot de bain
   - **b.** un anorak
   - **c.** des lunettes de soleil

2. Florence va à la cathédrale avec sa famille.
   - **a.** un short
   - **b.** une jupe noire
   - **c.** un chemisier blanc

3. Robert va faire du ski.
   - **a.** des bottes
   - **b.** une écharpe
   - **c.** une cravate

4. Tu vas en classe.
   - **a.** un jean
   - **b.** un imperméable
   - **c.** un tee-shirt

5. Je vais jouer au volley.
   - **a.** des gants
   - **b.** des baskets
   - **c.** un sweat

SCORE _____

B. Solve these riddles with the appropriate word or phrase in French. (10 points)

1. You need this to take pictures.
   _____

2. These will keep your hands warm.
   _____

3. You need this to travel to most foreign countries.
   _____

4. You use this to carry your things.
   _____

5. You use these to buy things while you're traveling.
   _____

SCORE _____

Quiz 1-2A

C. Your friends are about to go on a trip and you're giving them advice on what to do. Use commands to tell them what to do or not do. Be sure to make all the necessary changes. (10 points)

1. (Martha et Nathan) aller acheter / billets d'avion

   _____

2. (Sarah) ne pas oublier / imperméable

   _____

3. (Liliane et Céline) prendre / photos / pendant le voyage

   _____

4. (Eric) ne pas parler / anglais / en France

   _____

5. (Françoise et Juan) acheter / cadeaux / pour moi

   _____

SCORE [ ]

D. Marie is going on a trip. Help her decide what to do to get ready. Match each situation with the advice you would give her. (10 points)

_____ 1. Je vais prendre des photos.   a. Pense à prendre ton passeport.
_____ 2. Je vais sortir le soir.   b. Mets une jolie robe noire.
_____ 3. Il ne va pas faire froid.   c. N'oublie pas ton dictionnaire.
_____ 4. Je ne parle pas très bien l'anglais. d. Prends ton appareil-photo.
_____ 5. Je vais aller au Maroc.   e. Ne prends pas ton anorak.

SCORE [ ]

TOTAL SCORE [ ] /40

Bon séjour!

Quiz 1-2B

DEUXIEME ETAPE

Maximum Score: 40/100

I. Listening

A. Listen as some French teenagers discuss what to take with them on vacation. Judging from their conversations, decide where they're going. (8 points)

a.

b.

c.

d.

1. _____ 2. _____ 3. _____ 4. _____

SCORE _____

II. Reading

B. Read Sylvie's letter from camp and decide whether the statements that follow are true or false. (12 points)

> Chère Maman,
>   Je m'amuse très bien ici. Mais j'ai besoin de plusieurs choses. S'il te plaît, n'oublie pas mon autre maillot de bain quand tu viens dimanche avec Papa. On nage dans le lac tous les jours. Apporte aussi mon gros pull vert. Tu sais, il fait froid le soir à la montagne. Pense à prendre mon appareil-photo aussi. Et, bien sûr, n'oublie pas de m'apporter quelque chose à manger. Ici, on mange bien mais, tu sais, j'ai toujours faim.
>   Bises,
>   Sylvie

Holt French 2 Allez, viens!, Chapter 1

Nom _____ Classe _____ Date _____

Quiz 1-2B

	Vrai	Faux
1. Sylvie aime le camp.	_____	_____
2. Les parents de Sylvie vont au camp samedi.	_____	_____
3. Le camp de Sylvie est à la plage.	_____	_____
4. Sylvie a oublié son appareil-photo.	_____	_____
5. Sylvie a besoin d'un maillot de bain et d'un pull.	_____	_____
6. Sylvie est gourmande.	_____	_____

SCORE _____

III. Culture

C. A travel agent has sent the following advice to Jennifer, who plans to spend a year with her French friend in Chartres. Help fill in the details. (8 points)

Since you'll be staying in France for more than three months, you'll need a _____ attached to your passport. You can get one from the French _____. Keep your passport with you at all times. You'll need it to travel to other European countries, if you get the chance. In that case, your friend will only need her national _____, because France is a member of the _____.

SCORE _____

IV. Writing

D. As a French magazine editor, you write a monthly column for teenage tourists. In January's column, you intend to give advice to teenagers on what to pack if they plan to go to Martinique or the Alps. Suggest at least four things they should take to each place. (12 points)

Si tu vas à la Martinique, _____

_____

_____

Si tu vas dans les Alpes, _____

_____

_____

SCORE _____

TOTAL SCORE _____ /40

Nom _____ Classe _____ Date _____

Bon séjour!

TROISIEME ETAPE

Quiz 1-3A

Maximum Score: 30/100

Grammar and Vocabulary

A. You're at the train station. Using official time, write a complete sentence telling when each of these trains arrives. (10 points)

1. Le train de Nice / 8:53 A.M.

   _____

2. Le train de Paris / 11:15 A.M.

   _____

3. Le train de Montpellier / 7:20 P.M.

   _____

4. Le train de Lyon / 10:30 P.M.

   _____

5. Le train d'Arles / 1:45 P.M.

   _____

SCORE _____

B. You're telling your friends what you plan to do on Saturday. Put the following list of activities in the correct order by numbering them from 1 to 4. (4 points)

_____ Puis, après le déjeuner, je vais acheter des cadeaux pour mes parents.

_____ D'abord, je vais visiter le Louvre.

_____ Finalement, je vais aller au cinéma avec Jean-Luc.

_____ Ensuite, à midi, je vais manger avec des amis.

SCORE _____

Quiz 1-3A

C. Sandra and her friends are trying to decide what to do after school. Complete their conversations with words and phrases from the box below. (6 points)

> idée   bien   question   envie   pourrait
> d'accord   Ça ne me dit   Ça te dit

1. — Qu'est-ce qu'on fait cet après-midi?

    — On _____ aller au cinéma.

    — Pas _____ ! J'ai trop de devoirs.

2. — Tu as _____ de faire les magasins avec moi?

    — _____ rien.

3. — Qu'est-ce qu'on fait?

    — _____ de jouer au foot?

    — C'est une bonne _____ .

SCORE ____

D. Based on what the following people like, tell where they're going to go or what they're going to do next weekend. Use the verb **aller** in each of your answers. (10 points)

1. Catherine aime la natation.

    Elle _____

2. Moi, j'aime le shopping.

    Je _____

3. Lucien et Jean-Pierre aiment le cinéma.

    Ils _____

4. Vous adorez les romans français.

    Vous _____

5. David et moi, nous aimons le sport.

    Nous _____

SCORE ____

TOTAL SCORE ____ /30

Bon séjour!

TROISIEME ETAPE

Quiz 1-3B

Maximum Score: 30/100

I. Listening

A. Listen to Clotilde and Jean-Marc making plans for their evening. Write a **C** next to the activities that Clotilde suggests and a **J** next to the activities that Jean-Marc suggests. (10 points)

1. _____ in-line skating
2. _____ eating pizza
3. _____ going to the record store
4. _____ going to the pastry shop
5. _____ going dancing

SCORE _____

II. Reading

B. Your friend Philippe sent you an e-mail message about his plans for this Saturday. Unfortunately, due to a system error, his message was all scrambled. Number the activities from 1 to 5, in the order in which he'll do them. (10 points)

```
Salut,

Ensuite, on va voir un film anglais au cinéma
Balmore. Alors, je vais au stade avec Etienne et
Adèle. Mais, d'abord, je vais passer à la
librairie acheter le dernier roman de Max Fort.
Et puis, après le match, on va aller au café avec
Chantal parce qu'elle va sûrement avoir faim.
Finalement, on va aller chez Adèle jouer à des
jeux vidéo. Samedi, il y a un match de foot entre
filles et ma copine Chantal va jouer.

A plus tard,

Philippe
```

Nom _____ Classe _____ Date _____

Quiz 1-3B

CHAPITRE 1

_____ voir un film

_____ acheter un roman

_____ jouer à des jeux vidéo

_____ aller au stade

_____ aller au café

SCORE [ ]

III. Writing

C. You have the whole weekend free and you want to spend part of it with your best friend. Write a conversation in which you suggest three activities that your friend turns down and a fourth activity that you both agree on. (10 points)

_____
_____
_____
_____
_____
_____
_____
_____
_____
_____
_____
_____
_____
_____

SCORE [ ]

TOTAL SCORE [/30]

Nom _____ Classe _____ Date _____

CHAPITRE 1 — Bon séjour!

Chapter Test

I. Listening
Maximum Score: 30

A. Your pen pal Sylvain sent you a cassette recording he made describing his family along with some sketches he made of them. Listen to his descriptions and match the name of each family member with his or her picture. (10 points)

_____ 1. Marc   _____ 2. Alice   _____ 3. Paul

_____ 4. Etienne   _____ 5. Véronique

SCORE _____

B. Valérie lives in a small town in Belgium. Listen to her tell what she's going to do when she visits her aunt in Paris. Then put the activities in order. (10 points)

a.   b.   c.   d.   e.

6. _____   7. _____   8. _____   9. _____   10. _____

SCORE _____

Holt French 2 Allez, viens!, Chapter 1

Nom _____ Classe _____ Date _____

Chapter Test

C. Listen to some friends suggesting activities to do together. For each conversation, mark **a)** if the suggestion is accepted or **b)** if it's rejected. (10 points)

11. _____   12. _____   13. _____   14. _____   15. _____

SCORE _____

II. Reading

Maximum Score: 30

D. Sandrine is spending a year in Canada as an exchange student. Read this letter she wrote to all her friends back in France. When you come to a blank, choose the best completion from the list below. (10 points)

> Bonjour à tous!
> Me voilà à Montréal avec ma nouvelle famille canadienne. Tout le monde dans la famille est très gentil et Eric, mon «frère», est plutôt mignon. Il est blond et ___16___. Il est plus sportif que moi. Il m'invite à tous ses matches de basket mais moi, ___17___, le basket. En ce moment, il fait assez mauvais ici et ___18___.
> J'aime beaucoup le Canada. Mais est-ce que j'ai oublié la France et mes amis?
> Non, ___19___! Il me tarde d'avoir de vos nouvelles, alors ___20___. Je pense à vous.
> Grosses bises à tous.
> Sandrine

a. n'oubliez pas de m'écrire

b. pas du tout

c. il pleut presque tous les jours

d. ça ne me dit rien

e. de taille moyenne

16. _____   17. _____   18. _____   19. _____   20. _____

SCORE _____

E. Some students in a French class in Chicago would like to have a French-speaking pen pal. Read these ads written by French teenagers and then read the descriptions below of the American students. Match the French students with the Americans according to their interests. (10 points)

a. **Bruno, 15 ans**
Salut. J'habite dans une petite ville à 100 kilomètres de Paris. Mon père est journaliste et moi aussi, je voudrais être journaliste, peut-être pour la presse française à New York. Loisirs : musique (divers), écriture (bien sûr), théâtre.

b. **Denise, 14 ans**
J'écris pour moi et pour mon frère Joël qui a 15 ans. Moi, j'aime la danse (beaucoup) et les sports (un peu). Joël adore les sports d'hiver. Nous sommes canadiens et nous habitons Montréal. A bientôt!

c. **Véronique, 14 ans**
Je voudrais correspondre avec une Américaine de mon âge. Je parle un peu anglais mais je préfère correspondre en français. Je suis un peu timide. Loisirs : lecture, musique, dessin, ordinateur.

d. **Karine, 16 ans**
Salut, les USA! Je suis cool, je suis sympa et j'adore le rock, les pizzas et les garçons!! Je voudrais correspondre avec une fille comme moi. On peut comparer les garçons français aux garçons américains!

e. **Ali, 15 ans**
Je suis tunisien. Je voudrais écrire à une fille de mon âge. J'aime les sciences et les animaux. J'ai 3 chiens! J'adore les ordinateurs. Si tu as un ordinateur aussi, on peut correspondre plus facilement. J'ai Internet. Et toi?

_____ 21. Beth, 14, likes computers and math. She'd love to correspond by computer with a French-speaking boy.

_____ 22. Eric, 16, wants to write to a skier or a hockey player.

_____ 23. Bonnie, 14, is not very advanced in French but she'd like to try writing to somebody in French anyway. She likes to read, draw, and paint.

_____ 24. Sharon, 14, would like to know if dating in France is the same as in Chicago.

_____ 25. Mike, 15, reads a lot of science fiction and is interested in learning to write.

SCORE

Chapter Test

F. Read these five postcards from friends who are urging you to join them on vacation. Decide where each postcard is from. (10 points)

  a. Paris b. Martinique c. Quebec d. Los Angeles e. the Alps

_____ 26. Salut! Prends ton maillot de bain et tes lunettes de soleil et viens ici! La plage est super et les gens sont très sympas! On peut manger des ananas et des caramboles!

_____ 27. N'oublie pas tes bottes pour faire des randonnées! La nature est tellement belle! Si tu voyais les montagnes ici!

_____ 28. Il y a trop de choses à voir et à faire ici! La plage, les bons restaurants, les magasins, les cinémas... pense à prendre ton appareil-photo. Il y a des stars partout!

_____ 29. Il fait froid! Prends ton anorak et tes gants! Si tu veux, on peut faire du ski ou du patin à glace. Hier, je suis allée voir un match de hockey. C'est l'fun ici!

_____ 30. Prends tes baskets... il y a beaucoup de musées et la ville est tellement belle qu'il faut tout visiter, surtout l'île de la Cité. Pense à prendre ton journal aussi pour noter ce qu'on voit, ce qu'on apprend... et ce qu'on mange, bien sûr!

SCORE [ ]

III. Culture

Maximum Score: 16

G. Are the following statements **a) true** or **b) false**? (8 points)

_____ 31. An American student planning to stay more than three months in France must have a visa.

_____ 32. A visa can be obtained at a bank.

_____ 33. Citizens of European Union countries need their passport and national identity card to travel in Europe.

_____ 34. People come from all over the world to live in France, which explains why there are so many ethnic restaurants in many cities.

SCORE _____

H. What are four things about your school and community that might be different for a French exchange student? (8 points)

35. _____

36. _____

37. _____

38. _____

SCORE _____

IV. Writing

Maximum Score: 24

I. Write a short description of each of the following in French. (8 points)

39. un membre de ta famille : _____

40. un animal que tu aimes : _____

41. un ou une ami(e) : _____

42. toi-même : _____

SCORE _____

Nom _____ Classe _____ Date _____

Chapter Test

CHAPITRE 1

J. You're in an Internet chat room with your friend Ahmed who lives in Chartres. He plans to visit you in the U.S. next spring, and you're trying to plan what to do while he's here. Write your conversation with Ahmed, asking what two of his interests are and suggesting two activities based on his answers. (8 points)

_____
_____
_____
_____
_____
_____
_____
_____

SCORE ☐

K. Imagine you're taking a trip to your favorite destination tomorrow. Write a note to a friend telling what you'll do and the order in which you'll do the activities, using words like **d'abord**, **ensuite**, and so on. Then ask your friend if he or she would like to join you. (8 points)

_____
_____
_____
_____
_____
_____
_____
_____

SCORE ☐

TOTAL SCORE ☐ /100

Nom _____ Classe _____ Date _____

CHAPITRE 1 Chapter Test Score Sheet

Circle the letter that matches the most appropriate response.

I. Listening
Maximum Score: 30

A. (10 points)   **B.** (10 points)   **C.** (10 points)

1. a b c d e   6. a b c d e   11. a b
2. a b c d e   7. a b c d e   12. a b
3. a b c d e   8. a b c d e   13. a b
4. a b c d e   9. a b c d e   14. a b
5. a b c d e   10. a b c d e   15. a b

SCORE ____   SCORE ____   SCORE ____

II. Reading
Maximum Score: 30

D. (10 points)   **E.** (10 points)   **F.** (10 points)

16. a b c d e   21. a b c d e   26. a b c d e
17. a b c d e   22. a b c d e   27. a b c d e
18. a b c d e   23. a b c d e   28. a b c d e
19. a b c d e   24. a b c d e   29. a b c d e
20. a b c d e   25. a b c d e   30. a b c d e

SCORE ____   SCORE ____   SCORE ____

III. Culture
Maximum Score: 16

G. (8 points)   **H.** (8 points)

31. a b   35. _____
32. a b   36. _____
33. a b   37. _____
34. a b   38. _____

SCORE ____   SCORE ____

Holt French 2 Allez, viens!, Chapter 1

Copyright © by Holt, Rinehart and Winston. All rights reserved.

Nom_____ Classe_____ Date_____

CHAPITRE 1

IV. Writing

Maximum Score: 24

I. (8 points)

39. _____

40. _____

41. _____

42. _____

SCORE [ ]

J. (8 points)

_____

SCORE [ ]

K. (8 points)

_____

SCORE [ ]

TOTAL SCORE [/100]

Listening Scripts for Quizzes • Chapitre 1

Quiz 1-1B Première étape

I. Listening

Arthur et Maxime sont copains, mais ils sont très différents. Physiquement, ils ne se ressemblent pas du tout. Arthur est blond, de taille moyenne et il a les yeux bleus. Maxime est grand avec les yeux marron et les cheveux châtains. Arthur a quatorze ans et Maxime a quinze ans, mais ils sont dans la même classe. Maxime est très sportif. Il joue au tennis et il adore le football. Arthur joue parfois au golf mais il n'aime pas tellement le sport. Il aime mieux écouter de la musique, surtout du jazz. Ils sont tous les deux sympas. Maxime est très amusant mais quelquefois un peu méchant. Arthur est intelligent et gentil.

Quiz 1-2B Deuxième étape

I. Listening

1. — Eh Pierre, qu'est-ce que je dois prendre?
   — Prends ton appareil-photo et le plan de Paris. Mets des chaussures confortables! On va beaucoup marcher aujourd'hui.
2. — Antoinette, n'oublie pas tes dollars, ton passeport et ton billet d'avion.
   — Ne t'inquiète pas Maman, j'ai tout.
3. — Henri, pense à prendre un anorak, des gants, une écharpe et des pulls. Il va faire froid à la neige.
   — D'accord.
4. — Tu n'as pas oublié ton maillot de bain et tes lunettes de soleil?
   — Ne t'en fais pas. Je les ai.

Quiz 1-3B Troisième étape

I. Listening

JEAN-MARC Qu'est-ce qu'on fait, Clotilde?
CLOTILDE Si tu veux, on peut jouer au tennis.
JEAN-MARC Non, c'est barbant ça! Tu as envie de faire du roller?
CLOTILDE Oui, c'est une excellente idée! Et après, on peut aller au restaurant. Ça te dit de manger italien?
JEAN-MARC Ah non! Les pizzas, ça ne me dit rien. Je préfère les hamburgers.
CLOTILDE D'accord. Et ensuite, on pourrait aller chez le disquaire?
JEAN-MARC Oui, d'accord. Je veux aller aussi à la pâtisserie qui est juste à côté. Et après, on prend le bus et on rentre.
CLOTILDE Pas question! Je suis en vacances, moi, et j'ai envie d'aller danser.
JEAN-MARC Bonne idée!

Answers to Quizzes 1-1A and 1-1B • Chapitre 1

ANSWERS Quiz 1-1A

A. (8 points: 1 point per item)
1. sont
2. a
3. est
4. ont
5. suis
6. ai
7. sommes
8. es

B. (4 points: 1 point per item)
1. Monique est belle.
2. Monique est sportive.
3. Monique est brune.
4. Monique est heureuse.

C. (12 points: 2 points per item)
Answers will vary. Possible answers:
1. Miss Piggy® est grosse. Elle n'est pas sportive.
2. Michael Jordan est grand. Il n'est pas méchant.
3. Mes parents sont généreux. Ils ne sont pas jeunes.
4. Céline Dion est canadienne. Elle n'est pas embêtante.
5. Je suis petit(e) mais je ne suis pas timide.
6. Mon ami est gourmand mais il n'est pas gros.

D. (6 points: 1 point per item)
1. étudions
2. parles
3. aiment
4. joue
5. préférez
6. danse

ANSWERS Quiz 1-1B

I. Listening
A. (10 points: 2 points per item)
1. M
2. A
3. M
4. A
5. A

II. Reading
B. (10 points: 2 points per item)
1. blond hair and green eyes
2. Christine's taller
3. Christine; Pierre
4. movies, plays, basketball, and volleyball
5. go to movies

III. Writing
C. (10 points)
Answers will vary. Possible answer:
— M. Depardieu, qu'est-ce que vous faites comme sport?
— Ben, j'aime beaucoup jouer au golf et faire de la natation.
— Très bien... Et qu'est-ce que vous aimez comme musique?
— Comme musique, j'aime le rock et la musique classique.
— Quel est votre groupe préféré?
— J'adore Hootie and the Blowfish et The Monkees.
— Et qui est votre musicienne préférée?
— Ma musicienne préférée? C'est Céline Dion. Elle est formidable!

Answers to Quizzes 1-2A and 1-2B • Chapitre 1

ANSWERS Quiz 1-2A

A. (10 points: 2 points per item)
1. b
2. a
3. c
4. b
5. a

B. (10 points: 2 points per item)
1. un appareil-photo
2. des gants
3. un passeport
4. une valise
5. des chèques de voyage

C. (10 points: 2 points per item)
1. Allez acheter les billets d'avion!
2. N'oublie pas ton imperméable!
3. Prenez des photos pendant le voyage!
4. Ne parle pas anglais en France!
5. Achetez des cadeaux pour moi!

D. (10 points: 2 points per item)
1. d
2. b
3. e
4. c
5. a

ANSWERS Quiz 1-2B

I. Listening
A. (8 points: 2 points per item)
1. b
2. d
3. a
4. c

II. Reading
B. (12 points: 2 points per item)
1. vrai
2. faux
3. faux
4. vrai
5. vrai
6. vrai

III. Culture
C. (8 points: 2 points per item)
visa
embassy / consulate
identity card / identity papers
European Union

IV. Writing
D. (12 points)
Answers will vary. Possible answers:
Si tu vas à la Martinique, <u>pense à prendre un maillot de bain, des shorts et des tee-shirts. N'oublie pas tes lunettes de soleil!</u>

Si tu vas dans les Alpes, <u>prends des bottes très chaudes, des jeans, des pulls et un anorak. Pense aussi à prendre une écharpe et des gants!</u>

Answers to Quizzes 1-3A and 1-3B • Chapitre 1

ANSWERS Quiz 1-3A

A. (10 points: 2 points per item)
1. Le train de Nice arrive à huit heures cinquante-trois.
2. Le train de Paris arrive à onze heures quinze.
3. Le train de Montpellier arrive à dix-neuf heures vingt.
4. Le train de Lyon arrive à vingt-deux heures trente.
5. Le train d'Arles arrive à treize heures quarante-cinq.

B. (4 points: 1 point per item)
- __3__ Puis, après le déjeuner, je vais acheter des cadeaux pour mes parents.
- __1__ D'abord, je vais visiter le Louvre.
- __4__ Finalement, je vais aller au cinéma avec Jean-Luc.
- __2__ Ensuite, à midi, je vais manger avec des amis.

C. (6 points: 2 points per item)
1. pourrait; question
2. envie; Ça ne me dit
3. Ça te dit; idée

D. (10 points: 2 points per item)
Answers may vary. Possible answers:
1. Elle va nager.
2. Je vais aller au centre commercial.
3. Ils vont voir un film.
4. Vous allez emprunter des livres à la bibliothèque.
5. Nous allons jouer au foot.

ANSWERS Quiz 1-3B

I. Listening
A. (10 points: 2 points per item)
1. J
2. C
3. C
4. J
5. C

II. Reading
B. (10 points: 2 points per item)
- __4__ voir un film
- __1__ acheter un roman
- __5__ jouer à des jeux vidéo
- __2__ aller au stade
- __3__ aller au café

III. Writing
C. (10 points)
Answers will vary. Possible answer:
— Tu as envie de faire les magasins ce week-end, Marie?
— Ça ne me dit rien.
— Ben, ça te dit de jouer au tennis?
— Pas question! Il va faire trop chaud.
— On pourrait aller au cinéma samedi.
— Non, je préfère aller au musée.
— Si tu veux, on peut aller au musée d'Orsay samedi après-midi.
— D'accord, je veux bien.

Scripts for Chapter Test • Chapitre 1

I. Listening

A. Salut,

J'ai bien reçu ta dernière lettre. Dis donc, ta famille a vraiment l'air super! Aujourd'hui, c'est mon tour de te présenter ma famille. Comme je n'avais pas de bonnes photos, j'ai décidé de te dessiner les membres de ma famille. Alors, mon père s'appelle Marc. Il est plutôt grand et il a les cheveux bruns. Il a trente-cinq ans et il est professeur d'éducation physique. A côté de lui, c'est ma mère. Elle s'appelle Alice. Elle est petite et elle a les cheveux blonds. J'ai deux frères. Le plus âgé, c'est Paul. Il ressemble beaucoup à mon père. Il a les cheveux bruns et il est grand. Dans ses bras, c'est Maya, ma chatte. Mon petit frère s'appelle Etienne. Lui, il est assez petit et il a les cheveux blonds, comme ma mère. Il est timide. Et puis, il y a ma sœur Véronique. C'est la plus jeune de la famille. Ah! J'oubliais. Nous avons une autre chatte. Elle est très grosse et blanche. Elle s'appelle Cléo. Tu dois te demander qui est le beau garçon blond qui a l'air très fort. Eh bien, c'est moi. Pas mal, non? Voilà, tu connais toute ma famille. Bon, je te laisse. A bientôt.

Sylvain

B. Je suis vraiment contente d'aller à Paris. Il y a tellement de choses à faire là-bas! Je suis sûre que je vais bien m'amuser. D'abord, je crois que je vais aller voir la tour Eiffel. Puis, j'ai envie de visiter Notre-Dame. Il paraît que c'est une des plus belles cathédrales de France. Après ça, ma tante m'a dit qu'elle m'emmènerait au musée du Louvre. Je vais pouvoir admirer *la Joconde* de Léonard de Vinci. Super, non? Ensuite, j'irai me balader dans les rues de la ville et peut-être que je m'arrêterai dans un café. Enfin, le soir, je vais aller voir un film au cinéma.

C.
11. — Maud, ça te dit d'aller faire les magasins samedi après-midi?
— Je ne peux pas. Il faut que je garde ma petite sœur; mes parents doivent travailler.
— Bon, tant pis. Une autre fois, peut-être.

12. — Dis, Valérie, tu as envie d'aller à la plage cet après-midi? Il fait un temps super.
— Bof, ça ne me dit rien. Et puis, j'ai promis à ma sœur de l'aider à laver Jazz, son chien.

13. — Tu n'as pas faim, Pierre?
— Si, un peu.
— On pourrait aller manger une pizza.
— Oui, c'est une bonne idée. J'adore la pizza.

14. — Sophie a décidé de venir au ciné avec nous ce soir. Je dois passer la chercher à huit heures. Si tu veux, on peut venir chez toi vers huit heures et quart.
— D'accord. Alors, à ce soir.

15. — Qu'est-ce qu'on fait ce soir?
— Si on allait à la boum de Jean-François?
— Alors là, pas question! On ne se parle plus depuis deux semaines et, de toute façon, il ne m'a pas invitée.

Answers to Chapter Test • Chapitre 1

I. Listening   Maximum Score: 30 points

A. (10 points: 2 points per item)
1. d
2. e
3. a
4. c
5. b

B. (10 points: 2 points per item)
6. e
7. c
8. d
9. b
10. a

C. (10 points: 2 points per item)
11. b
12. b
13. a
14. a
15. b

II. Reading   Maximum Score: 30 points

D. (10 points: 2 points per item)
16. e
17. d
18. c
19. b
20. a

E. (10 points: 2 points per item)
21. e
22. b
23. c
24. d
25. a

F. (10 points: 2 points per item)
26. b
27. e
28. d
29. c
30. a

III. Culture   Maximum Score: 16 points

G. (8 points: 2 points per item)
31. a
32. b
33. b
34. a

H. (8 points: 2 points per item)
Answers will vary. Possible answers:
35. There are school sports teams.
36. There are formal school dances like the prom.
37. The driving age is lower.
38. The drinking age is higher.

IV. Writing   Maximum Score: 24 points

I. (8 points: 2 points per item)
Answers will vary. Possible answers:
39. Ma mère a quarante ans. Elle a les yeux bleus et les cheveux blonds. Elle est très gentille et très intelligente.
40. Mon chat est pénible mais il est très mignon. Il a les yeux verts et il est très gros.
41. Mon amie Rachel est grande et mince. Elle a les cheveux noirs et les yeux marron. Elle est gourmande, comme moi!
42. Moi, je suis blonde. J'ai les yeux verts et les cheveux courts. Je suis de taille moyenne. Je suis sympa.

J. (8 points)
Answers will vary. Possible answer:
— Qu'est-ce que tu aimes comme sport?
— J'aime beaucoup le base-ball et le basket.
— Si tu veux, on peut aller voir un match de base-ball.
— C'est une excellente idée.
— Qu'est-ce que tu aimes comme musique?
— Je préfère la musique rock.
— Ça te dit d'aller voir un concert de Hanson?
— Hanson? Non, je préfère la musique de Collective Soul.

K. (8 points)
Answers will vary. Possible answer:
Je vais aller à Greenwich Village à New York. D'abord, je vais visiter les musées. Puis, je vais aller dans des galeries. Ensuite, je vais manger dans un restaurant italien. Finalement, je vais faire les magasins. Tu veux venir avec moi, Karl?

Nom _____ Classe _____ Date _____

Bienvenue à Chartres!

Quiz 2-1A

PREMIERE ETAPE

Maximum Score: 30/100

Grammar and Vocabulary

A. You're an exchange student in France. Your friend has just arrived from the United States for a visit and you're welcoming him or her. Match your question or comment with his or her response. (10 points)

_____ 1. Bienvenue en France.

_____ 2. Tu as fait bon voyage?

_____ 3. Tu n'as pas faim?

_____ 4. Fais comme chez toi.

_____ 5. Pas trop fatigué(e)?

a. Oui, excellent.
b. Si, j'ai très soif.
c. C'est gentil de ta part.
d. Si, je suis crevé(e).
e. Si, je meurs de faim.
f. Merci.

SCORE _____

B. You're going to spend the summer in France, and you're testing your French skills in different situations. How would you respond in each of these situations? (10 points)

1. You go to a friend's house. His mother opens the door and welcomes you.

   _____

2. Your friend's mother tells you to make yourself at home.

   _____

3. Your friend just said he's dying of thirst. What did you ask him?

   _____

4. You are at home and an invited guest knocks at the door. You open the door and say . . .

   _____

5. Your friends just arrived from a long trip to visit you and you want to know how their trip was.

   _____

SCORE _____

Quiz 2-1A

C. You're among a swarm of reporters interviewing a new teenage star. Unfortunately, there is a lot of noise and you can't hear all their questions. Based on the celebrity's answers, write the questions using **est-ce que**. (10 points)

1. Oui, je travaille beaucoup.

   _____

2. Oui, ma copine aime beaucoup la musique classique.

   _____

3. Non, je ne fais pas de jogging tous les jours.

   _____

4. Oui, nous allons souvent au café.

   _____

5. Non, je ne joue pas au basket.

   _____

SCORE ☐

TOTAL SCORE ☐ /30

Bienvenue à Chartres!

Quiz 2-1B

PREMIERE ETAPE

Maximum Score: 30/100

I. Listening

A. Listen to the following questions, and for each one, choose the letter of the most appropriate response. (10 points)

1. _____
2. _____
3. _____
4. _____
5. _____

a. Fais comme chez toi. Le jus d'orange est dans le frigo.
b. Si, je suis crevé. Dix heures d'avion, c'est long.
c. C'est gentil, mais ça va, merci.
d. Mais si, nous avons très soif! Tu as quelque chose à boire?
e. Non, ça va. Nous avons dormi pendant le voyage.

SCORE _____

II. Reading

B. Read Danielle's journal entry. Then decide if the sentences that follow her entry are true (**vrai**) or false (**faux**). (10 points)

> le 3 août
>
> Me voici enfin à Buffalo! Après treize heures d'autobus, dix heures d'avion et une heure de voiture, j'arrive enfin chez mon amie américaine, Jill Cooper. Je n'ai pas trop faim parce que j'ai mangé un excellent repas dans l'avion. Et puis, à l'aéroport de New York, j'ai acheté mon premier hamburger américain. Pas mauvais! Ensuite, à bord de l'avion pour Buffalo, j'ai mangé un sandwich et un fruit. Maintenant chez les Cooper, je suis crevée mais je n'ai vraiment pas faim!

Nom _____ Classe _____ Date _____

Quiz 2-1B

_____ 1. C'était un long voyage.

_____ 2. Danielle est américaine.

_____ 3. Jill habite aux Etats-Unis.

_____ 4. Danielle est très fatiguée.

_____ 5. Danielle a faim.

SCORE [ ]

III. Writing

C. As a representative from your school, you're welcoming a group of touring French students to your town, their first stop upon arriving in this country. Write a conversation in which you make the students feel welcome. Ask about their trip and how they're feeling. (10 points)

_____

_____

_____

_____

_____

_____

_____

_____

_____

_____

_____

_____

_____

_____

_____

_____

SCORE [ ]

TOTAL SCORE [/30]

Bienvenue à Chartres!

DEUXIEME ETAPE

Quiz 2-2A

Maximum Score: 35/100

Grammar and Vocabulary

A. Read the following statements and circle **logique** if they are logical or **illogique** if they are illogical. (10 points)

1. Je fais la vaisselle dans la salle à manger.	**logique**	**illogique**
2. Je prépare un sandwich dans la cuisine.	**logique**	**illogique**
3. Je tonds le gazon dans le salon.	**logique**	**illogique**
4. Le lit est dans la salle de bains.	**logique**	**illogique**
5. J'étudie dans ma chambre.	**logique**	**illogique**
6. Mes étagères sont dans le jardin.	**logique**	**illogique**
7. Je déjeune dans la chambre de ma sœur.	**logique**	**illogique**
8. Mes vêtements sont dans mon armoire.	**logique**	**illogique**
9. Ma sœur regarde la télé dans le salon.	**logique**	**illogique**
10. Les W.-C. sont dans la cuisine.	**logique**	**illogique**

SCORE _____

B. Match the following French words with their English equivalents. (10 points)

_____ 1. l'armoire
_____ 2. le lit
_____ 3. la pièce
_____ 4. la commode
_____ 5. les étagères

a. chest of drawers
b. rug
c. lamp
d. shelves
e. wardrobe
f. bed
g. room of a house

SCORE _____

Quiz 2-2A

C. Your sister Paula is writing a letter to her friend in Morocco, describing her room. Help her complete the letter with the appropriate forms of the adjectives in parentheses. (10 points)

Salut Ayesha,

Voilà quelques photos de notre maison et de ma chambre. Comme tu vois, c'est une (1) _____ (grand) maison avec un (2) _____ (joli) jardin. Moi, j'ai une (3) _____ (petit) chambre avec un balcon au premier étage. Dans ma chambre, il y a un (4) _____ (grand) lit, une (5) _____ (vieux) commode, deux (6) _____ (beau) tapis marron, de (7) _____ (petit) étagères et un bureau. Sur mon bureau, il y a un (8) _____ (vieux) ordinateur et une (9) _____ (beau) lampe rouge. Ah oui, voilà ma (10) _____ (nouveau) chaîne-stéréo près du lit. C'est chouette, non? Et ta chambre, c'est comment? Ecris-moi vite!

Grosses bises,
Paula

SCORE ____

D. Indicate where you would most likely do each of the following activities. Use each place only once. (5 points)

le salon   la salle de bains   la cuisine   la salle à manger
    le jardin   la chambre

1. planter des fleurs _____
2. dormir _____
3. regarder la télé _____
4. faire une omelette _____
5. manger en famille _____

SCORE ____

TOTAL SCORE ____ /35

CHAPITRE 2
Bienvenue à Chartres!

Quiz 2-2B

DEUXIEME ETAPE

Maximum Score: 35/100

I. Listening

A. Listen as Rémi gives Thierry a tour of his home. What does Thierry compliment? (8 points)

a.

b.

c.

d.

e.

1. _____   2. _____   3. _____   4. _____   SCORE _____

II. Reading

B. You've made a list of what you'd like to have in your dream home. Read this article about one of the houses on a "Historic Homes" tour in a small French village. Then check the items on your list that this house has. (12 points)

My dream home...
- ____ is old.
- ____ has two stories.
- ____ has a yard.
- ____ has three bedrooms.
- ____ has bathrooms on the top floor.
- ____ has a balcony on the second floor.

Manoir de la Brettinière

C'est une maison à deux étages. Au rez-de-chaussée, il y a la cuisine, la salle à manger et le salon. Au premier étage, il y a trois chambres. L'une des chambres est grande et elle a un balcon. Les autres chambres sont de grandeur moyenne. Au deuxième étage, il y a deux autres chambres. Elles sont petites. C'était les chambres des serviteurs. Les W.-C. sont au rez-de-chaussée. La maison date de 1600.

SCORE _____

Nom _____ Classe _____ Date _____

Quiz 2-2B

III. Culture

C. Check the features in the list below that you would be likely to find in a French home. (5 points)

_____ 1. an **armoire** for clothes

_____ 2. three telephones

_____ 3. a **traversin**

_____ 4. a separate room for toilets

_____ 5. a television set in each bedroom

SCORE _____

IV. Writing

D. You're an exchange student in Chartres. Write a journal entry describing your bedroom in your host family's home. Be sure to include descriptions of the furniture and tell where everything is located in relation to the other items in the room. (10 points)

_____
_____
_____
_____
_____
_____
_____
_____
_____
_____
_____
_____
_____
_____

SCORE _____

TOTAL SCORE _____ /35

Nom _____ Classe _____ Date _____

Bienvenue à Chartres!

TROISIEME ETAPE

Quiz 2-3A

Maximum Score: 35/100

Grammar and Vocabulary

A. Your friend Céline wants to do several things today. Tell her where she should go to do each activity or errand. Use the expression **Va…** in your response. (10 points)

1. Je veux nager.

   _____

2. Il me faut un plan de la ville.

   _____

3. Je veux envoyer une lettre.

   _____

4. Je veux acheter un billet de train pour aller à Lyon.

   _____

5. Je veux voir une pièce de Shakespeare.

   _____

SCORE ☐

B. Based on what the following people are doing, tell where they probably are by circling the appropriate place. (5 points)

1. Ils font un pique-nique.
   a. au centre commercial   b. au parc   c. à l'église

2. Christine et Aurélie envoient des lettres.
   a. à l'office de tourisme   b. au musée   c. à la poste

3. Sébastien et Philippe voient une exposition d'art.
   a. à l'auberge   b. à la piscine   c. au musée

4. Je fais mes devoirs.
   a. à la bibliothèque   b. à la librairie   c. à la papeterie

5. Luc passe un examen de biologie.
   a. au lycée   b. au musée   c. au parc

SCORE ☐

Holt French 2 Allez, viens!, Chapter 2   Testing Program **35**

Copyright © by Holt, Rinehart and Winston. All rights reserved.

Quiz 2-3A

C. Complete each sentence with the appropriate preposition from the box below. (10 points)

1. On achète un billet de train _____ gare.
2. On peut déjeuner _____ auberge de jeunesse.
3. Il y a des sculptures _____ musée.
4. On peut acheter des timbres _____ poste.
5. Il y a des plans de la ville _____ office de tourisme.
6. Les jeunes jouent au foot _____ parc.
7. Mes amis font du camping _____ terrain de camping.
8. Luc fait de la natation _____ piscine.
9. On peut voir un film _____ cinéma.
10. J'aime aller _____ café.

D. Arnaud is taking a walk in the park, and several people ask him for directions to different places in town. Based on the map below and Arnaud's directions, tell where each person needs to go. (10 points)

1. Du parc, vous prenez l'avenue Voltaire. Tournez à droite dans la rue de la Cathédrale. C'est à droite, en face du cinéma.

   _____

2. De la gare, prenez la rue de la Gare. Traversez la place Voltaire et continuez tout droit jusqu'au boulevard Victor Hugo. Tournez à droite sur le boulevard Victor Hugo. C'est à gauche, entre la préfecture et l'hôpital.

   _____

3. De la bibliothèque, tournez à gauche dans la rue de la Cathédrale. Tournez à droite dans l'avenue Voltaire. C'est à gauche, en face du restaurant.

   _____

4. De la gare, prenez la rue de la Gare. Puis, prenez la rue Ste Anne. C'est à droite, juste avant le boulevard Victor Hugo.

   _____

5. De l'auberge de jeunesse, continuez tout droit sur le boulevard de Belleville. Tournez à droite dans la rue de la Paix. Tournez à gauche dans le boulevard Victor Hugo et puis à droite dans la rue de Grenelle. C'est à gauche, près du restaurant.

   _____

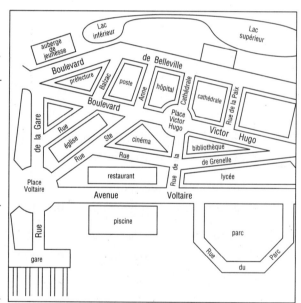

Nom _____ Classe _____ Date _____

CHAPITRE 2 — Bienvenue à Chartres!

Quiz 2-3B

TROISIEME ETAPE

Maximum Score: 35/100

I. Listening

A. Listen to the following people ask for directions to different places. Then match each place with the appropriate directions to get there. (10 points)

_____ 1. library
_____ 2. high school
_____ 3. train station
_____ 4. youth hostel
_____ 5. post office

a. keep going straight ahead
b. straight ahead, then turn right, next to the theater
c. straight ahead, next to the tourist office
d. to the pool, turn left, down the avenue
e. Napoleon St. and across the park

SCORE _____

II. Culture

B. Read the following statements about the **Notre-Dame de Chartres** cathedral and decide whether each one is **a) true** or **b) false**. (5 points)

_____ 1. **Notre-Dame de Chartres** was built in the twelfth century.
_____ 2. The cathedral has one Gothic tower and one Romanesque tower.
_____ 3. Most of the cathedral was destroyed in World War I.
_____ 4. None of the stained glass windows in the cathedral are the originals.
_____ 5. **Notre-Dame de Chartres** is an example of Gothic architecture.

SCORE _____

Quiz 2-3B

III. Reading

C. Look at the map below. Locate the dot that marks where you are. Then read the directions that follow. Where does each set of directions lead? (12 points)

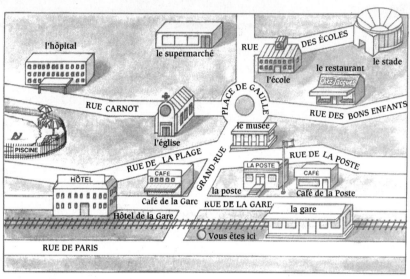

1. Prenez la Grand-Rue. Traversez la place de Gaulle et tournez à droite à l'école. Continuez tout droit. Votre destination est devant vous. C'est _____.

2. Prenez la Grand-Rue. Tournez à droite dans la rue de la Gare. Votre destination est sur la gauche, à côté de la poste. C'est _____.

3. Prenez la Grand-Rue. Quand vous arrivez à la place de Gaulle, prenez la rue Carnot. Continuez tout droit. Votre destination est à gauche, en face de l'hôpital. C'est _____.

SCORE ____

IV. Writing

D. Now it's your turn to write directions! Direct a visitor from the hospital to the post office. (8 points)

_____
_____
_____
_____

SCORE ____

TOTAL SCORE ____ /35

CHAPITRE 2

Nom _____ Classe _____ Date _____

Bienvenue à Chartres!

Chapter Test

I. Listening

Maximum Score: 28

A. Erica is staying with her French pen pal and his family for a month. She has just arrived. Listen to the conversations and choose the photo that corresponds to each. (10 points)

a.

b.

c.

d.

e.

1. _____   2. _____   3. _____   4. _____   5. _____

SCORE _____

B. Manuel, an American exchange student, arrives at the Bermondy house in Poitiers with his host Marion. Marion then takes him on a tour of the house. As you listen to each of their conversations, decide where they are. (10 points)

    a. dans le salon   b. dans la cuisine   c. dans la salle à manger
        d. dans le jardin   e. dans la chambre de Marion

6. _____   7. _____   8. _____   9. _____   10. _____

SCORE _____

Holt French 2 Allez, viens!, Chapter 2

Nom_____ Classe_____ Date_____

Chapter Test

C. Study the map below, and find the train station. Then listen as people give you directions from the train station to other places in town. Where does each set of directions take you? (8 points)

    a. la pâtisserie   **b.** la librairie   **c.** l'épicerie
        d. le parc   **e.** le musée

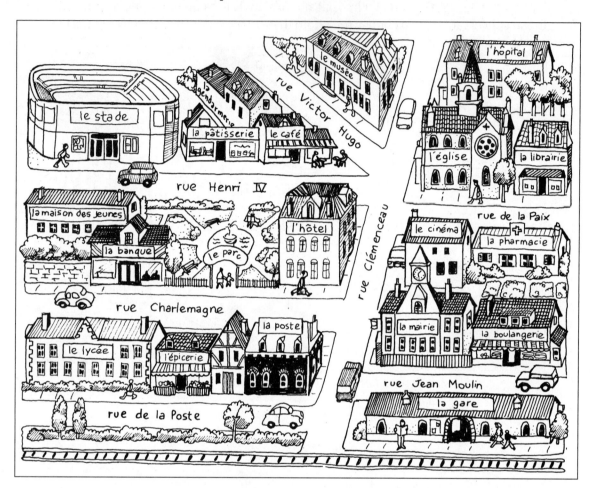

11. _____   12. _____   13. _____   14. _____

SCORE _____

II. Reading

Maximum Score: 30

D. Look at the plan of the house below. Then decide whether the following statements are **a) true** or **b) false**. (10 points)

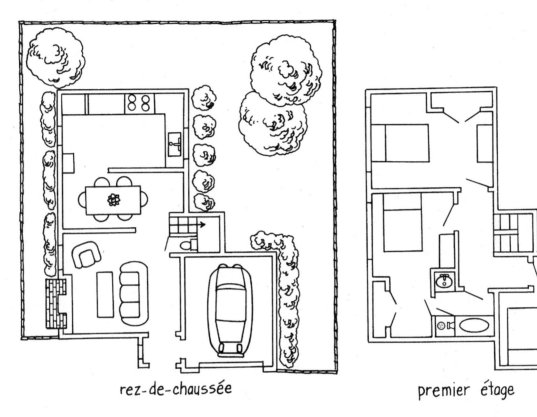

rez-de-chaussée   premier étage

_____ 15. Au premier étage, il y a une salle à manger, une cuisine, un salon et un garage.

_____ 16. La salle à manger est entre la cuisine et le salon.

_____ 17. Les toilettes sont au rez-de-chaussée.

_____ 18. Il y a trois chambres au premier étage.

_____ 19. La maison n'a pas de jardin.

SCORE

Chapter Test

E. Read these descriptions of some tourist attractions in Chartres. Then answer the questions that follow. You may choose more than one place to answer each question. (12 points)

---

a.

La Cathédrale Notre-Dame
Triple chef-d'œuvre de l'architecture, de la statuaire et du vitrail des XIIè et du XIIIè s. Classée "Patrimoine mondial" par l'UNESCO.
Tél : 02.37.21.75.02 - Horaires d'hiver : de 7 h 30 à 19 h - Horaires d'été : de 7 h 30 à 19 h 30. Durant les offices et cérémonies, visites extérieures uniquement. ♿
Concerts, festivals, et concours internationaux d'orgue.
Visites guidées *tous les jours sauf dimanche et lundi matin.*
Français : *Service des Conférences*
16 Cloître Notre-Dame - B.P. 131
Tél : 02.37.21.75.02 - Hors saison à 14 h 30 De Pâques à la Toussaint à 10 h 30 et 15 h, pas de visite les dimanches, lundis et jours de fête. Sur demande pour groupes. Durée : 1 h 30.
Anglais : *Malcolm MILLER*
Tél : 02.37.28.15.58 ou : 02.37.21.50.00

b.

Visite de ville
Visite des quartiers anciens. Office de Tourisme - Place de la Cathédrale Tél : 02.37.21.50.00
Tous les jours sur rendez-vous pour groupes. Du 2/01 au 2/05 et du 30/09 au 31/12 - Tous les jours de 9 h 30 à 17 h sauf dimanche, fêtes et les 1/01, 1/05, 1/11, 11/11, 25/12. Du 2/05 au 30/09 - Tous les jours de 9 h 30 à 17 h 30.
Visite en français, anglais, allemand et italien et location de walkmans.

c.

Musée des Beaux-Arts
Dans l'ancien palais épiscopal XVè - XVIIè-XVIIIè siècles, il reçoit les collections permanentes : ethnographie, sculptures, tapisseries, clavecins, bois polychromes, émaux Renaissance, faïences et une importante collection de peintures du XVIè au XXè siècles.
29 Cloître Notre-Dame
Tél : 02.37.36.41.39
Ouvert toute l'année sauf 1/01, 1/05, 8/05, 1 et 11/11 et 25/12. Du 1/04 au 31/10 de 10 à 18 h. Du 2/01 au 31/03 et du 2/11 au 31/12 de 10 à 12 h et de 14 à 17 h. Fermé le mardi - Collections permanentes - Librairie - Salle de concert.

d.

Le Compa
Conservatoire du Machinisme et des Pratiques agricoles. Le plus grand musée français consacré à l'agriculture ; sous l'extraordinaire charpente métallique de l'ancienne rotonde à machines à vapeur de la gare de Chartres.
Pont de Mainvilliers - 28000 CHARTRES
Tél : 02.37.36.11.30 - Fax : 02.37.36.55.58 - Ouvert toute l'année, du mardi au vendredi de 10 à 12 h 30 et de 13 h 30 à 18 h. Les week-ends et jours fériés de 10 à 12 h 30 et de 13 h 30 à 19 h. Fermé le lundi et 1/01, 1/05, 1/11, 11/11 et 25/12. Collections permanentes, expositions temporaires, boutique - Restaurant - Parking gratuit cars et tourisme. ♿

"La Cathédrale Notre-Dame," "Le Compa," "Musée des Beaux-Arts," and "Visite de ville" from *Eure-et-Loir: Renseignements pratiques.* Reprinted by permission of *Comité Départemental du Tourisme d'Eure-et-Loir.*

Which attraction(s) would you choose if . . .

_____ 20. you loved art?

_____ 21. you'd like a tour in English?

_____ 22. you'd like to learn about machines and agriculture?

_____ 23. you enjoyed concerts?

_____ 24. you'd like to learn about the old sections of Chartres?

_____ 25. you were hungry?

SCORE _____

F. You're a real estate agent. The people you see on the right come to you looking for places to live. Read the classified ads on the left and choose an appropriate place for them. (8 points)

_____ 26.

MAISON impeccable, **2** niveaux + sous-sol + gar. **2** voitures, entrée, séj. + cheminée, cuis. équipée, bur., **3** chbres, s. de bains, cab. toil., **2** penderies. Habitable de suite. Prix intéressant.
Tél. 02.43.56.93.21

a.

_____ 27.

Appt, séjour, s. à manger, 2 chbres, terrasse, 3ᵉ étage, ascenseur. **Excellent** état, environnement calme.
Tél. 02.43.49.49.85

b.

_____ 28.

A vendre
maison de ville,
beaucoup de caractère,
séjour avec cheminée, cuis. équipée,
bureau, **4** chbres, **2** bains, jard.
Excellent état.
Prix : 559.488 €
Tél. 02.43.30.11.65

c.

_____ 29.

BEAU STUDIO, charme, vraie cuisine, bains, 34 m², 6ᵉ asc., charme.
85.370 €   02.43.26.04.79

d.

SCORE [   ]

III. Culture

Maximum Score: 12

G. A typical home in France is somewhat different from a home in the United States. Mention at least three differences you might expect to find. (6 points)

_____

_____

_____

SCORE [   ]

Chapter Test

H. How would your French friend respond if you said **J'aime bien ta chambre?** (2 points)

_____

_____

SCORE ☐

I. Name two outstanding features of the cathedral in Chartres. (4 points)

_____

_____

SCORE ☐

IV. Writing

Maximum Score: 30

J. Imagine your ideal bedroom. Describe five things you'd like to have in your room. Mention colors, sizes, and other details. (15 points)

_____

_____

_____

_____

_____

_____

SCORE ☐

K. Imagine that the map in Section C of this test is a map of your hometown, and give a tourist directions from the high school to the drugstore. Be sure to specify its location in relation to at least two other places. (15 points)

_____

_____

_____

_____

_____

SCORE ☐

TOTAL SCORE ☐ /100

Nom _____ Classe _____ Date _____

CHAPITRE 2 Chapter Test Score Sheet

Circle the letter that matches the most appropriate response.

I. Listening
Maximum Score: 28

A. (10 points)
1. a b c d e
2. a b c d e
3. a b c d e
4. a b c d e
5. a b c d e

SCORE _____

B. (10 points)
6. a b c d e
7. a b c d e
8. a b c d e
9. a b c d e
10. a b c d e

SCORE _____

C. (8 points)
11. a b c d e
12. a b c d e
13. a b c d e
14. a b c d e

SCORE _____

II. Reading
Maximum Score: 30

D. (10 points)
15. a b
16. a b
17. a b
18. a b
19. a b

SCORE _____

E. (12 points)
20. a b c d
21. a b c d
22. a b c d
23. a b c d
24. a b c d
25. a b c d

SCORE _____

F. (8 points)
26. a b c d
27. a b c d
28. a b c d
29. a b c d

SCORE _____

III. Culture
Maximum Score: 12

G. (6 points)

_____
_____
_____
_____

SCORE _____

Holt French 2 Allez, viens!, Chapter 2

Nom_____ Classe_____ Date_____

H. (2 points)

_____

_____

SCORE [ ]

I. (4 points)

_____

_____

_____

SCORE [ ]

IV. Writing

Maximum Score: 30

J. (15 points)

_____

_____

_____

_____

_____

_____

_____

SCORE [ ]

K. (15 points)

_____

_____

_____

_____

_____

_____

_____

_____

SCORE [ ]

TOTAL SCORE [/100]

Listening Scripts for Quizzes • Chapitre 2

Quiz 2-1B Première étape

I. Listening

1. Vous n'avez pas faim, Pamela? Vous n'avez rien mangé au restaurant. Voulez-vous un sandwich?
2. Bonjour, Cyril. Le voyage s'est bien passé? Tu n'es pas trop fatigué?
3. Bienvenue, M. et Mme Suchet. Vous n'êtes pas trop fatigués?
4. Je meurs de soif! Ce match de tennis était fatigant!
5. Vous n'avez pas soif, Jean-Luc et Claudine?

Quiz 2-2B Deuxième étape

I. Listening

1. — Il est génial, ton ordinateur. Je n'en ai jamais vu de si bizarre.
   — C'est normal, Thierry. C'est un minitel!
2. — J'adore ta chambre. Elle est très cool!
   — Merci, c'est gentil.
3. — Voilà le bureau de Papa. Il est très vieux.
   — C'est beau, mais ce n'est pas mon style. Moi, je préfère le moderne.
4. — C'est super! C'est quel monument?
   — Mais c'est la tour Eiffel! C'est à Paris et nous allons la visiter cet été!

Quiz 2-3B Troisième étape

I. Listening

1. — Bonjour, monsieur. Où est la bibliothèque, s'il vous plaît?
   — Continuez tout droit, puis tournez à droite. Vous allez la voir à côté du théâtre.
2. — Sabine, où est le lycée? J'aimerais le visiter aujourd'hui.
   — Prends la rue Napoléon, puis traverse le parc et tu vas le voir.
3. — Pardon, madame. La gare, s'il vous plaît?
   — Allez jusqu'à la piscine, tournez à gauche et descendez l'avenue.
4. — Bonjour, je cherche l'auberge de jeunesse, s'il vous plaît.
   — Ah, c'est très près. Continuez tout droit, c'est à côté de l'office de tourisme.
5. — Où est la poste, s'il vous plaît?
   — Là-bas, mademoiselle. Continuez tout droit.

Answers to Quizzes 2-1A and 2-1B • Chapitre 2

ANSWERS Quiz 2-1A

A. (10 points: 2 points per item)
Answers may vary. Possible answers:
1. f
2. a
3. e
4. c
5. d

B. (10 points: 2 points per item)
Answers may vary. Possible answers:
1. Merci.
2. C'est gentil de votre part.
3. Tu n'as pas soif?
4. Bienvenue chez moi.
5. Vous avez fait bon voyage?

C. (10 points: 2 points per item)
1. Est-ce que vous travaillez beaucoup?
2. Est-ce que votre copine aime la musique classique?
3. Est-ce que vous faites du jogging tous les jours?
4. Est-ce que vous allez souvent au café?
5. Est-ce que vous jouez au basket?

ANSWERS Quiz 2-1B

I. Listening
A. (10 points: 2 points per item)
1. c
2. b
3. e
4. a
5. d

II. Reading
B. (10 points: 2 points per item)
1. vrai
2. faux
3. vrai
4. vrai
5. faux

III. Writing
C. (10 points)
Answers will vary. Possible answer:
— Bienvenue! Vous avez fait bon voyage?
— Oui, excellent.
— Pas trop fatigués?
— Si, nous sommes crevés.
— Vous n'avez pas faim?
— Si, nous avons très faim.
— Allons au restaurant, alors.

Answers to Quizzes 2-2A and 2-2B • Chapitre 2

ANSWERS Quiz 2-2A

A. (10 points: 1 point per item)
1. illogique
2. logique
3. illogique
4. illogique
5. logique
6. illogique
7. illogique
8. logique
9. logique
10. illogique

B. (10 points: 2 points per item)
1. e
2. f
3. g
4. a
5. d

C. (10 points: 1 point per item)
1. grande
2. joli
3. petite
4. grand
5. vieille
6. beaux
7. petites
8. vieil
9. belle
10. nouvelle

D. (5 points: 1 point per item)
Answers may vary. Possible answers:
1. le jardin
2. la chambre
3. le salon
4. la cuisine
5. la salle à manger

ANSWERS Quiz 2-2B

I. Listening
A. (8 points: 2 points per item)
1. e
2. d
3. a
4. c

II. Reading
B. (12 points: 2 points per item)
My dream home . . .
✓ is old.
✓ has two stories.
___ has a yard.
___ has three bedrooms.
___ has bathrooms on the top floor.
✓ has a balcony on the second floor.

III. Culture
C. (5 points: 1 point per item)
✓ 1.
___ 2.
✓ 3.
✓ 4.
___ 5.

IV. Writing
D. (10 points)
Answers will vary. Possible answer:
Dans ma chambre, il y a un grand lit. A gauche du lit, il y a un vieux bureau et une chaise. Sur le bureau, il y a une jolie lampe et des livres. A droite du lit, il y a une vieille commode et une chaîne stéréo. Près du bureau, il y a une grande armoire pour mes vêtements.

Answers to Quizzes 2-3A and 2-3B • Chapitre 2

ANSWERS Quiz 2-3A

A. (10 points: 2 points per item)
Answers may vary. Possible answers:
1. Va à la piscine.
2. Va à l'office de tourisme.
3. Va à la poste.
4. Va à la gare.
5. Va au théâtre.

B. (5 points: 1 point per item)
1. b
2. c
3. c
4. a
5. a

C. (10 points: 1 point per item)
1. à la
2. à l'
3. au
4. à la
5. à l'
6. au
7. au
8. à la
9. au
10. au

D. (10 points: 2 points per item)
1. la bibliothèque
2. la poste
3. la piscine
4. le cinéma
5. le lycée

ANSWERS Quiz 2-3B

I. Listening
A. (10 points: 2 points per item)
1. b
2. e
3. d
4. c
5. a

II. Culture
B. (5 points: 1 point per item)
1. b
2. a
3. b
4. b
5. a

III. Reading
C. (12 points: 4 points per item)
1. le stade
2. le café
3. la piscine

IV. Writing
D. (8 points)
Answers may vary. Possible answer:
Continuez tout droit sur la rue Carnot. Vous arrivez à la place de Gaulle. Tournez à droite dans la Grand-Rue. Continuez tout droit et tournez à gauche dans la rue de la gare. La poste est à gauche, à côté du café.

Scripts for Chapter Test • Chapitre 2

I. Listening

A. 1. — Bienvenue, Erica! Alors, tu as fait bon voyage?
— Oui, excellent. J'aime bien l'avion!
— Tu as soif?
— Oui, très.

2. — Est-ce que tu veux téléphoner à tes parents?
— Oui, je veux bien. Ils doivent se demander comment s'est passé mon voyage.

3. — Est-ce que tu as mangé dans l'avion?
— Oui, mais c'était pas terrible.
— Alors, tu as sûrement faim?
— Un peu, oui.
— Bon, viens avec moi à la cuisine.

4. — Erica... Erica...
— Oh là là! J'étais en train de m'endormir. Excuse-moi.
— T'en fais pas, je comprends. Après un voyage pareil, c'est normal d'être fatigué. Tiens, je vais te montrer ta chambre. Tu peux te reposer un moment, si tu veux.

5. — Ah! Pendant qu'on est dans ta chambre, je vais te montrer l'endroit où tu peux ranger tes vêtements. Voilà, c'est là.
— Merci. Dis donc, il est super! Chez moi, aux Etats-Unis, nous avons un meuble comme ça pour notre télévision.
— Ah bon?

B. 6. MARION Ça y est. On est arrivés. Voici notre maison, Manuel.
MANUEL Ouah! Elle est super. Et elle a l'air grande aussi. C'est toi qui as planté toutes ces fleurs dehors?
MARION Oui, elles te plaisent?
MANUEL Oui, elles sont vraiment super.

7. MARION Bon, entrons. Tiens, pour l'instant tu peux poser tes affaires là, près du sofa. Tiens, je te présente mon père.
FATHER Bienvenue, Manuel!
MARION Tu sais, il adore le football et il passe sa vie devant la télé. Bon match, Papa! Allez, viens! Je vais te faire visiter la maison.

8. MANUEL Dis donc, qu'est-ce qu'elle est grande, cette table!
MARION Oui. Tu sais, on mange souvent dans la cuisine et on réserve cette pièce pour les jours où on a des invités, ou pour des occasions spéciales.

9. MARION Viens, je vais te présenter ma mère. Je crois qu'elle est en train de préparer le repas de ce soir. Oui, tiens, la voilà.
MOTHER Bienvenue, Manuel!
MARION Tiens, est-ce que tu as soif? Il y a du jus de fruit dans le frigo.

10. MARION Bon, maintenant, montons au premier. C'est là que sont les chambres. Ici, c'est la mienne.
MANUEL J'aime beaucoup ton bureau. Il est très chouette.
MARION Tu trouves?

C. 11. — Alors, en sortant de la gare, allez à droite. Puis, tournez à droite dans la rue Clémenceau. Allez tout droit et ensuite, tournez à gauche dans la rue Victor Hugo. C'est un grand bâtiment tout de suite à votre droite.

12. — Prenez la rue Clémenceau et allez tout droit. Vous allez passer la rue Jean Moulin. Tournez à droite dans la rue de la Paix. C'est à gauche, juste après l'église.

13. — C'est très simple. A la sortie de la gare, allez à droite. Traversez la rue Clémenceau et continuez tout droit dans la rue de la Poste. C'est à votre droite, entre la poste et le lycée.

14. — Prenez la rue Clémenceau. Allez toujours tout droit. Après la rue Charlemagne, vous allez voir l'hôtel sur votre gauche. Tournez à gauche après l'hôtel dans la rue Henri IV. C'est sur la droite entre le café et le stade.

Answers to Chapter Test • Chapitre 2

I. Listening   Maximum Score: 28 points

A. (10 points: 2 points per item)
1. b
2. d
3. a
4. c
5. e

B. (10 points: 2 points per item)
6. d
7. a
8. c
9. b
10. e

C. (8 points: 2 points per item)
11. e
12. b
13. c
14. a

II. Reading   Maximum Score: 30 points

D. (10 points: 2 points per item)
15. b
16. a
17. a
18. a
19. b

E. (12 points: 2 points per item)
20. c
21. a, b
22. d
23. a, c
24. b
25. d

F. (8 points: 2 points per item)
26. a
27. c
28. d
29. b

III. Culture   Maximum Score: 12 points

G. (6 points: 2 points per item)
Answers will vary. Possible answer:
The "first floor" is what Americans call the second floor. Many homes contain **armoires** instead of closets. Televisions and telephones are expensive, so many homes have only one of each. The toilet is in a separate room from the bathroom.

H. (2 points)
Answers will vary. Possible answers:
C'est vrai? Tu trouves? C'est gentil!

I. (4 points: 2 points per item)
(Only two items required)
Answers will vary. Possible answers:
The stained glass windows, the different towers, the Gothic architecture, the sculptures

IV. Writing   Maximum Score: 30 points

J. (15 points: 3 points per item)
Answers will vary. Possible answers:
une nouvelle chaîne stéréo
une vieille armoire blanche
un poster de Vanessa Paradis signée par elle
de belles étagères pleines de CD
une grande télévision

K. (15 points)
Answers may vary. Possible answer:
Continuez tout droit sur la rue de la Poste et tournez à gauche dans la rue Clémenceau. Puis, tournez à droite dans la rue de la Paix et la pharmacie est sur la droite, à côté du cinéma et en face de la librairie.

CHAPITRE 3 — Un repas à la française

Nom _____ Classe _____ Date _____

Quiz 3-1A

PREMIERE ETAPE

Maximum Score: 35/100

Grammar and Vocabulary

A. You're shopping at an outdoor market in France. Decide if it is the **a) vendor** or **b) customer** who is talking. (5 points)

_____ 1. — Je vais en prendre deux kilos, s'il vous plaît.

_____ 2. — Et avec ça?

_____ 3. — Ça fait 3,28 €.

_____ 4. — 1,20 € le kilo. Combien en voulez-vous?

_____ 5. — Combien coûtent les haricots verts?

SCORE _____

B. There is going to be a family reunion at your French host family's house next week, and you're helping out by buying all the groceries. Write three food items you might buy at each of these stores. (12 points)

LA PATISSERIE	LA CHARCUTERIE
_____	_____
_____	_____
_____	_____

LA POISSONNERIE	LA CREMERIE
_____	_____
_____	_____
_____	_____

SCORE _____

C. Answer the following questions using the pronoun **en**. (10 points)

1. Tu veux de la salade?

   _____

2. Tu vas prendre un kilo de haricots verts?

   _____

Holt French 2 Allez, viens!, Chapter 3

Nom _____ Classe _____ Date _____

Quiz 3-1A

3. Combien de tomates est-ce que vous voulez?
_____

4. On vend du beurre à la crémerie?
_____

5. Vous prenez des baguettes?
_____

SCORE [ ]

D. Your friend Jaishree is a vegetarian and doesn't eat any meat, including chicken and seafood. Choose four things from the box below that you might buy when you invite her for a meal. (8 points)

des baguettes   des huîtres
des pains au chocolat
du bœuf   du poulet   un bifteck
des pêches   des religieuses

1. _____
2. _____
3. _____
4. _____

SCORE [ ]

TOTAL SCORE [ ] /35

CHAPITRE 3 — Un repas à la française

Quiz 3-1B

Maximum Score: 35/100

PREMIÈRE ÉTAPE

I. Listening

A. Listen as some parents tell their children what to buy for dinner. Which store or stores will they have to visit? (10 points)

a. la boulangerie
b. la boucherie
c. la pâtisserie
d. la crémerie
e. la charcuterie
f. la poissonnerie

1. _____ 2. _____ 3. _____ 4. _____ 5. _____   SCORE [   ]

II. Reading

B. Read this note from Séverine to her brother Patrick. Then decide if the statements that follow are **a) true** or **b) false**. (10 points)

> Patrick,
> Ce soir, j'ai invité les Rodriguez à dîner et je veux faire quelque chose de typiquement espagnol. Tu peux aller faire les courses pour moi?
> Pour la paëlla, passe à la crémerie et achète-moi une livre de beurre. Ensuite, à la poissonnerie, il me faut 500 grammes de crevettes. Après, passe à la boucherie pour m'acheter un poulet. Pense aussi à prendre deux saucisses espagnoles à la charcuterie. Et pour le dessert, passe à la pâtisserie et achète ce que tu veux. Une tarte aux pommes, peut-être?
> A plus,
> Séverine

Quiz 3-1B

____ 1. Séverine asks Patrick to go shopping with her.

____ 2. Séverine asks Patrick to buy 500g of snails at the fish shop.

____ 3. Séverine asks Patrick to buy butter at the grocery store.

____ 4. Patrick needs to buy two Spanish sausages at the butcher shop.

____ 5. Séverine tells Patrick to buy whatever he wants for dessert.

SCORE _____

III. Writing

C. You're shopping for the ingredients to make a cheese omelette for Sunday brunch. Write a conversation in which you ask the owner of the **crémerie** for three items. Be sure to specify the quantity for each item and ask the prices. (15 points)

_____

SCORE _____

TOTAL SCORE _____ /35

CHAPITRE 3 — Un repas à la française

DEUXIEME ETAPE

Quiz 3-2A

Maximum Score: 35/100

Grammar and Vocabulary

A. Your French uncle Pierre has given you a list of foods he likes to eat. Use the list to say when he would most likely have each item. (10 points)

> le poulet   les croissants   les religieuses   les millefeuilles   les escargots
> le café   les céréales   le chocolat chaud   le poisson   la tarte aux fraises

1. Pour le petit déjeuner : _____
2. Comme plat principal : _____
3. Comme dessert : _____

SCORE ☐

B. You're having Christmas dinner with your French host family. What would be the appropriate response to each of the following statements and questions? (10 points)

1. Encore du pâté?
   a. Voilà.
   b. Oui, j'ai soif.
   c. Oui, je veux bien.

2. Vous pourriez me passer le beurre?
   a. Tenez.
   b. Merci, ça va.
   c. Ce n'est pas grand-chose.

3. C'était vraiment bon.
   a. Je n'ai plus soif.
   b. Tiens.
   c. C'est gentil.

4. Tu veux des escargots?
   a. Merci, ça va.
   b. Ce n'est pas grand-chose.
   c. Voilà.

5. Je pourrais avoir du pain, s'il vous plaît?
   a. Je n'ai plus faim.
   b. Voilà.
   c. Oui, je veux bien.

SCORE ☐

Quiz 3-2A

C. You're working part-time for a catering service. Choose the correct expression to complete the following passage about meals in France. (6 points)

Pour le déjeuner et pour (1) _____ (le dessert/le dîner), on

commence par (2) _____ (une entrée/un fruit). Ensuite, on

sert (3) _____ (le dessert/le plat principal) suivi

d' (4) _____ (une salade/un fromage) verte. A la fin du repas,

on passe (5) _____ (une entrée/le plateau de fromages). Et pour

terminer, on prend (6) _____ (un dessert/un fromage) ou un fruit.

SCORE ____

D. You're having dinner with your French host family. Use the articles **un, une, du, de la** or **des** to complete what various people are saying. (9 points)

1. Tu veux _____ petits pois?
2. Encore _____ beurre?
3. Vous voulez _____ lait?
4. Tu veux _____ pâté?
5. Encore _____ salade?
6. Tu peux me passer _____ crevettes, s'il te plaît.
7. Je voudrais _____ banane, s'il te plaît.
8. Tu veux _____ pain?
9. Encore _____ tarte?

SCORE ____

TOTAL SCORE ____/35

3 Un repas à la française

Quiz 3-2B

Maximum Score: 35/100

■ DEUXIEME ETAPE

I. Listening

A. Listen to the following snippets of conversations at the table. Is the speaker a) **asking for food,** b) **offering food,** or c) **refusing food?** (10 points)

1. _____   2. _____   3. _____   4. _____   5. _____

SCORE ____

II. Reading

B. As an assignment for her social sciences class, Annick recorded her family's dinner conversations for a week. Read part of the transcript of last night's conversation between Annick, her mother Jacqueline, and her father Paul. Then answer the questions in English. (10 points)

— Jacqueline, encore du bifteck?
— Merci, chéri. Ça va.
— Mais c'est du steak au poivre, ma spécialité.
— C'est excellent, mais je n'ai plus faim. Tu peux me passer l'eau?
— Tiens! Et toi, tu veux de l'eau, Annick?
— Oui, j'ai soif. Papa, cette quiche est vraiment bonne. Je peux en reprendre?
— Désolé, il n'y en a plus; il reste seulement du bifteck.
— Oh, tu sais bien que je ne mange pas de viande. Oh là là! J'ai encore faim, moi!
— Alors, tu veux du dessert?
— Oui! Qu'est-ce que c'est?
— Du melon.
— Super! J'adore le melon.

1. Who prepared dinner?
   _____
2. Who refuses seconds?
   _____
3. Why?
   _____
4. Who asks for seconds?
   _____
5. Who is a vegetarian?
   _____

SCORE ____

Nom _____ Classe _____ Date _____

Quiz 3-2B

III. Culture

C. How much have you learned about French culture? Read the following statements and decide if they are **a) true** or **b) false**. (6 points)

_____ 1. A typical French breakfast would include eggs.

_____ 2. Lunch and dinner usually consist of several courses.

_____ 3. The main course usually includes cold cuts, vegetables, and soup.

_____ 4. The French eat a wide variety of meats, fowl, and game.

_____ 5. Pastries and ice cream are often served for dessert.

_____ 6. The evening meal is generally lighter than lunch and often meatless.

SCORE ☐

IV. Writing

D. You and a friend are preparing for a trip to France by having a meal together, during which only French will be spoken. Write a conversation in which you and your friend offer, accept, and refuse food and drink items. Your friend compliments the food. Be sure to respond appropriately. (9 points)

_____
_____
_____
_____
_____
_____
_____
_____
_____
_____
_____
_____

SCORE ☐

TOTAL SCORE ☐ /35

CHAPITRE 3 — Un repas à la française

TROISIEME ETAPE

Quiz 3-3A
Maximum Score: 30/100

Grammar and Vocabulary

A. You and your friends are discussing what to give Sylvie for her birthday. Complete your conversation with the appropriate expressions from the box below. (10 points)

> leur   original   déjà   cher   bonne idée   une idée
> style   offre   peut-être   raison   banal   lui

— Tu as (1) _____ de cadeau pour Sylvie?
— On pourrait (2) _____ offrir un disque de Roch Voisine!
— Non, Elle en a (3) _____ un.
— Elle a beaucoup de devoirs de français. Un dictionnaire,
   (4) _____?
— C'est (5) _____. En plus, ce n'est pas son
   (6) _____.
— Alors, (7) _____-lui un portefeuille.
— Non, c'est trop (8) _____. Nous n'avons pas assez d'argent.
— Ecoutez, elle adore les bijoux. On pourrait lui donner des boucles d'oreilles.
— Tu as (9) _____, elle adore les bijoux. C'est
   (10) _____ comme idée.

SCORE _____

B. You're shopping for greeting cards for the following occasions. Match the wish on the card to the occasion. (5 points)

_____ 1. Your neighbor is sick.
_____ 2. Your aunt got married.
_____ 3. It's your uncle's birthday.
_____ 4. It's Mother's Day.
_____ 5. Your grandparents are flying to Paris.

a. Bonne année!
b. Joyeux anniversaire!
c. Joyeux Noël!
d. Bonne fête!
e. Meilleurs vœux!
f. Bon rétablissement!
g. Bon voyage!

SCORE _____

Nom _____ Classe _____ Date _____

Quiz 3-3A

C. A friend is giving you advice about Christmas gifts for different people. Tell where you'll go to buy each of the gifts your friend suggests. Use complete sentences in your answers. (5 points)

1. Sa mère aime les bonbons.
   _____

2. Tu peux lui offrir un vase.
   _____

3. Julie aime les fleurs.
   _____

4. Mme Dangleterre a besoin d'un portefeuille.
   _____

5. Marc adore les tartes.
   _____

SCORE ☐

D. Brigitte and her friends are giving each other advice. To avoid repetition, rewrite the second sentence in each item, using the pronouns **lui** or **leur** as appropriate. (10 points)

1. Tu n'as pas parlé à ta copine depuis trois mois? Téléphone à ta copine demain.
   _____

2. Chantal et Eric vont se marier? Tu pourrais offrir un cadre à Chantal et Eric.
   _____

3. Ta mère a des allergies. N'achète pas de fleurs pour ta mère.
   _____

4. Vos voisins vont passer un an à Paris? Offrez un dictionnaire à vos voisins.
   _____

5. Demain, c'est l'anniversaire de Sylvie. Qu'est-ce que je peux donner à Sylvie?
   _____

SCORE ☐

TOTAL SCORE ☐ /30

CHAPITRE 3 — Un repas à la française

Quiz 3-3B

TROISIEME ETAPE

Maximum Score: 30/100

I. Listening

A. Listen as some students ask for advice about gifts and decide whether the students **a) accept** or **b) reject** the suggestions. (10 points)

1. _____ 2. _____ 3. _____ 4. _____ 5. _____

SCORE [ ]

II. Reading

B. Nicole just had her sixteenth birthday. Read these notes she's written to her aunts and uncles who gave her gifts from their own shops. Then match the person to his or her shop. (10 points)

Cher Oncle Henri,
Les roses sont magnifiques. Tu es vraiment gentil!
Merci,
Nicole

Cher Oncle Martin,
Quelle bonne idée! Un pâté en forme de «16»!!
C'est original!
Merci,
Nicole

Chère Tante Marguerite,
Le sac à main est superbe! C'est très gentil de ta part.
Merci beaucoup,
Nicole

Chère Tante Emilie,
J'ai mis une photo de Jérémy, mon petit ami, dans ton cadre et maintenant, Jérémy a l'air encore plus beau.
Merci,
Nicole

Cher Oncle Max,
J'adore les chocolats suisses. Quel cadeau délicieux!
Merci,
Nicole

Quiz 3-3B

_____ 1. Oncle Henri   a. une confiserie

_____ 2. Oncle Martin   b. une charcuterie

_____ 3. Tante Marguerite   c. une boutique de cadeaux

_____ 4. Tante Emilie   d. un fleuriste

_____ 5. Oncle Max   e. une maroquinerie

SCORE ____

III. Writing

C. You and a classmate are trying to decide on a birthday gift for a mutual friend. First write a short note in which you ask your classmate for ideas and make three suggestions yourself. Then in another note, have your classmate respond by accepting one item and rejecting the others. Be sure he or she gives a reason for the rejections. (6 points)

1. _____

2. _____

SCORE ____

IV. Culture

D. Read the following statements and decide if they are **a) true** or **b) false**. (4 points)

_____ 1. In France, a meal is a way to celebrate friendship.

_____ 2. Christmas dinner is usually spent with friends.

_____ 3. Birthday dinners are traditionally celebrated with the family.

_____ 4. Young people often receive gifts on their Saint's day.

SCORE ____

TOTAL SCORE ____ /30

CHAPITRE 3

Un repas à la française

Chapter Test

I. Listening

Maximum Score: 28

A. Listen to the following conversations between Madame Morin and salespeople at different shops in Chartres. For each conversation you hear, mark the letter of what Madame Morin is buying. (10 points)

_____ 1.   a.

_____ 2.   b.

_____ 3.   c.

_____ 4.   d.

_____ 5.   e.

SCORE _____

B. The Pontiers are having some friends over for dinner. Listen to these dinner table conversations and determine whether the guests are **a) accepting food that's being offered, b) turning it down,** or **c) complimenting the food.** (10 points)

6. _____   7. _____   8. _____   9. _____   10. _____

SCORE _____

Holt French 2 Allez, viens!, Chapter 3
Testing Program 65

Chapter Test

C. Listen to some students asking for advice about gifts for special occasions. Where should they go to purchase the gift they finally agree upon? (8 points)

    a. à la confiserie   **b.** à la boutique de cadeaux   **c.** à la maroquinerie
        d. chez le fleuriste   **e.** à la librairie

11. _____   12. _____   13. _____   14. _____

SCORE ☐

II. Reading

Maximum Score: 30

D. Some students are sending messages on the computer. The students are asking advice and their friends are trying to be helpful. Match each note with the appropriate response. (10 points)

_____ 15. Stéphanie, tu as une idée de cadeau pour l'anniversaire de mon père ce week-end?
                        Babette

a. C'est banal! Trouve autre chose!

_____ 16. Je pense acheter une vidéo de Walt Disney à ma sœur pour son anniversaire. Peut-être *La Belle et la Bête®*. Virginie adore les dessins animés. Qu'est-ce que tu en penses, Erica?

b. Offre-lui des fleurs, tout le monde aime ça. Ou une plante verte, peut-être?

c. Euh... Une cravate? Un portefeuille? Un livre? Je sais, je sais, c'est pas très original!!!

_____ 17. La mère d'Alex m'a invité à fêter Hanoukkah chez eux dimanche. Je sais qu'elle va faire un super dîner. Qu'est-ce que je pourrais lui offrir?

d. Bonne idée. Va à Vidéorama. Ils ont les meilleurs prix.

_____ 18. Caroline,
Tu sais que Patrick est à l'hôpital? Je pensais lui envoyer le nouveau CD de Francis Cabrel. Tu crois que c'est une bonne idée?
                        Paul

e. Il l'a déjà! Tu ne t'en souviens pas? Il nous l'a fait écouter lundi dernier.

_____ 19. Dimanche, c'est la fête de Patricia. Si on lui envoyait une carte avec «BONNE FETE, PATRICIA!!!» écrit dessus?

SCORE ☐

Nom _____ Classe _____ Date _____

Chapter Test

E. The French Club is having a party at your house on Saturday and you've decided to make these dishes. Read the recipes and answer the following questions. (10 points)

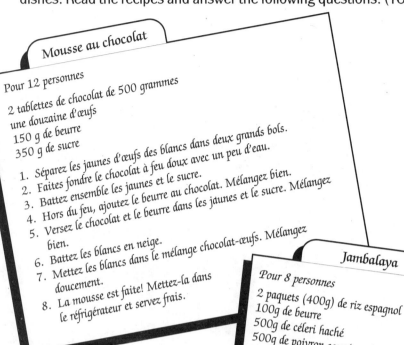

_____ 20. Which recipe would you fix for dessert?
  a. jambalaya   b. mousse au chocolat   c. both

_____ 21. Which shop would you not go to for jambalaya ingredients?
  a. charcuterie   b. boulangerie   c. poissonnerie

_____ 22. What ingredient(s) would you buy at a **crémerie** for the **mousse au chocolat**?
  a. eggs   b. butter   c. both

_____ 23. Which recipe is served cold?
  a. jambalaya   b. mousse au chocolat   c. neither

_____ 24. Which of these ingredients is not included in the jambalaya recipe?
  a. shrimp   b. ham   c. sausage

SCORE _____

F. Read these invitations and then answer the questions that follow. Choose the letter of the invitation that answers the question. (10 points)

a.

Vous êtes invité chez Chantal le 23 septembre à 20 heures pour dire au revoir à Sandrine qui part pour la Guadeloupe

R.S.V.P. 331-7524

b.

Je t'invite pour mon anniversaire!

Date Samedi 4 juin
Heure 20h30
Endroit 49, rue Babylone

R.S.V.P. 70.56.73.92

c.

SURPRISE-PARTIE!
Nouvel An!

Date 31 décembre
Heure 22h
Endroit chez Jacques et Monique

R.S.V.P. 241-9802

d.

Vous êtes invité au lunch

qui suivra le mariage de Sophie et Jacques à 14 heures, dans les jardins de l'hôtel Montcalm 48, rue Notre-Dame.

R.S.V.P. : 62.16.55.60

e.

ACCIDENT, QUEL MALHEUR!
HÔPITAL, C'EST EMBÊTANT
COPAINS, ON T'ATTEND
ENSEMBLE, QUEL BONHEUR!

REMETS-TOI VITE!

Nom _____ Classe _____ Date _____

Chapter Test

_____ 25. On which occasion would you say **Bonne année**?

_____ 26. At which event would you say **Félicitations**?

_____ 27. At which event would you say **Joyeux anniversaire**?

_____ 28. On which occasion would you say **Bon rétablissement**?

_____ 29. At which event would you say **Bon voyage**?

SCORE [____]

III. Culture

Maximum Score: 20

G. Who is likely to do the following, **a) an American** or **b) a French person**? (10 points)

_____ 30. regularly have eggs for breakfast

_____ 31. do their grocery shopping in small neighborhood stores

_____ 32. serve ice cream for special occasions

_____ 33. receive a gift on the person's Saint's day

_____ 34. serve salad with the main course

SCORE [____]

H. Number the following parts of the meal in the order in which they'd be served in France. (10 points)

_____ le fromage

_____ l'entrée

_____ le dessert

_____ la salade

_____ le plat principal

SCORE [____]

Holt French 2 Allez, viens!, Chapter 3

Chapter Test

IV. Writing
Maximum Score: 22

I. Answer this note from your best friend. Offer your best advice. (10 points)

> Salut!
> Tu sais, c'est l'anniversaire de ma grand-mère demain et je ne sais pas quoi lui offrir. C'est difficile, parce qu'elle est allergique aux fleurs et elle n'est pas très gourmande. Elle adore sortir et elle est toujours à la dernière mode. Elle est très jeune de caractère! Qu'est-ce que je pourrais lui offrir? Des gants, peut-être?

SCORE _____

J. Describe a perfect birthday celebration for yourself! Tell who is there, what you have to eat, and what presents you receive. (12 points)

| Il y a... | Comme cadeau(x), on m'offre... | On mange... |

SCORE _____

TOTAL SCORE _____ /100

Nom _____ Classe _____ Date _____

CHAPITRE 3 Chapter Test Score Sheet

Circle the letter that matches the most appropriate response.

I. Listening
Maximum Score: 28

A. (10 points)
1. a b c d e
2. a b c d e
3. a b c d e
4. a b c d e
5. a b c d e

SCORE ☐

B. (10 points)
6. a b c
7. a b c
8. a b c
9. a b c
10. a b c

SCORE ☐

C. (8 points)
11. a b c d e
12. a b c d e
13. a b c d e
14. a b c d e

SCORE ☐

II. Reading
Maximum Score: 30

D. (10 points)
15. a b c d e
16. a b c d e
17. a b c d e
18. a b c d e
19. a b c d e

SCORE ☐

E. (10 points)
20. a b c
21. a b c
22. a b c
23. a b c
24. a b c

SCORE ☐

F. (10 points)
25. a b c d e
26. a b c d e
27. a b c d e
28. a b c d e
29. a b c d e

SCORE ☐

III. Culture
Maximum Score: 20

G. (10 points)
30. a b c
31. a b c
32. a b c
33. a b c
34. a b c

SCORE ☐

H. (10 points)
_____ le fromage
_____ l'entrée
_____ le dessert
_____ la salade
_____ le plat principal

SCORE ☐

Holt French 2 Allez, viens!, Chapter 3

Testing Program 71

Copyright © by Holt, Rinehart and Winston. All rights reserved.

Nom_____ Classe_____ Date_____

IV. Writing

Maximum Score: 22

I. (10 points)

> Salut!
> Tu sais, c'est l'anniversaire de ma grand-mère demain et je ne sais pas quoi lui offrir. C'est difficile, parce qu'elle est allergique aux fleurs et elle n'est pas très gourmande. Elle adore sortir et elle est toujours à la dernière mode. Elle est très jeune de caractère! Qu'est-ce que je pourrais lui offrir? Des gants, peut-être?

_____
_____
_____
_____
_____
_____

SCORE ☐

J. (12 points)

| Il y a… | Comme cadeau(x), on m'offre… | On mange… |

_____
_____
_____
_____
_____
_____
_____
_____

SCORE ☐

TOTAL SCORE ☐ /100

Listening Scripts for Quizzes • Chapitre 3

Quiz 3-1B Première étape

I. Listening

1. — Tu vas en ville, Sophie? S'il te plaît, rapporte-moi du pain et des croissants pour le petit déjeuner.
   — Combien est-ce que tu en veux?
   — Prends deux baguettes et six croissants.

2. — Maman, je voudrais acheter des religieuses pour l'anniversaire de Mélanie.
   — C'est une excellente idée! Voilà de l'argent pour tes gâteaux.

3. — Alors, pour préparer le déjeuner, il me faut des œufs, du fromage et du lait.
   — Tu fais une quiche? Super!

4. — Ce soir, les Dupont viennent dîner.
   — Ils n'aiment pas la viande, n'est-ce pas?
   — Oui, donc, achète du poisson et des huîtres, s'il te plaît.

5. — Alain, il me faut du pâté. Tu m'en rapportes, s'il te plaît?
   — D'accord, Maman. J'y vais tout de suite.

Quiz 3-2B Deuxième étape

I. Listening

1. Catherine, tu as encore faim? Tu veux un peu de rôti?
2. Je pourrais avoir encore des crevettes?
3. Mme Lenoir, voulez-vous un peu de tarte aux pommes avec votre café?
4. Un millefeuille? Ah, non merci. Ils sont très bons mais je n'ai plus faim.
5. J'ai très soif. Tu pourrais me passer le lait?

Quiz 3-3B Troisième étape

I. Listening

1. — Qu'est-ce que je pourrais offrir à ma mère pour Noël?
   — Tu pourrais lui acheter un foulard Hermès®.
   — Mais tu es folle! C'est beaucoup trop cher!

2. — Tu as une idée de cadeau pour l'anniversaire d'Aziz?
   — Oui, offrons-lui un portefeuille!
   — D'accord, allons à la maroquinerie.

3. — On pourrait offrir des fleurs au professeur, c'est sa fête!
   — Bonne idée! Allons chez le fleuriste!

4. — Qu'est-ce que je pourrais offrir à ma sœur?
   — Offre-lui un sac à main!
   — Elle en a déjà un!

5. — Je vais voir Mme Lenôtre à l'hôpital.
   — Tu vas lui apporter des fleurs?
   — Oh, c'est banal, ça. Je vais lui offrir des bonbons.

Answers to Quizzes 3-1A and 3-1B • Chapitre 3

ANSWERS Quiz 3-1A

A. (5 points: 1 point per item)
1. b
2. a
3. a
4. a
5. b

B. (12 points: 1 point per item)
LA PATISSERIE : des religieuses, des millefeuilles, une tarte
LA CHARCUTERIE : du pâté, du jambon, des saucissons
LA POISSONNERIE : des escargots, des crevettes, du poisson
LA CREMERIE : des œufs, du lait, du fromage

C. (10 points: 2 points per item)
Answers may vary. Possible answers:
1. Oui, j'en veux.
2. Je vais en prendre un kilo.
3. J'en veux une livre.
4. Oui, on en vend à la crémerie.
5. Oui, j'en prends.

D. (8 points: 2 points per item)
1. des baguettes
2. des pains au chocolat
3. des pêches
4. des religieuses

ANSWERS Quiz 3-1B

I. Listening

A. (10 points: 2 points per item)
1. a
2. c
3. d
4. f
5. e

II. Reading

B. (10 points: 2 points per item)
1. b
2. b
3. b
4. b
5. a

III. Writing

C. (15 points)
Answers will vary. Possible answer:
— Bonjour. Qu'est-ce que vous voulez aujourd'hui?
— Je voudrais des œufs, monsieur.
— Combien en voulez-vous?
— Une douzaine, s'il vous plaît.
— Et avec ça?
— Je vais prendre aussi une livre de fromage et un litre de lait.
— Voilà.
— Ça fait combien?
— Ça fait 4,22 €.

Answers to Quizzes 3-2A and 3-2B • Chapitre 3

ANSWERS Quiz 3-2A

A. (10 points: 1 point per item)
1. les croissants, le café, les céréales, le chocolat chaud
2. le poulet, le poisson, les escargots
3. la tarte aux fraises, les religieuses, les millefeuilles

B. (10 points: 2 points per item)
1. c
2. a
3. c
4. a
5. b

C. (6 points: 1 point per item)
1. le dîner
2. une entrée
3. le plat principal
4. une salade
5. le plateau de fromages
6. un dessert

D. (9 points: 1 point per item)
1. des
2. du
3. du
4. du
5. de la
6. des
7. une
8. du
9. de la

ANSWERS Quiz 3-2B

I. Listening
    A. (10 points: 2 points per item)
      1. b
      2. a
      3. b
      4. c
      5. a

II. Reading
    B. (10 points: 2 points per item)
      1. Annick's father
      2. Annick's mother
      3. She's no longer hungry.
      4. Annick
      5. Annick

III. Culture
    C. (6 points: 1 point per item)
      1. b
      2. a
      3. b
      4. a
      5. b
      6. a

IV. Writing
    D. (9 points)
    Answers will vary. Possible answer:
    — Je pourrais avoir du poulet, s'il te plaît?
    — Voilà.
    — Merci. Et tu pourrais me passer les pommes de terre?
    — Tiens.
    — Tu veux de l'eau minérale?
    — Oui, je veux bien.
    — Et encore du poulet?
    — Merci, ça va. C'était délicieux!
    — C'est gentil.

Answers to Quizzes 3-3A and 3-3B • Chapitre 3

ANSWERS Quiz 3-3A

A. (10 points: 1 point per item)
1. une idée
2. lui
3. déjà
4. peut-être
5. banal
6. style
7. offre
8. cher
9. raison
10. original

B. (5 points: 1 point per item)
1. f
2. e
3. b
4. d
5. g

C. (5 points: 1 point per item)
1. Je vais à la confiserie.
2. Je vais à la boutique de cadeaux.
3. Je vais chez le fleuriste.
4. Je vais à la maroquinerie.
5. Je vais à la pâtisserie.

D. (10 points: 2 points per item)
1. Téléphone-lui demain.
2. Tu pourrais leur offrir un cadre.
3. Ne lui achète pas de fleurs.
4. Offrez-leur un dictionnaire.
5. Qu'est-ce que je peux lui donner?

ANSWERS Quiz 3-3B

I. Listening
    A. (10 points: 2 points per item)
      1. b
      2. a
      3. a
      4. b
      5. b

II. Reading
    B. (10 points: 2 points per item)
      1. d
      2. b
      3. e
      4. c
      5. a

III. Writing
    C. (6 points: 3 points per item)
    Answers will vary. Possible answers:
    1.
      Etienne,
      Tu as une idée de cadeau pour Chantal? On pourrait lui offrir une boîte de chocolats, un portefeuille ou un vase. Qu'est-ce que tu en penses?
      Marc

    2.
      Marc,
      Un portefeuille ou un vase, c'est banal. Mais une boîte de chocolats, oui. Bonne idée!
      Etienne

IV. Culture
    D. (4 points: 1 point per item)
      1. a
      2. b
      3. a
      4. a

Scripts for Chapter Test • Chapitre 3

I. Listening

A. 1. — Bonjour, Madame Morin, qu'est-ce que ce sera pour vous aujourd'hui?
       — Voyons, je vais faire une quiche, alors il me faudrait 500 grammes de jambon.
       — 700 grammes?
       — Non, 500 seulement.
    2. — Bonjour, Madame Morin. Comment allez-vous?
       — Très bien, merci. Et vous?
       — Oh, ça va, ça va. Qu'est-ce que vous désirez?
       — Je vais prendre une tarte aux pommes. Elles ont l'air délicieuses.
    3. — Bonjour, madame! Qu'est-ce que vous voulez aujourd'hui?
       — Les carottes, c'est combien?
       — Un euro six le kilo, madame.
       — Bon, alors un kilo de carottes, s'il vous plaît.
       — Voilà.
       — Merci.
    4. — Tiens, Madame Morin! C'était comment, la Guadeloupe?
       — C'était formidable!
       — Qu'est-ce qu'il vous faut aujourd'hui?
       — Euh... Donnez-moi trois baguettes, s'il vous plaît.
    5. — Qu'est-ce que ce sera?
       — Je vais prendre un poulet.
       — Un poulet. Et voilà.
       — Oh, remarquez, ils ne sont pas très gros et j'ai six invités. Donnez-m'en plutôt deux.

B. 6. — Ça faisait longtemps qu'on ne s'était pas fait un petit dîner, comme ça, tous les quatre.
       — Oui, tu as raison. Dis-moi, Karine, qu'est-ce que tu mets dans ta quiche? Elle est délicieuse.
       — Oh, tu sais, c'est facile à faire. Je te donnerai la recette, si tu veux.
    7. — Christophe, tu veux encore du poisson?
       — Merci, ça va. Je n'ai plus faim.
    8. — Et toi, Alain?
       — Moi, par contre, je veux bien, mais juste un peu.
    9. — J'adore ton gâteau. Il est vraiment bon.
       — C'est gentil.
    10. — Dites, vous voulez du café avec le gâteau? Ça serait meilleur que de l'eau, non?
        — Oui, pourquoi pas. Du café, c'est une bonne idée.

C. 11. — Marc, à ton avis, qu'est-ce que je pourrais acheter à Sophie pour son anniversaire?
        — Euh... Je ne sais pas. Pourquoi tu ne lui achètes pas un cadre?
        — Je lui en ai déjà offert un pour Noël.
        — Bon, alors un portefeuille peut-être.
        — Oui, c'est une bonne idée. Son portefeuille est vraiment vieux.
    12. — Qu'est-ce que tu vas offrir à Maman pour la fête des Mères?
        — Je pensais lui offrir des fleurs.
        — Des fleurs? Oui, ça fait toujours plaisir.
    13. — Marine, j'ai un conseil à te demander. La semaine prochaine, Emmanuel sort de l'hôpital et je voudrais lui acheter un cadeau. A ton avis, qu'est-ce qui lui ferait plaisir?
        — Tu sais, quand je suis allée le voir, il n'a fait que se plaindre de la nourriture de l'hôpital. Je pense que des bonbons ou des chocolats lui feraient plaisir.
        — Tu as raison. Je vais aller lui acheter des chocolats.
    14. — Oh là là! Dans deux jours, c'est Noël et je n'ai toujours pas trouvé d'idée de cadeau pour Jonathan. Qu'est-ce que je pourrais bien lui offrir?
        — Pourquoi tu ne lui achètes pas une chemise? Il est toujours habillé très à la mode.
        — Une chemise? Non. Tu sais, on n'a pas du tout les mêmes goûts pour les vêtements.
        — Alors, un poster, peut-être?
        — Non, j'ai une meilleure idée. Il adore lire. Je vais lui offrir le dernier livre de Stephen King!

Answers to Chapter Test • Chapitre 3

I. Listening Maximum Score: 28 points

A. (10 points: 2 points per item) **B.** (10 points: 2 points per item) **C.** (8 points: 2 points per item)
1. c
2. e
3. a
4. b
5. d

6. c
7. b
8. a
9. c
10. a

11. c
12. d
13. a
14. e

II. Reading Maximum Score: 30 points

D. (10 points: 2 points per item) **E.** (10 points: 2 points per item) **F.** (10 points: 2 points per item)
15. c
16. d
17. b
18. e
19. a

20. b
21. b
22. c
23. b
24. c

25. c
26. d
27. b
28. e
29. a

III. Culture Maximum Score: 20 points

G. (10 points: 2 points per item) **H.** (10 points: 2 points per item)
30. a
31. b
32. b
33. b
34. a

_4_ le fromage
_1_ l'entrée
_5_ le dessert
_3_ la salade
_2_ le plat principal

IV. Writing Maximum Score: 22 points

I. (10 points)
Answers will vary. Possible answer:
Non, c'est pas très original. Tu pourrais lui offrir un joli foulard ou un petit sac à main très chic. Ta grand-mère est jeune de caractère! Offre-lui un CD de rock!

J. (12 points)
Answers will vary. Possible answer:
Il y a mon père, ma sœur, mon chat et mon petit ami, bien sûr! On mange du poulet, des frites, un gâteau au chocolat et beaucoup de glace! Comme cadeaux, on m'offre une chaîne stéréo, beaucoup de CD et une grosse boîte de chocolats!

Nom _____ Classe _____ Date _____

Sous les tropiques

CHAPITRE 4

Quiz 4-1A

PREMIERE ETAPE

Maximum Score: 35/100

Grammar and Vocabulary

A. Complete the following statements about Martinique using an appropriate vocabulary word or expression. (12 points)

1. La montagne Pelée est un grand _____ .
2. On peut voir des champs de _____ à la Martinique.
3. Un _____ est un fruit tropical.
4. Fort-de-France est _____ de la Martinique.
5. La Martinique s'appelle aussi " _____ aux fleurs."
6. La Martinique se trouve dans _____ des Caraïbes.

SCORE _____

B. Match the description on the left to the item on the right. (6 points)

_____ 1. C'est un insecte qui nous embête.   **a.** le sable
_____ 2. C'est joli et on y trouve beaucoup de fleurs.   **b.** un village de pêcheurs
_____ 3. On le trouve au bord de la mer.   **c.** un moustique
_____ 4. On peut voir beaucoup de bateaux colorés ici.   **d.** une forêt tropicale
_____ 5. C'est un arbre qui produit des fruits délicieux.   **e.** un bananier
_____ 6. Il pleut beaucoup dans cet endroit.   **f.** le jardin de Balata

SCORE _____

C. Your friend is asking you about your trip to Martinique. Use the adjective in parentheses to answer his questions. Be sure to make all the necessary changes in your answers. (12 points)

1. Il y a des plages? (joli)

   _____

2. Il y a des monuments? (vieux)

   _____

3. Il y a des chutes d'eau? (grand)

   _____

Holt French 2 Allez, viens!, Chapter 4

Quiz 4-1A

4. Il y a des fruits tropicaux? (bon)

   _____

5. Il y a des bananiers? (grand)

   _____

6. Il y a des villes? (beau)

   _____

SCORE ☐

D. An exchange student from Martinique is coming to live in Boston for a year. He would like to know several things about the city before he comes. Answer each of his questions with the most logical response from the word box below. (5 points)

> C'est une ville charmante et vivante!
> Elle se trouve dans l'est des Etats-Unis.
> Il fait chaud.
> Il fait froid en hiver.
> Boston est plus grand que Fort-de-France
> Il y a beaucoup de grands musées.

1. Où se trouve cette ville?

   _____

2. Qu'est-ce qu'il y a à voir?

   _____

3. C'est comment?

   _____

4. Quel temps fait-il en été?

   _____

5. C'est moins grand ou plus grand que Fort-de-France?

   _____

SCORE ☐

TOTAL SCORE ☐ /35

CHAPITRE 4 — Sous les tropiques

Quiz 4-1B

PREMIERE ETAPE

Maximum Score: 35/100

I. Listening

A. Listen to Marie-Jo's description of Martinique, and then decide whether the statements below are **a) true** or **b) false.** (10 points)

1. _____ Mary-Jo is living in the capital of Martinique, Fort-de France.
2. _____ Martinique is a small island.
3. _____ Mary-Jo talks about the white sand on the beaches in Martinique.
4. _____ There are not many mosquitoes in the tropical forest.
5. _____ Mary-Jo prefers bananas to pineapple.

SCORE _____

II. Reading

B. For a French project, your classmate has written a travel brochure about her trip to Martinique. Read her brochure and then decide if the statements that follow are **true** or **false**. (10 points)

> La Martinique est une belle île qui se trouve dans la mer des Caraïbes. Le climat est chaud et il pleut souvent. Il y a beaucoup de choses à voir là-bas : des chutes d'eau, des arbres tropicaux comme les palmiers, les bananiers et les cocotiers. Le climat est parfait pour faire pousser la canne à sucre et l'ananas. Dans le nord, on peut visiter un volcan, la montagne Pelée, et le jardin de Balata, un parc botanique dans la forêt tropicale. Là, on peut voir une belle fleur rouge appelée l'anthurium. C'est une fleur très exotique. Dans le sud, on peut visiter Fort-de-France, la capitale de l'île où il y a un marché vivant avec des vendeurs charmants. Quand il fait très chaud, on peut se baigner dans la mer. Il y a de belles plages avec du sable et des palmiers, mais il y a aussi des moustiques! Si on n'aime pas nager, on peut visiter un village de pêcheurs et regarder leurs bateaux colorés. La Martinique, c'est vraiment super!

_____ 1. Sugar cane and pineapple grow well in Martinique's climate.

_____ 2. Fort-de-France is located in the northern part of the island.

_____ 3. An exotic red bird called anthurium lives in the rain forest.

_____ 4. You can see a volcano and visit a botanical garden on the north end of the island.

_____ 5. The beaches have sand and palm trees, but luckily, no mosquitoes.

SCORE _____

Nom _____ Classe _____ Date _____

Quiz 4-1B

III. Culture

C. Can you match these places with their descriptions? (5 points)

_____ 1. la Martinique   a. la capitale de la Martinique aujourd'hui

_____ 2. Pelée   b. une ville aux plages de sable noir

_____ 3. les Caraïbes   c. l'île aux fleurs

_____ 4. Fort-de-France   d. la mer au sud-est des Etats-Unis

_____ 5. Saint-Pierre   e. une montagne volcanique

SCORE _____

IV. Writing

D. Describe your town in a letter to your Parisian pen pal. Include its location in the United States, its climate, one attraction, one comparison with Paris, and how you feel about your town. (10 points)

_____
_____
_____
_____
_____
_____
_____
_____
_____
_____
_____
_____
_____
_____

SCORE _____

TOTAL SCORE _____ /35

CHAPITRE 4 — Sous les tropiques

DEUXIEME ETAPE

Quiz 4-2A

Maximum Score: 35/100

Grammar and Vocabulary

A. Rémi is very athletic and loves all sports but is afraid of the water. Which activities should he do and which ones should he avoid? (6 points)

- faire de la planche à voile
- faire du roller
- faire du deltaplane
- se baigner
- faire de la plongée sous-marine
- se promener

Activities to do	Activities to avoid
_____	_____
_____	_____
_____	_____
_____	_____

SCORE ☐

B. Your friend Alain has written you the following letter from Martinique, telling you about a friend he's made there. Read his letter and circle all the reflexive verbs that you find. (5 points)

Salut de la Martinique!

Hier j'ai rencontré un garçon super cool à Fort-de-France. Hafid est algérien et il est étudiant ici. Comme moi, il aime beaucoup faire du sport. Il aime aller à la pêche, se baigner et faire du deltaplane. Demain, on va se lever très tôt pour faire de la plongée. Tu vois, il sait très bien s'amuser! Demain soir, Hafid et moi, nous allons déguster la cuisine martiniquaise avec nos amies Annette et Charlotte, et puis on va se promener sur la plage. Tiens, il y a beaucoup de choses à faire et à voir à la Martinique... je ne veux jamais me coucher!

Alain

SCORE ☐

Nom_____ Classe_____ Date_____

Quiz 4-2A

C. Suggest an activity you might do with your friends for each situation listed below. Be sure to use complete sentences and vary the expressions for suggestions. (12 points)

- danser le zouk
- se promener
- faire de la planche à voile
- se baigner
- aller à la pêche
- faire du deltaplane
- déguster des fruits tropicaux

1. Lise veut aller au parc.
   _____

2. Arnaud a faim.
   _____

3. Pascal et Catherine aiment la musique.
   _____

4. Tarek aime nager.
   _____

5. Elmire aime les sports nautiques.
   _____

6. Mai et Bhushan adorent manger du poisson.
   _____

SCORE _____

D. Michelle is talking about what she liked and what she didn't like about her trip to Martinique. Complete her sentences using **ce qui** or **ce que**. (12 points)

1. _____ m'ennuie, c'est de faire du deltaplane.
2. _____ je préfère, c'est déguster des fruits tropicaux.
3. _____ ne me plaît pas, c'est de me lever tôt.
4. _____ j'aime bien, c'est me baigner tout le temps.
5. _____ je n'aime pas, ce sont les moustiques!
6. _____ me plaît, c'est de discuter avec des amis.

SCORE _____

TOTAL SCORE _____ /35

Nom _____ Classe _____ Date _____

CHAPITRE 4 — Sous les tropiques

Quiz 4-2B

DEUXIEME ETAPE

Maximum Score: 35/100

I. Listening

A. Listen as several tourists in Martinique make plans for the day. For each conversation, write the letter of the photo that depicts the activity that is mentioned. (10 points)

a.

b.

c.

d.   e.

1. _____   2. _____   3. _____   4. _____   5. _____   SCORE [   ]

II. Reading

B. Some friends want to visit St-Malo with you but they want to know what there is to do there. Read their questions and find the answers on this page from a brochure about St-Malo. (10 points)

Sports
- **Ecole de Voile et Sports de Mer :** plusieurs sont à la disposition des amateurs dont la Société Nautique de la Baie de Saint-Malo, le Centre Nautique de Saint-Malo Cézembre et le Centre Nautique du Pont. — Plongée sous-marine et ski nautique. Régates et Pêche. Location de voiliers.
- **Plages :** 10 km de plages de sable fin. Douches, location de cabines et tentes. Education physique par professeurs diplômés, leçons de natation. Jeux et concours de plage.
- **Piscines :** Plages de Bon Secours, des Bas Sablons (Plein air) — Terre pleine du Naye (Couverte).
- **Aérodrome de Blanche-Roche :** station air route, service d'accueil, ravitaillement en carburant, baptême de l'air, etc...
- **Tennis :** plusieurs courts couverts ou à air libre sont, ainsi que des professeurs, à la disposition des amateurs.
- **Equitation :** des sociétés actives attendent tous les fervents du sport équestre. Manèges couverts.
- **Golf miniature :** «La Cité» à Saint-Servan.

Holt French 2 Allez, viens!, Chapter 4

Nom _____ Classe _____ Date _____

Quiz 4-2B

1. What are two water sports we can do in St-Malo? _____
2. Where can we swim? _____
3. Where can we camp? _____
4. What can we do there besides water sports? _____
5. What lessons can we take? _____

SCORE [ ]

III. Culture

C. How much have you learned about the culture of Martinique? Read the following statements and decide if they are **true** or **false**. (5 points)

_____ 1. In Martinique, people speak only French.

_____ 2. Traditional fishing boats in Martinique, called **yoles rondes**, are also used for racing.

_____ 3. **Créole** is a mixture of African and Spanish words only.

_____ 4. The festival of **Carnaval** takes place in Martinique the week after Lent.

_____ 5. Other cities famous for their celebrations of **Carnaval** are Nice, Quebec City, and New Orleans.

SCORE [ ]

IV. Writing

D. Friends in Martinique have invited you to spend the holidays with them. They'd like to know what you want to do when you visit. Tell them two things you especially like and two things you don't like to do. Then suggest something else you'd like to do. (10 points)

_____
_____
_____
_____
_____
_____

SCORE [ ]

TOTAL SCORE [ ] /35

Nom _____ Classe _____ Date _____

4 Sous les tropiques

TROISIEME ETAPE

Quiz 4-3A

Maximum Score: 30/100

Grammar and Vocabulary

A. For each of the following sets of activities, circle the one that Annick would logically do first. (5 points)

1. s'habiller / se laver
2. prendre le petit déjeuner / se lever
3. aller à l'école / se coucher
4. se laver / se lever
5. se brosser les dents / aller au lycée

SCORE _____

B. Michel is describing his family's morning routine. Number the activities in a logical order. (5 points)

_____ D'habitude, on prend des croissants, du café et des céréales à huit heures.

_____ On se lève à sept heures.

_____ On se brosse les dents après le petit déjeuner.

_____ On se lave avant de choisir les vêtements.

_____ On s'habille avant de prendre le petit déjeuner.

SCORE _____

C. Jacques is talking about what he and his friends do on the weekend. Complete each of his statements with the correct reflexive pronoun. (5 points)

1. Tu _____ baignes à la plage.
2. Elles _____ lèvent tard le samedi.
3. Nous _____ promenons dans le parc.
4. On _____ amuse au café.
5. Je _____ couche tard le week-end.

me   se   vous
t'   te   s'   nous   m'

SCORE _____

Holt French 2 Allez, viens!, Chapter 4

Nom _____ Classe _____ Date _____

Quiz 4-3A

D. Sabine and her brother are describing their morning routines. Complete their descriptions with the appropriate form of the expressions. (5 points)

1. D'abord, je me lève à six heures du matin et je _____.
   (wash)

2. Je dois _____ avant de prendre le petit déjeuner.
   (to get dressed)

3. Je _____ après le petit déjeuner.
   (brush my teeth)

4. _____ huit heures, je vais au lycée avec mon frère.
   (About)

5. En semaine, nous _____ à dix heures.
   (go to bed)

SCORE ____

E. Hassan is telling you how often he does the following things. Complete his statements, using the cues provided. (10 points)

1. se lever à 7 heures (toujours)
   _____

2. prendre le petit déjeuner sur la terrasse (quelquefois)
   _____

3. être en retard (souvent)
   _____

4. se laver le matin (d'habitude)
   _____

5. être en pyjama l'après-midi (ne... jamais)
   _____

SCORE ____

TOTAL SCORE ____ /30

Nom _____ Classe _____ Date _____

CHAPITRE 4 — Sous les tropiques

TROISIEME ETAPE

Quiz 4-3B

Maximum Score: 30/100

I. Listening

A. Listen as Vanessa describes her brother's routine, and put his activities in order. (10 points)

1. _____
2. _____
3. _____
4. _____
5. _____

a. He brushes his teeth.
b. He eats breakfast.
c. He walks the dog.
d. He washes himself.
e. He gets dressed.

SCORE _____

II. Reading

B. Your French class has written to Jean-Pierre, a teenager from Martinique. Read his response to your first letter, and answer in English the questions that follow. (10 points)

> Salut, les USA!
> Vous voulez savoir ce que je fais le week-end? Le samedi, je me lève très tôt pour aider mon père. Il va à la pêche tous les jours sauf le dimanche. C'est très calme à cette heure-là et on discute en même temps qu'on travaille. Vers midi, on rentre et on mange. Moi, j'ai l'après-midi libre et je vais souvent au cinéma avec ma petite sœur. Elle adore les films de Disney. On a vu Blanche-Neige au moins cinq fois! Après ça, j'aime aller au fast-food où travaille mon copain Raphaël. Le soir, on sort ensemble. Il y a beaucoup de clubs où les jeunes peuvent aller danser. Le zouk, c'est pas mal, mais je préfère le rock et le rap. D'habitude, je me couche assez tard! Le dimanche matin, on se promène en famille. L'après-midi, je fais mes devoirs. Le soir, je me couche assez tôt parce que le lendemain je dois retourner à l'école. Quelle horreur! Et vous? Qu'est-ce que vous faites le week-end?
> A bientôt,
> Jean-Pierre

Holt French 2 Allez, viens!, Chapter 4

Quiz 4-3B

1. What does Jean-Pierre usually do with his family on the weekends?

2. What does he do with his friends?

3. When does Jean-Pierre go to bed early? Why?

4. When does he go to bed late? Why?

5. How is your weekend different from Jean-Pierre's?

SCORE

III. Writing

C. Write Jean-Pierre a note in French telling him about your routine during the week. How early or late do you get up and go to bed? Do you have to work after school? (10 points)

SCORE

TOTAL SCORE /30

Nom _____ Classe _____ Date _____

4 Sous les tropiques

Chapter Test

I. Listening
Maximum Score: 28

A. Listen to the weather forecasts from different areas around France and decide which city each forecast is coming from. (8 points)

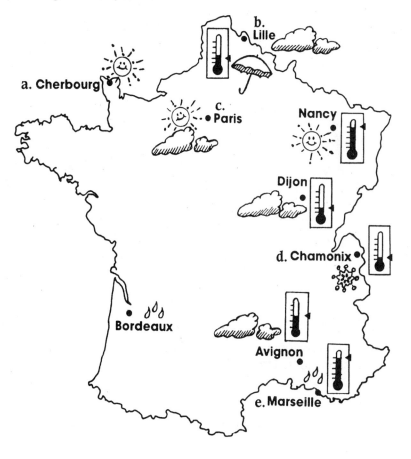

1. _____ 2. _____ 3. _____ 4. _____

SCORE _____

B. Listen as Lise and Arnaud tell what they like and don't like to do on weekends. For each activity they mention, decide whether they **a) like it** or **b) don't like it**. (10 points)

5. _____ 6. _____ 7. _____ 8. _____ 9. _____

SCORE _____

Holt French 2 Allez, viens!, Chapter 4

Nom _____ Classe _____ Date _____

Chapter Test

C. Listen to Mickaël describe his daily routine. Then put these activities in order. (10 points)

a.

b.

c.

d.

e.

10. _____ 11. _____ 12. _____ 13. _____ 14. _____

SCORE _____

II. Reading

Maximum Score: 32

D. Marc Borel and his family are going to Martinique during the February school vacation. He wrote a list of questions for his friend Céline who used to live there. His notes are scrambled. Match his questions with Céline's answers. (10 points)

_____ 15. Où se trouve la Martinique?

_____ 16. Qu'est-ce qu'il y a à voir?

_____ 17. La capitale, c'est comment?

_____ 18. Qu'est-ce qu'il y a à faire?

_____ 19. Il fait chaud?

a. Il y a la forêt tropicale, des plages et des villages pittoresques.

b. Il y a toutes sortes de sports nautiques et on peut aussi faire des promenades dans la nature.

c. C'est moins grand que Paris, mais c'est très animé.

d. Oui, et il pleut souvent.

e. C'est dans le sud-est de la mer des Caraïbes.

SCORE _____

Chapter Test

E. Read about these tourist attractions in Martinique. Then match them to Marc's comments about his family's interests. (12 points)

a.
LA PAGERIE
C'est ici que la belle et jeune Créole Marie Rose Tascher, qui est devenue en 1804 l'impératrice Joséphine, a passé son enfance. Dans le cadre d'un beau parc agréablement fleuri, on découvre les vestiges des anciennes habitations : la sucrerie, la distillerie, et les cuisines aménagées en petit musée.

b.
GRAND SPECTACLE MARTINIQUAIS
C'est l'un des ballets folkloriques les plus prestigieux du monde. Des scènes représentatives de la vie de tous les jours, des danseuses vêtues de costumes riches en couleurs, une musique bien rythmée - voilà quelques éléments du spectacle inoubliable qu'offre le Grand Ballet de la Martinique.

c.
JUSQU'AU PETIT MATIN
Vous avez le choix! Parmi les cabarets et les discothèques les plus animés, citons le Sweety, le Trou Caraïbe et La Cabane du Pêcheur au Novotel. La musique est très variée. On peut y entendre des chansons du hit-parade américain, de la variété française et de la musique traditionnelle de la Martinique. Vous danserez jusqu'au petit matin aux rythmes du calypso et du zouk.

d.
SAVEUR DES ILES
Une soirée pour les gourmets et les gourmands. Vous pouvez déguster de la cuisine créole ou française ainsi que des spécialités vietnamiennes, africaines ou tunisiennes. La grande tradition de la table française aux carrefours du monde vous attend!

e.
LA GRANDE BLEUE
Laissez-vous entraîner par la force des vagues. Nos bateaux à voile, catamarans, planches à voiles et petits flotteurs sauront vous faire découvrir les plaisirs maritimes. C'est dans une ambiance détendue que vous apprécierez la beauté d'une mer d'un bleu limpide.

_____ 20. Ce que mon père aime, c'est rentrer à deux heures du matin. Il dit : «On est en vacances, non?» Il adore danser et parler aux gens.

_____ 21. Ce qui plaît à Maman, en vacances, c'est de goûter les spécialités du pays.

_____ 22. Ce qui ne me plaît pas, en vacances, c'est de visiter des endroits où des personnages historiques ont passé leur vie. C'est mortel! Les maisons sont si calmes et silencieuses que je m'ennuie très vite.

_____ 23. Ce qui plaît à ma sœur Isabelle, c'est de faire des sports nautiques.

_____ 24. Ce que mes parents aiment bien, c'est pouvoir apprécier la culture locale, surtout la musique et la danse.

_____ 25. Ma grand-mère adore les fleurs et la nature. Elle aime lire des romans historiques et elle peut passer des heures dans les musées!

SCORE _____

Chapter Test

F. How is Marc enjoying his trip to Martinique? Read his postcard to Céline and choose the correct answers to the questions that follow. (10 points)

Salut, Céline!
On s'amuse bien à la Martinique. On se lève et on se couche très tard. Je suis en maillot de bain toute la journée. J'ai un nouveau copain martiniquais, Jean-Philippe. On va à la pêche avec son père. Le soir, on mange en famille dans des restaurants créoles. Qu'est-ce qu'ils sont bons, les fruits de mer ici! Après ça, mon père, ma mère et moi, on aime aller danser. Le zouk, c'est chouette! Je sais même dire quelques phrases en créole maintenant. Mwen byen kontan.
Tékit izi,
Marc

Céline Picard
12, rue de Milan
75009 PARIS

_____ 26. When does Marc get up in the morning?
 a. early b. late c. his usual time

_____ 27. What does he mention doing during the day?
 a. swimming b. snorkeling c. fishing d. sailing

_____ 28. What does he do with his parents?
 a. fishes b. swims c. eats lunch d. goes dancing

_____ 29. What food does he enjoy?
 a. seafood b. fruit c. candy d. creole sausage

_____ 30. What has Marc learned?
 a. French b. Spanish c. English d. Creole

SCORE

Nom_____ Classe_____ Date_____

Chapter Test

III. Culture   Maximum Score: 12

G. Write something, in English, about Martinique, in each of these categories. (12 points)

31. (Languages) _____

_____

32. (Music) _____

_____

33. (Sports) _____

_____

34. (Festivals) _____

_____

35. (Historic sites) _____

_____

36. (Food) _____

_____

SCORE [   ]

IV. Writing   Maximum Score: 28

H. You want to make plans to spend the day with a new friend. Write a note in which you suggest going to the beach, and two water-related activities you could do there. Since you're not sure how much your new friend enjoys the beach, suggest three other activities as well. (10 points)

_____

_____

_____

_____

_____

_____

SCORE [   ]

Nom_____ Classe_____ Date_____

Chapter Test

CHAPITRE 4

I. You're staying in a fishing village in Martinique, and are writing a letter to your pen pal describing your town. Include information about its location, the weather, what it is like to live there, and what there is to see. (8 points)

_____
_____
_____
_____
_____
_____
_____
_____

SCORE ☐

J. Write about what you do on the weekend. Mention at least five of your activities in the order in which you do them. Tell when you do them, too. (10 points)

_____
_____
_____
_____
_____
_____
_____
_____
_____
_____
_____
_____

SCORE ☐

TOTAL SCORE ☐ /100

Nom _____ Classe _____ Date _____

CHAPITRE 4 Chapter Test Score Sheet

Circle the letter that matches the most appropriate response.

I. Listening
Maximum Score: 28

A. (8 points)
1. a b c d e
2. a b c d e
3. a b c d e
4. a b c d e

SCORE ☐

B. (10 points)
5. a b
6. a b
7. a b
8. a b
9. a b

SCORE ☐

C. (10 points)
10. a b c d e
11. a b c d e
12. a b c d e
13. a b c d e
14. a b c d e

SCORE ☐

II. Reading
Maximum Score: 32

D. (10 points)
15. a b c d e
16. a b c d e
17. a b c d e
18. a b c d e
19. a b c d e

SCORE ☐

E. (12 points)
20. a b c d e
21. a b c d e
22. a b c d e
23. a b c d e
24. a b c d e
25. a b c d e

SCORE ☐

F. (10 points)
26. a b c
27. a b c d
28. a b c d
29. a b c d
30. a b c d

SCORE ☐

III. Culture
Maximum Score: 12

G. (12 points)

31. (Languages) _____
_____

32. (Music) _____
_____

33. (Sports) _____
_____

Nom _____ Classe _____ Date _____

CHAPITRE 4

34. (Festivals) _____

35. (Historic sites) _____

36. (Food) _____

SCORE [ ]

IV. Writing

Maximum Score: 28

H. (10 points)

_____
_____
_____
_____
_____
_____

SCORE [ ]

I. (8 points)

_____
_____
_____
_____
_____

SCORE [ ]

J. (10 points)

_____
_____
_____
_____
_____
_____

SCORE [ ]

TOTAL SCORE [/100]

Listening Scripts for Quizzes • Chapitre 4

Quiz 4-1B Première étape

I. Listening

Me voilà dans un petit village de pêcheurs à la Martinique! C'est une petite île qui se trouve dans la mer des Caraïbes, aux Antilles françaises. Ici, il y a des plages magnifiques avec du sable noir. C'est super cool de se baigner dans la mer parce qu'elle est chaude. On peut se promener au bord de l'eau ou dans la forêt tropicale, mais attention aux moustiques; il y en a beaucoup. Il y a beaucoup de bananiers et de cocotiers. Les bananes et les noix de coco sont délicieuses, mais moi, je préfère les ananas. J'adore la Martinique.

Quiz 4-2B Deuxième étape

I. Listening

1. — Qu'est-ce qu'on peut faire ce matin?
   — On peut faire de la planche à voile. Ce que j'aime bien, c'est faire du sport!
   — D'accord, allons-y!

2. — Ça te dit de te promener sur la plage?
   — Non, pas vraiment. Marcher, ça m'ennuie.

3. — Si on allait à la pêche?
   — Super! J'aimerais bien pêcher de gros poissons!

4. — On peut faire de la plongée sous-marine cet après-midi?
   — Moi, ce que je préfère, c'est la plongée avec un tuba.

5. — Ça te dit de faire du deltaplane?
   — Oh oui, mais ce que je n'aime pas, c'est que c'est un sport dangereux.

Quiz 4-3B Troisième étape

I. Listening

Le matin, Lucas se réveille vers sept heures. Il se lève et il va d'abord dans la cuisine pour préparer son petit déjeuner. Il boit son café au lait et il mange des croissants. Vers sept heures et demie il promène son chien. Il rentre à la maison et il se lave. Après ça, il se brosse les dents. Puis, il va dans sa chambre pour s'habiller et finalement il sort avec ses copains.

Answers to Quizzes 4-1A and 4-1B • Chapitre 4

ANSWERS Quiz 4-1A

A. (12 points: 2 points per item)
1. volcan
2. canne à sucre
3. ananas
4. la capitale
5. l'île
6. la mer

B. (6 points: 1 point per item)
1. c
2. f
3. a
4. b
5. e
6. d

C. (12 points: 2 points per item)
1. Oui, il y a de jolies plages.
2. Oui, il y a de vieux monuments.
3. Oui, il y a de grandes chutes d'eau.
4. Oui, il y a de bons fruits tropicaux.
5. Oui, il y a de grands bananiers.
6. Oui, il y a de belles villes.

D. (5 points: 1 point per item)
1. Elle se trouve dans l'est des Etats-Unis.
2. Il y a beaucoup de grands musées.
3. C'est une ville charmante et vivante!
4. Il fait chaud.
5. Boston est plus grand que Fort-de-France.

ANSWERS Quiz 4-1B

I. Listening

A. (10 points: 2 points per item)
1. b
2. a
3. b
4. b
5. b

II. Reading

B. (10 points: 2 points per item)
1. true
2. false
3. false
4. true
5. false

III. Culture

C. (5 points: 1 point per item)
1. c   3. d   5. b
2. e   4. a

IV. Writing

D. (10 points)
Answers will vary. Possible answer: Ma ville est au Texas, dans le sud des Etats-Unis. Il fait très chaud ici. Il y a beaucoup de choses à voir : l'université, le stade et la rivière. C'est moins grand que Paris mais c'est une ville charmante et les gens sont très sympas.

Answers to Quizzes 4-2A and 4-2B • Chapitre 4

ANSWERS Quiz 4-2A

A. (6 points: 1 point per item)
Activities to do
faire du deltaplane
faire du roller
se promener

Activities to avoid
faire de la planche à voile
se baigner
faire de la plongée sous-marine

B. (5 points: 1 point per item)
The following verbs should be circled:
se baigner
se lever
s'amuser
se promener
me coucher

C. (12 points: 2 points per item)
Answers will vary. Possible answers:
1. On peut se promener.
2. Ça te dit de déguster des fruits tropicaux?
3. Si on allait danser le zouk?
4. On peut se baigner.
5. Ça te dit de faire de la planche à voile?
6. On peut aller à la pêche.

D. (12 points: 2 points per item)
1. Ce qui
2. Ce que
3. Ce qui
4. Ce que
5. Ce que
6. Ce qui

ANSWERS Quiz 4-2B

I. Listening
  A. (10 points: 2 points per item)
  1. b
  2. a
  3. c
  4. d
  5. e

II. Reading
  B. (10 points: 2 points per item)
  1. water skiing, swimming, fishing, sailing, scuba diving
  2. at the beach, in a pool
  3. at the beach
  4. tennis, horseback riding, miniature golf
  5. swimming, tennis, sailing

III. Culture
  C. (5 points: 1 point per item)
  1. false
  2. true
  3. false
  4. false
  5. true

IV. Writing
  D. (10 points)
  Answers will vary. Possible answers:
  Ce que je n'aime pas, c'est aller au musée et faire les vitrines! Ce qui me plaît, c'est le sport! Si on allait faire du deltaplane ou de la plongée? On peut aussi danser le zouk, n'est-ce pas?

Answers to Quizzes 4-3A and 4-3B • Chapitre 4

ANSWERS Quiz 4-3A

A. (5 points: 1 point per item)
1. se laver
2. se lever
3. aller à l'école
4. se lever
5. se brosser les dents

B. (5 points: 1 point per item)
_4_ D'habitude, on prend des croissants, du café et des céréales à huit heures.
_1_ On se lève à sept heures.
_5_ On se brosse les dents après le petit déjeuner.
_2_ On se lave avant de choisir les vêtements.
_3_ On s'habille avant de prendre le petit déjeuner.

C. (5 points: 1 point per item)
1. te
2. se
3. nous
4. s'
5. me

D. (5 points: 1 point per item)
1. me lave
2. m'habiller
3. me brosse les dents
4. Vers
5. nous couchons

E. (10 points: 2 points per item)
1. Je me lève toujours à sept heures.
2. Quelquefois, je prends le petit déjeuner sur la terrasse.
3. Je suis souvent en retard.
4. D'habitude, je me lave le matin.
5. Je ne suis jamais en pyjama l'après-midi.

ANSWERS Quiz 4-3B

I. Listening
A. (10 points: 2 points per item)
1. b
2. c
3. d
4. a
5. e

II. Reading
B. (10 points: 2 points per item)
1. fishes, eats, goes to the movies, and goes for a walk
2. He goes to a fast-food restaurant and goes out dancing.
3. Sunday night; He goes to school the next day.
4. Saturday night; He's out with friends.
5. Answers will vary.

III. Writing
C. (10 points)
Answers will vary. Possible answer: D'habitude je me lève à six heures. D'abord, je me lave et puis, je m'habille. Après ça, je prends le petit déjeuner et je vais au lycée. A midi, je déjeune. Après l'école, je joue au basket avec mes copains. Vers sept heures, on mange en famille. Finalement, je me couche à dix heures.

Scripts for Chapter Test • Chapitre 4

I. Listening
- **A.**
  1. — Alors, dans le nord, on annonce beaucoup de nuages et peut-être de la pluie pour toute la journée de demain.
  2. — Dans la région centre-est, et plus particulièrement dans les Alpes, de la neige est attendue.
  3. — On prévoit du soleil sur la capitale ainsi que dans l'ensemble de la région parisienne, mais attention, il y aura quand même quelques nuages.
  4. — Dans le sud, les températures restent élevées, mais il pleuvra au bord de la Méditerranée.

- **B.**
  5. — Moi, ce que j'aime faire quand il fait beau, c'est aller promener mon chien au parc.
  6. — J'habite au bord de la mer et ce que j'adore, c'est faire de la plongée sous-marine.
  7. — Ce que je déteste vraiment, c'est rester à la maison et faire le ménage.
  8. — Quand il neige, ce que j'aime bien, c'est aller faire du ski avec mes copains.
  9. — Ce que je n'aime pas trop, c'est faire du camping. Je trouve ça plutôt ennuyeux.

- **C.** D'abord, je me lève, en général vers sept heures. Je cours à la salle de bains avant que mon frère se réveille, parce que lui, il y reste pendant des heures et c'est énervant. Là, je me lave la figure pour me réveiller. Ensuite, je me brosse les dents. Après, je m'habille. Finalement, je pars au lycée.

Answers to Chapter Test • Chapitre 4

I. Listening Maximum Score: 28 points

A. (8 points: 2 points per item)
1. b
2. d
3. c
4. e

B. (10 points: 2 points per item)
5. a
6. a
7. b
8. a
9. b

C. (10 points: 2 points per item)
10. d
11. e
12. a
13. b
14. c

II. Reading Maximum Score: 32 points

D. (10 points: 2 points per item)
15. e
16. a
17. c
18. b
19. d

E. (12 points: 2 points per item)
20. c
21. d
22. a
23. e
24. b
25. a

F. (10 points: 2 points per item)
26. b
27. c
28. d
29. a
30. d

III. Culture Maximum Score: 12 points

G. (12 points: 2 points per item)
Answers will vary. Possible answers:
31. Most people speak French and Creole, a mix of French and African languages.
32. The zouk is a popular music form in the West Indies.
33. swimming, fishing, snorkeling, scuba diving, sailing, wind surfing, and hang gliding
34. **Carnaval** is a popular event and so is the racing of **yoles rondes.**
35. the city of Saint-Pierre
36. fruit and seafood, spicy creole cuisine

IV. Writing Maximum Score: 28 points

H. (10 points)
Answers will vary. Possible answer:
   Salut! Qu'est-ce qu'on peut faire demain? Si on allait se baigner à la plage? Ou on peut faire de la plongée avec un tuba. Si tu n'aimes pas la plage, on peut se promener, danser ou s'amuser chez moi. Réponds-moi vite!

I. (8 points)
Answers will vary. Possible answer:
Cher Paul,
   Ma ville se trouve dans le sud de la Martinique. C'est une ville très charmante. Il fait chaud, mais il y a de belles plages avec du sable et des palmiers. Dans le nord, il y a la forêt tropicale.

J. (10 points: 5 points for activities and 5 points for sequencing words and times)
Answers will vary. Possible answer:
D'abord, je me lève à 9h. Ensuite, je me lave et je m'habille. Vers 10h45, je vais chez mon amie Tanika. On joue au foot ou on regarde la télé. Le soir, je mange vers 7h30. Finalement, je me couche vers 11h30.

CHAPITRE 5 — Quelle journée!

Quiz 5-1A

PREMIERE ETAPE

Maximum Score: 35/100

Grammar and Vocabulary

A. Your friends are telling you about their day. Indicate if each person had **a) a good day** or **b) a bad day.** (4 points)

1. _____ J'ai eu une mauvaise note en histoire!
2. _____ J'ai reçu mon bulletin trimestriel. J'ai eu 17 en français.
3. _____ J'ai perdu mon anorak.
4. _____ J'ai raté une marche.

SCORE _____

B. Circle the phrase that logically completes each sentence. (5 points)

1. Samedi dernier, ma mère... un accident.
   a. a été   b. a fait   c. a eu

2. Paul a perdu son...
   a. chemise   b. devoirs   c. livre

3. Pauvre Pascal, il... son nouveau pantalon.
   a. a déchiré   b. a entendu   c. a reçu

4. ... Raconte!
   a. Ça te dit de nager?   b. Qu'est-ce qui se passe?   c. Vous n'avez pas faim?

5. Nous avons reçu... de notre oncle.
   a. une marche   b. un cadeau   c. le bulletin trimestriel

SCORE _____

Quiz 5-1A

C. Complete André's journal entry about his day by choosing the appropriate verb and putting it in the **passé composé**. (16 points)

> déchirer   ne pas l'entendre   perdre   sonner   recevoir
> passer   rater   être   tomber

Je/J' (1) _____ une mauvaise journée hier!

Mon réveil (2) _____ à 7 heures mais je/j'

(3) _____ . Alors, je/j'

(4) _____ le bus. Ensuite, je suis arrivé en classe

avec trente minutes de retard. Je/J' (5) _____ les

devoirs de géographie donc je/j' (6) _____ collé! En

rentrant après l'école, je (7) _____ dans la rue et je/j'

(8) _____ ma chemise préférée. Quelle journée épouvantable!

SCORE _____

D. Sébastien and his friends are talking about what they did last week. Complete the following sentences with the appropriate **passé composé** form of the verb in parentheses. (10 points)

1. Je/J' _____ (manger) un sandwich au café.
2. Nous _____ (finir) mes devoirs à la bibliothèque.
3. Elodie _____ (perdre) sa calculatrice.
4. Cassandre et Sandrine _____ (voir) un film vendredi soir.
5. Tu _____ (boire) de l'eau minérale au café.
6. Je _____ (ne pas faire) mes devoirs de géo.
7. Vous _____ (lire) le roman français?
8. Tu _____ (recevoir) ton bulletin trimestriel.
9. Eric et Dominique _____ (ne pas prendre) le bus à l'école.
10. Luc et Ariane _____ (être) collés.

SCORE _____

TOTAL SCORE _____ /35

CHAPITRE 5
Quelle journée!

Quiz 5-1B

Maximum Score: 35/100

PREMIERE ETAPE

I. Listening

A. Listen as Annick tells her friend Nadia about her day. Then indicate whether the statements that follow are **a) true** or **b) false**. (10 points)

Annick. . .

1. _____ did not hear the alarm.
2. _____ went to bed late.
3. _____ missed the bus.
4. _____ had a car accident.
5. _____ got a bad grade.

SCORE _____

II. Reading

B. You overhear Martine talking on the phone. First complete what the other person says, choosing expressions from the box below. Then answer the question that follows in English. (12 points)

> — Ben, quelque chose de terrible m'est arrivé.
> — Eh bien, j'ai perdu le bracelet!
> — Bof, pas terrible.
> — Ma mère m'a donné son bracelet de perles pour mon rendez-vous avec Michel.
> — Salut, c'est Suzanne. Ça va?

— Allô! Ici Martine.

— _____

— Oui, assez bien! Et toi?

— _____

— Ah, bon? Qu'est-ce qui se passe?

— _____

— Quoi?

— _____

— Et?

— _____

Quiz 5-1B

— Oh là là! C'est pas de chance, ça!

What happened to Suzanne?

_____

SCORE ☐

III. Writing

C. How was your day yesterday? Write down at least five things that happened. Choose verbs from the list below as they apply. (10 points)

| déchirer | faire | recevoir | rater | être collé(e) |
| tomber | entendre | avoir | manger | finir |

_____
_____
_____
_____
_____
_____
_____
_____

SCORE ☐

IV. Culture

D. Are the following statements about being late for school in France true or false? (3 points)

_____ 1. French teachers record tardiness in a special notebook called a **billet de retard**.

_____ 2. Parents are required to sign any notes written in the **carnet de correspondance**.

_____ 3. You are required to go to the principal's office if you are late to school in France.

SCORE ☐

TOTAL SCORE ☐ /35

Quelle journée!

Quiz 5-2A

DEUXIEME ETAPE

Maximum Score: 35/100

Grammar and Vocabulary

A. Your friends are telling you about their day. Would you respond by saying a) **Ça s'est très bien passé** or b) **C'est pas ton jour?** (5 points)

_____ 1. Je n'ai pas entendu mon réveil ce matin!

_____ 2. Je suis tombé et j'ai déchiré mon manteau!

_____ 3. Je suis arrivé en classe avec quinze minutes de retard!

_____ 4. J'ai eu 20 à mon interro de maths!

_____ 5. J'ai passé la journée avec ma meilleure amie!

SCORE [ ]

B. You overhear Isabelle's friends telling her about their weekends. Categorize their statements according to whether they had a good weekend or a bad one. (5 points)

- Tout a été de travers!
- J'ai passé un week-end horrible!
- C'était génial!
- Quel week-end formidable!
- C'était super!

Un bon week-end	Un mauvais week-end
_____	_____
_____	_____
_____	_____
_____	_____

SCORE [ ]

Quiz 5-2A

C. Murielle is describing what she and some of her friends did last night. Match each person on the left with what they did on the right. (5 points)

_____ 1. Elle est...
_____ 2. Jean, tu t'es...
_____ 3. Nous sommes...
_____ 4. Christine et Julie se sont...
_____ 5. Je me suis...

a. promenées au parc.
b. couchée tôt.
c. allés au cinéma.
d. amusé à la fête.
e. levés tard.
f. arrivée en retard à la boum.

SCORE ____

D. Marie has taken some notes about what she and her friends did last weekend. Help her write complete sentences in her journal using the cues provided. Be sure to put the sentences in the **passé composé** and use the correct helping verb, **avoir** or **être**, as needed. (20 points)

1. (Moi) se lever tard samedi

2. (Moi) faire mes devoirs samedi matin

3. (Mes copains et moi) ne pas aller à la plage

4. (Carlos et Claire) prendre le bus pour aller chez Martin

5. (On) arriver de bonne heure chez lui

6. (Moi) voir un film avec Martin, Carlos et Claire

7. (Martin et Claire) aller au café après le film

8. (Moi) ne pas aller au café avec eux

9. (Mes copains et moi) s'amuser samedi soir

10. (Moi) ne pas se coucher avant onze heures

SCORE ____

TOTAL SCORE ____ /35

CHAPITRE 5 — Quelle journée!

Nom _____ Classe _____ Date _____

Quiz 5-2B

Maximum Score: 35/100

■ DEUXIEME ETAPE

I. Listening

A. Listen to these conversations, and for each one, indicate whether the speaker had **a) a good time** or **b) a bad time**. (10 points)

1. _____   2. _____   3. _____   4. _____   5. _____

SCORE ☐

II. Reading

B. Read the "good news-bad news" story that Khalid tells his friend Thierry, and answer the questions that follow in English. (12 points)

> — Tiens, Khalid! Ça n'a pas l'air d'aller.
> — Oh, tu sais, j'ai passé une journée très bizarre!
> — Qu'est-ce qui t'est arrivé?
> — D'abord, ce matin, j'ai raté le bus.
> — Oh, zut alors!
> — Attends. Béatrice est passée en mobylette et je suis allé au lycée avec elle.
> — Tu en as de la chance! Elle est plutôt mignonne, Béatrice, non?
> — Ouais, mais le problème, c'est qu'on a eu un accident.
> — Oh là là!
> — Heureusement, c'était pas grave. Par contre, sa mobylette ne marche plus. Alors, je vais l'aider à la réparer samedi.
> — Génial! Tu vas pouvoir passer toute la journée avec Béatrice samedi!
> — Ben... il y a encore un problème.
> — Quoi?!!
> — J'ai complètement oublié que je dois aller chez ma grand-mère samedi.
> — Oh, non! C'est bête, ça. Tu peux peut-être téléphoner à Béatrice.
> — Tu as raison. J'ai son numéro de téléphone dans ma poche... oh, non! C'est pas vrai!
> — Quoi, qu'est-ce qui se passe?
> — J'ai perdu son numéro de téléphone!

1. How does Khalid usually get to school? _____
2. How did Béatrice help him today? _____

Quiz 5-2B

3. What happened to Khalid and Béatrice? _____
4. What is Khalid going to do on Saturday? _____
5. Why won't he be able to keep his promise? _____
6. Why can't he call Béatrice? _____

SCORE ☐

III. Writing

C. Your friend had a bad day yesterday. Write a conversation in which you ask how his or her day went. Be sure to sympathize with and console your friend. (10 points)

_____
_____
_____
_____
_____
_____
_____
_____
_____
_____
_____

SCORE ☐

IV. Culture

D. Are the following statements about lunchtime in a **lycée** true or false? (3 points)

_____ 1. The cafeteria is called **la cantine**.

_____ 2. Meals in the cafeteria consist of one course.

_____ 3. Lunch period usually lasts for about two hours.

SCORE ☐

TOTAL SCORE ☐ /35

CHAPITRE 5 — Quelle journée!

Quiz 5-3A

TROISIEME ETAPE

Maximum Score: 30/100

Grammar and Vocabulary

A. Sylvie is talking about her report card. Decide if her statements are **v) vrai** or **f) faux,** based on her report card below. (10 points)

Anglais	18
Histoire	15
Sciences nat	6
Arts plastiques	8
Maths	10
Education physique	11

_____ 1. Je suis assez bonne en sciences naturelles.

_____ 2. L'anglais, c'est mon fort!

_____ 3. J'ai du mal à comprendre les maths.

_____ 4. Je ne suis pas douée pour les arts plastiques.

_____ 5. C'est en éducation physique que je suis la meilleure.

SCORE ____

B. Your classmates are all telling their parents about their classes. Complete their statements and their parents' responses with a logical expression from the word box below. Use each expression only once. (10 points)

> mieux   doué   difficile   recommence   Courage   fort
> bon   mal   Bravo   le meilleur   le clown   inadmissible

1. — C'est en anglais que je suis _____ .

   — Tu as eu 18 à l'interro? _____ !

2. — L'informatique, ce n'est pas mon _____ .

   — Tu dois _____ travailler en classe.

3. — J'ai du _____ à comprendre le professeur.

   — 8 en anglais? C'est _____ .

4. — Je ne suis pas _____ pour la biologie.

   — Tu ne dois pas faire _____ en classe.

5. — Le français, c'est _____ ! J'ai eu 7 à mon interro.

   — _____ ! Je peux t'aider, si tu veux.

SCORE ____

Holt French 2 Allez, viens!, Chapter 5

Quiz 5-3A

C. Complete the following sentences using the cues provided. (10 points)

1. Luc est _____ en histoire.
   (pretty good)

2. La chimie, _____.
   (it isn't my best subject)

3. Tu as eu 18 en maths! _____ !
   (Well done)

4. Tu es encore en retard! _____.
   (Don't do it again)

5. Tu as gagné le match de tennis? _____ !
   (Congratulations)

SCORE ☐

TOTAL SCORE ☐ /30

CHAPITRE 5 — Quelle journée!

Quiz 5-3B

TROISIEME ETAPE

Maximum Score: 30/100

I. Listening

A. Listen as Sébastien's father and friends ask him about his schoolwork. Do they **a) reprimand** him or **b) congratulate** him? (8 points)

1. _____ 2. _____ 3. _____ 4. _____

SCORE ☐

II. Reading

B. Read the following notes that Rachida and Jean-Claude wrote to each other today at school. Number them in the order in which they were sent, and answer the questions that follow. (10 points)

_____ 8!!! Oh là là! Tes parents vont être furieux!

_____ Salut, Jean-Claude!
Ça n'a pas l'air d'aller. Qu'est-ce qui t'arrive?
  Rachida

_____ Bravo! Et en français tu as toujours de bonnes notes, non?

_____ Ça, c'est sûr. Par contre, j'ai eu 16 en anglais!

_____ Oui, le français, c'est vraiment facile. Mais alors, je ne comprends pas du tout les sciences! Qu'est-ce que je vais faire?

_____ R :
C'est que... j'ai eu 8 en sciences nat. Quelle horreur!
  J-C

_____ Courage! Montre tes notes à tes parents et dis-leur que tu vas mieux travailler en classe et que je vais t'aider. Tu sais, moi, j'adore les sciences!

Nom _____ Classe _____ Date _____

Quiz 5-3B

1. What is Jean-Claude's problem? _____
2. In which subjects does Jean-Claude do well? _____
3. What does Rachida advise Jean-Claude to do? _____
_____

SCORE ☐

III. Writing

C. How are you doing at school? Write down three of your recent grades, the subjects in which you got them, and a reason or an excuse for each one in French. (9 points)

SCORE ☐

IV. Culture

D. What do you know about French schools? Answer the following questions in English. (3 points)

1. At what times of the year are report cards issued in France? (1.5 points)
_____

2. What are three types of assignments that are graded in French schools? (1.5 points)
_____

SCORE ☐

TOTAL SCORE ☐ /30

Nom _____ Classe _____ Date _____

CHAPITRE 5
Quelle journée!

Chapter Test

I. Listening
Maximum Score: 28

A. The teachers of Céline's class are discussing some students. Choose the picture of the student each teacher is talking about. (10 points)

a.

b.

c.

d.

e.

1. _____   2. _____   3. _____   4. _____   5. _____

SCORE _____

B. Listen to some students talk about their test grades. Did each student receive **a) a good grade** or **b) a bad grade**? (10 points)

6. _____   7. _____   8. _____   9. _____   10. _____

SCORE _____

Holt French 2 Allez, viens!, Chapter 5

Nom _____ Classe _____ Date _____

Chapter Test

C. Listen to these students tell what happened to them yesterday. Mark **a)** if the friend **offers sympathy**, **b)** if the friend **reprimands** the other, or **c)** if the friend **offers congratulations**. (8 points)

11. _____   12. _____   13. _____   14. _____

SCORE ☐

II. Reading

Maximum Score: 30

D. Read these messages that students sent each other on the computer. Match the messages on the left with the appropriate responses on the right. (10 points)

_____ 15. Salut! Comment s'est passé ton week-end?

a. Qu'est-ce qui s'est passé? Raconte!

_____ 16. Ça n'a pas l'air d'aller. Qu'est-ce qui se passe?

b. Merci, tu es gentil. D'habitude, j'ai du mal à comprendre mais ça va mieux parce que M. Belleau m'a aidé.

_____ 17. Quelle journée formidable! C'était incroyable!

c. C'est parce que cette semaine tu as fait le clown en classe. Tu dois travailler plus sérieusement!

_____ 18. Tu as eu 17 à ton interro de maths! Félicitations!

d. C'était génial! Je suis allée au cinéma avec Loïc et on a vu un film formidable.

_____ 19. Tu sais, d'habitude, l'histoire, c'est mon fort. Mais aujourd'hui, j'ai eu 8 à mon interro! Je ne comprends pas ce qui s'est passé.

e. J'ai raté le bus ce matin et hier, j'ai reçu mon bulletin trimestriel. Il n'est pas terrible et mes parents ne sont pas contents.

SCORE ☐

E. Read your friend Jasmine's report card. Then choose the comment her parents would most likely make about her grades. (8 points)

BULLETIN TRIMESTRIEL

NOM et prénom : ABDUL Jasmine   Classe de 2de4

Matières d'enseignement	Moyenne de l'élève	Appréciations
Français	16	Bonne élève
Histoire-géo	10	Peut mieux faire
Mathématiques	14	A fait beaucoup de progrès
Sc. Physiques	9	Travail moyen
Sc. Naturelles	15	Travail sérieux
Allemand	8	Ne fait pas ses devoirs
Anglais	13	Résultats encourageants

_____ 20. *Math*
  a. Félicitations! C'est assez bien!
  b. Ne recommence pas.
  c. Pauvre vieille!

_____ 21. *German*
  a. C'est génial! Chapeau!
  b. C'est pas grave. T'en fais pas.
  c. C'est inadmissible!

_____ 22. *French*
  a. Tu ne dois pas faire le clown en classe.
  b. C'est en français que tu es la meilleure.
  c. Oh là là! C'est pas de chance, ça.

_____ 23. *History/Geography*
  a. L'histoire, c'est ton fort!
  b. Tu es assez bonne en géo.
  c. Tu dois mieux travailler en classe.

SCORE _____

Nom _____ Classe _____ Date _____

Chapter Test

F. The editors of the school newspaper **Le Souterrain** asked the question "What do you like and dislike about our school?" Read the responses they received. Then answer the questions and complete the sentences that follow. (12 points)

a.
Amandine
   Je déteste mon emploi du temps. Tous les lundis, je finis à 18 h parce que j'ai deux heures de sciences à la suite. Et le reste de la semaine, je finis à 17 h. Je ne suis pas la seule à me plaindre. On a trop d'heures de classe! Quand je rentre chez moi après l'école, je suis fatiguée et je n'ai plus envie de travailler. Par contre, ce que j'aime dans ce lycée, c'est qu'on n'a jamais deux interros le même jour. C'est bien parce qu'on a plus de temps pour étudier pour chaque cours.

b.
Anthony
   Moi, quand je compare mon école avec celle de mon meilleur ami, je suis assez content. Ce que je préfère ici, c'est la cantine. La nourriture est bonne alors qu'à l'école de mon ami, c'est toujours très mauvais. Et puis, ici, les profs sont plus sympas.

c.
Tanguy
   Je pense vraiment que les professeurs sont impatients. Ils ne veulent pas aider ceux qui ont des difficultés à comprendre.
   Je trouve aussi que le système n'est pas encourageant si tu n'es pas un très bon élève. Mon prof de maths n'est jamais content. Il nous dit toujours qu'on est mauvais en maths et qu'on ne fait pas assez d'effort.

_____ 24. Who likes the food and the teachers at school?

_____ 25. Who doesn't like the class schedule this year?

_____ 26. Who thinks teachers don't encourage students?

_____ 27. Who likes the schedule for giving tests?

_____ 28. Anthony thinks the food at school . . .
   a. has improved this year.
   b. used to be better in previous years.
   c. is better than the food at his best friend's school.

_____ 29. Tanguy thinks his math teacher . . .
   a. encourages weaker students.
   b. is overly critical of the whole class.
   c. does not understand the system.

SCORE _____

Nom _____ Classe _____ Date _____

Chapter Test

III. Culture
Maximum Score: 16

G. Match these French terms related to school with their English equivalents. (10 points)

_____ 30. une rédaction   **a.** a presentation
_____ 31. une interro   **b.** a cafeteria
_____ 32. un billet de retard   **c.** a tardy slip
_____ 33. un exposé   **d.** a composition
_____ 34. une cantine   **e.** a test

SCORE ____

H. What are three differences you'd expect to find between a French **lycée** and your school? (6 points)

_____
_____
_____
_____
_____
_____
_____
_____

SCORE ____

IV. Writing
Maximum Score: 26

I. Four friends from your French class sent you e-mail messages today. Write a response to each one. (16 points)

J'ai eu 100 en anglais!!! Patrick

_____
_____
_____

Nom _____ Classe _____ Date _____

Chapter Test

Oh là là! Quelle journée! Tu veux les détails? Nicole

_____
_____
_____

M. Dupont m'a collé pour rien! Eric

_____
_____
_____

Salut!
C'est vrai que tu es arrivé(e) en retard ce matin? Raconte! José

_____
_____
_____

SCORE ☐

J. You had a great weekend. Write a note to your friend telling him or her about five things you did and how you liked your weekend. (10 points)

_____
_____
_____
_____
_____
_____
_____
_____
_____

SCORE ☐

TOTAL SCORE ☐ /100

Nom _____ Classe _____ Date _____

CHAPITRE 5 Chapter Test Score Sheet

Circle the letter that matches the most appropriate response.

I. Listening
Maximum Score: 28

A. (10 points)

1. a b c d e
2. a b c d e
3. a b c d e
4. a b c d e
5. a b c d e

SCORE _____

B. (10 points)

6. a b
7. a b
8. a b
9. a b
10. a b

SCORE _____

C. (8 points)

11. a b c
12. a b c
13. a b c
14. a b c

SCORE _____

II. Reading
Maximum Score: 30

D. (10 points)

15. a b c d e
16. a b c d e
17. a b c d e
18. a b c d e
19. a b c d e

SCORE _____

E. (8 points)

20. a b c
21. a b c
22. a b c
23. a b c

SCORE _____

F. (12 points)

24. a b c
25. a b c
26. a b c
27. a b c
28. a b c
29. a b c

SCORE _____

III. Culture
Maximum Score: 16

G. (10 points)

30. a b c d e
31. a b c d e
32. a b c d e
33. a b c d e
34. a b c d e

SCORE _____

H. (6 points)

_____
_____
_____
_____
_____

SCORE _____

Holt French 2 Allez, viens!, Chapter 5

Copyright © by Holt, Rinehart and Winston. All rights reserved.

Nom _____ Classe _____ Date _____

IV. Writing
Maximum Score: 26

I. (16 points)

J'ai eu 100 en anglais!!! Patrick

_____
_____
_____

Oh là là! Quelle journée! Tu veux les détails? Nicole

_____
_____
_____

M. Dupont m'a collé pour rien! Eric

_____
_____
_____

Salut!
C'est vrai que tu es arrivé(e) en retard ce matin? Raconte! José

_____
_____
_____

SCORE ☐

J. (10 points)

_____
_____
_____
_____
_____
_____

SCORE ☐

TOTAL SCORE ☐ /100

CHAPITRE 5

Listening Scripts for Quizzes • Chapitre 5

Quiz 5-1B Première étape

I. Listening
— Bonjour, Annick. Ça n'a pas l'air d'aller.
— Oh là là, j'ai eu une journée vraiment bizarre!
— Raconte!
— Eh bien, voilà. D'abord, je n'ai pas pu me lever ce matin. J'ai bien entendu le réveil mais j'étais très fatiguée parce qu'hier soir je me suis couchée tard pour finir mes devoirs. Donc, j'ai raté le bus. Ensuite, j'ai pris mon vélo mais sur la route du lycée, j'ai eu un accident. Je suis arrivée en retard en classe mais le prof n'était pas du tout furieux. Il m'a rendu mon interro de géographie et j'ai eu 18 sur 20. Enfin, une bonne surprise!

Quiz 5-2B Deuxième étape

I. Listening
1. — Bonjour Paul, comment ça s'est passé?
   — Tout a été de travers! On m'a rendu trois interros et j'ai eu trois mauvaises notes!
   — Pauvre vieux!
2. — Comment s'est passée ta journée, Elisabeth?
   — C'est pas mon jour! J'ai perdu mon sac avec tous mes devoirs et j'ai été collée.
   — C'est dommage.
3. — Bonjour Pierre, comment se sont passées tes vacances?
   — C'était incroyable! La Martinique, c'est vraiment super!
4. — Alors, comment s'est passée ta journée?
   — Formidable! J'ai rencontré une fille super gentille au restaurant belge et on va sortir ensemble samedi. C'est génial, non?
5. — Tiens, voilà Hakim. Ça va?
   — Quelle journée! Je me suis disputé avec Céline, je suis tombé dans l'escalier au lycée et j'ai déchiré mon jean tout neuf.
   — Ah, c'est pas de chance! Mais courage, c'est pas grave!

Quiz 5-3B Troisième étape

I. Listening
1. — Tu as eu dix-neuf en maths? Bravo!
   — Merci, c'est en maths que je suis le meilleur.
2. — Le prof a rendu ton interro d'histoire?
   — Oui, j'ai eu une mauvaise note.
   — Tu dois mieux travailler, c'est tout!
3. — Je ne comprends pas la chimie. J'ai eu huit à mon interro.
   — Tu ne dois pas faire le clown en classe!
4. — Dis, c'est facile, la géo?
   — Oui, j'ai de très bonnes notes dans ce cours.
   — Chapeau!

Answers to Quizzes 5-1A and 5-1B • Chapitre 5

ANSWERS Quiz 5-1A

A. (4 points: 1 point per item)
1. b
2. a
3. b
4. b

B. (5 points: 1 point per item)
1. c
2. c
3. a
4. b
5. b

C. (16 points: 2 points per item)
1. ai passé
2. a sonné
3. ne l'ai pas entendu
4. ai raté
5. ai perdu
6. ai été
7. suis tombé
8. ai déchiré

D. (10 points: 1 point per item)
1. ai mangé
2. avons fini
3. a perdu
4. ont vu
5. as bu
6. n'ai pas fait
7. avez lu
8. as reçu
9. n'ont pas pris
10. ont été

ANSWERS Quiz 5-1B

I. Listening
A. (10 points: 2 points per item)
1. b   2. a   3. a   4. b   5. b

II. Reading
B. (12 points: 2 points per item)
— Allô! Ici Martine.
— <u>Salut, c'est Suzanne. Ça va?</u>
— Oui, assez bien! Et toi?
— <u>Bof, pas terrible.</u>
— Ah, bon? Qu'est-ce qui se passe?
— <u>Ben, quelque chose de terrible m'est arrivé.</u>
— Quoi?
— <u>Ma mère m'a donné son bracelet de perles pour mon rendez-vous avec Michel.</u>
— Et?
— <u>Eh bien, j'ai perdu le bracelet!</u>
— Oh là là! C'est pas de chance, ça!

She lost her mother's bracelet.

III. Writing
C. (10 points)
Answers will vary. Possible answers:
J'ai déchiré ma chemise ce matin.
J'ai raté le bus.
J'ai eu une bonne note en maths!
J'ai été collé(e).
J'ai reçu mon bulletin.

IV. Culture
D. (3 points: 1 point per item)
1. false
2. true
3. true

Answers to Quizzes 5-2A and 5-2B • Chapitre 5

ANSWERS Quiz 5-2A

A. (5 points: 1 point per item)
1. b
2. b
3. b
4. a
5. a

B. (5 points: 1 point per item)
Un bon week-end
C'était génial!
Quel week-end formidable!
C'était super!

Un mauvais week-end
Tout a été de travers!
J'ai passé un week-end horrible!

C. (5 points: 1 point per item)
1. f
2. d
3. c
4. a
5. b

D. (20 points: 2 points per item)
1. Je me suis levée tard samedi.
2. J'ai fait mes devoirs samedi matin.
3. Mes copains et moi, nous ne sommes pas allés à la plage.
4. Carlos et Claire ont pris le bus pour aller chez Martin.
5. On est arrivé(s) de bonne heure chez lui.
6. J'ai vu un film avec Martin, Carlos et Claire.
7. Ils sont allés au café après le film.
8. Je ne suis pas allée au café avec eux.
9. Mes copains et moi, nous nous sommes amusés samedi soir.
10. Je ne me suis pas couchée avant onze heures.

ANSWERS Quiz 5-2B

I. Listening
  A. (10 points: 2 points per item)
  1. b   2. b   3. a   4. a   5. b

II. Reading
  B. (12 points: 2 points per item)
  1. by bus
  2. She gave him a ride to school.
  3. They were in an accident.
  4. He's going to help Béatrice on Saturday.
  5. He has to go to his grandmother's.
  6. He's lost her phone number.

III. Writing
  C. (10 points)
  Answers will vary. Possible answer:
  — Salut, Catherine. Comment s'est passée ta journée hier?
  — J'ai passé une journée horrible!
  — Pauvre vieille! Raconte!
  — Je n'ai pas entendu mon réveil et donc j'ai raté le bus. Et enfin, j'ai reçu une mauvaise note en sciences nat.
  — Courage! Ça va aller mieux.

IV. Culture
  D. (3 points: 1 point per item)
  1. true
  2. false
  3. true

Answers to Quizzes 5-3A and 5-3B • Chapitre 5

ANSWERS Quiz 5-3A

A. (10 points: 2 points per item)
1. f
2. v
3. v
4. v
5. f

B. (10 points: 2 points per item)
1. le meilleur; Bravo
2. fort; mieux
3. mal; inadmissible
4. doué; le clown
5. difficile; Courage

C. (10 points: 2 points per item)
1. assez bon
2. c'est pas mon fort
3. Chapeau
4. Ne recommence pas
5. Félicitations

ANSWERS Quiz 5-3B

I. Listening
A. (8 points: 2 points per item)
1. b   2. a   3. a   4. b

II. Reading
B. (10 points: 1 point per item)
  3
  1
  5
  4
  6
  2
  7

1. a bad grade in Science
2. English and French
3. He should show his grades to his parents and tell them that he's going to work harder, and that Rachida's going to help him.

III. Writing
C. (9 points: 3 points per item)
Answers will vary. Possible answers:
100; maths; Les maths, c'est mon fort.

78; anglais; Je ne suis pas doué(e) pour l'anglais!

85; physique; Je suis assez bon/bonne en physique.

IV. Culture
D. (3 points: 1.5 points per item)
1. in December, before Easter break, and in June or July
2. Answers will vary. Possible answers: written or oral tests, compositions, oral presentations, quizzes, homework

Scripts for Chapter Test • Chapitre 5

I. Listening

A. 1. — Je suis fier de Sylvie Ruiz. Elle est la seule de la classe qui a eu une bonne note à la dernière interro.
    2. — Oh là là! Ce matin, Nadine a raté une marche et elle est tombée dans l'escalier. Pauvre petite!
    3. — Cette Michèle! Elle a encore raté son bus ce matin. C'est la troisième fois ce mois-ci. C'est vraiment inadmissible.
    4. — Jean-Pierre a perdu son livre d'histoire la semaine dernière. Et cette semaine, il a perdu son livre de maths. Quelle tête en l'air, ce garçon!
    5. — Quand j'ai rendu les interros aujourd'hui, Pascal a eu une mauvaise note et il a déchiré son interro devant moi. S'il recommence, j'écris à son père.

B. 6. — C'est pas mon jour! Huit à l'interro d'anglais!
       — Tu dois mieux travailler en classe. Tu n'étudies jamais!
    7. — Ça s'est bien passé pour une fois ce matin. Seize à l'interro d'anglais!
       — Chapeau!
    8. — Regarde-moi ça! Les maths, c'est vraiment pas mon fort. Je n'y comprends rien.
       — Tu devrais parler à ta prof. Elle est très sympa, tu sais.
    9. — Je ne comprends pas! D'habitude, je suis nulle en géo mais aujourd'hui, j'ai eu quinze!
       — Félicitations! C'est formidable!
    10. — Regardez mon bulletin! Vous savez, d'habitude, je ne suis pas doué pour les sciences, mais pour une fois, j'ai une très bonne note!
       — Tu vois, quand tu ne fais pas le clown en classe, on voit la différence dans tes notes.

C. 11. — Ça n'a pas l'air d'aller...
       — Quelle journée hier!
       — Qu'est-ce qui t'est arrivé?
       — J'ai été collé à cause de mon ami Sylvain. Il a parlé pendant tout le cours, mais le prof ne l'a pas vu et il a pensé que c'était moi.
       — C'est pas de chance, ça! Pauvre vieux!
    12. — Monsieur Meyer a rendu les interros hier.
       — Et alors?
       — Alors, j'ai eu la meilleure note!
       — Chapeau! Ses interros sont toujours difficiles.
    13. — Oh là là! J'ai eu six à mon interro de géo.
       — Qu'est-ce qui s'est passé? Tu as toujours de bonnes notes en géo, non?
       — Ben, c'est parce que je suis allée au concert de Patrick Bruel lundi et je n'ai pas étudié.
       — Tu dois travailler au lieu de t'amuser. Ne recommence pas.
    14. — Qu'est-ce qui ne va pas?
       — Après tout le temps que j'ai passé à étudier, j'ai encore eu une mauvaise note en allemand.
       — T'en fais pas. Ça va aller mieux. Courage! Allez, je te paie un café après les cours. D'accord?

Answers to Chapter Test • Chapitre 5

I. Listening   Maximum Score: 28 points

A. (10 points: 2 points per item)
1. c
2. e
3. a
4. b
5. d

B. (10 points: 2 points per item)
6. b
7. a
8. b
9. a
10. a

C. (8 points: 2 points per item)
11. a
12. c
13. b
14. a

II. Reading   Maximum Score: 30 points

D. (10 points: 2 points per item)
15. d
16. e
17. a
18. b
19. c

E. (8 points: 2 points per item)
20. a
21. c
22. b
23. c

F. (12 points: 2 points per item)
24. b
25. a
26. c
27. a
28. c
29. b

III. Culture   Maximum Score: 16 points

G. (10 points: 2 points per item)
30. d
31. e
32. c
33. a
34. b

H. (6 points)
Answers will vary. Possible answers:
There are only three report cards each year. Lunch period is longer. Students have to carry a notebook that contains a record of their conduct.

IV. Writing   Maximum Score: 26 points

I. (16 points: 4 points per note)
Answers will vary. Possible answers:
Bravo, Patrick! Félicitations!

Oui, raconte! Qu'est-ce qui t'est arrivé?

Pauvre vieux!

Oui. J'ai raté le bus. C'est pas mon jour!

J. (10 points)
Answers will vary. Possible answer:
J'ai passé un week-end formidable! Samedi, j'ai joué au tennis avec Paul et le soir, j'ai vu un bon film. C'était super! Après le film, on est allés au café où nous avons rencontré des amis. Dimanche, je suis allé(e) à la plage et j'ai joué au volley avec mes amis. C'était génial!

CHAPITRE 6 — À nous les châteaux!

PREMIERE ETAPE

Quiz 6-1A

Maximum Score: 35/100

Grammar and Vocabulary

A. You're a tour guide at a hotel and you're planning possible day trips for your customers. Write two activities that can be done at each place. (12 points)

Au parc d'attractions   Au zoo

_____   _____

_____   _____

Au circuit des châteaux

_____

_____

SCORE [ ]

B. You asked your friends about their weekends. According to their responses, did each of them have **a) a good time, b) a fair time,** or **c) a bad time?** (9 points)

_____ 1. — C'était magnifique!

_____ 2. — C'était sinistre.

_____ 3. — Ça m'a beaucoup plu.

_____ 4. — C'était assez bien.

_____ 5. — Sûrement pas.

_____ 6. — Mouais.

_____ 7. — C'était incroyable!

_____ 8. — Plus ou moins.

_____ 9. — Je me suis ennuyée.

SCORE [ ]

Nom _____ Classe _____ Date _____

Quiz 6-1A

C. Circle the phrase that could <u>not</u> logically complete each sentence. (8 points)

1. J'ai fait...
   a. un pique-nique.
   b. une visite guidée.
   c. un spectacle son et lumière.

2. Je suis allé...
   a. un circuit des châteaux.
   b. au zoo.
   c. au parc d'attractions.

3. Luc a fait un tour...
   a. sur les montagnes russes.
   b. dans des tours.
   c. sur la grande roue.

4. Je suis...
   a. monté dans des tours.
   b. allé au zoo.
   c. donné à manger aux animaux.

SCORE ☐

D. Alain and Marc are talking about what they did on vacation. Decide whether their statements are **a) logique** or **b) illogique**. (6 points)

_____ 1. J'ai donné à manger aux animaux sur la grande roue.

_____ 2. Marc a fait une visite guidée du château.

_____ 3. Alain a assisté à un spectacle son et lumière au château.

_____ 4. Nous avons fait un tour sur les montagnes russes au château.

_____ 5. On a fait un pique-nique dans une tour.

_____ 6. J'ai fait une visite guidée dans un parc d'attractions.

SCORE ☐

TOTAL SCORE ☐ /35

CHAPITRE 6 — A nous les châteaux!

Nom _____ Classe _____ Date _____

Quiz 6-1B

PREMIÈRE ÉTAPE

Maximum Score: 35/100

I. Listening

A. Listen to some friends talk about their weekends. Then tell how each person felt about his or her weekend. (10 points)

1. _____
2. _____
3. _____
4. _____
5. _____

a. It was okay.
b. I had a lot of fun.
c. It was great!
d. It was dull!
e. I was bored.

SCORE _____

II. Reading

B. The magazine **Salut, les jeunes!** asked some teenagers what they did this weekend. Read their responses and answer the questions that follow. (12 points)

Caroline, 14 ans, Tours
Ce week-end, je suis allée au château de Chambord. C'était incroyable. C'est le plus grand château de la Loire et le toit est couvert de cheminées de toutes tailles. C'est vraiment magnifique.

Didier, 16 ans, Paris
Moi, je suis allé au Parc Astérix. C'était vraiment ennuyeux. J'étais avec mon petit frère. Il est pénible! Il a voulu faire dix tours sur les montagnes russes!

Amina, 15 ans, Arles
Pour moi, c'était vraiment nul, ce week-end. Ma famille est allée faire un pique-nique mais j'ai dû rester à la maison pour faire mes devoirs de maths. C'était barbant!

Auguste, 14 ans, Québec
Ce week-end, il faisait vraiment froid. Alors, je suis allé faire du patin avec des copains et on s'est bien amusés. Après, on est allés au café et on a joué au baby-foot. Je ne me suis pas ennuyé une seconde.

1. Which teenagers really enjoyed the weekend? _____
2. Which teenagers didn't have such a good weekend? _____
3. Who visited a historic site? _____
4. Who stayed home? _____
5. Who engaged in a physical activity? _____
6. Who spent time with family? _____

SCORE _____

Nom_____ Classe_____ Date_____

 Quiz 6-1B

III. Culture

C. Decide whether these **châteaux** or features of a **château** refer to **a) un château fort** or **b) un château de la Renaissance.** (5 points)

_____ 1. Azay-le-Rideau

_____ 2. thick walls

_____ 3. large windows

_____ 4. Loches

_____ 5. the sixteenth century

SCORE _____

IV. Writing

D. Neither you nor your friend like going to amusement parks or visiting historical sites, so you both chose to do different things last weekend. Write a conversation in which you tell each other what you did and ask each other how it was. Answer with an expression of indifference for at least one of them. (8 points)

_____
_____
_____
_____
_____
_____
_____
_____
_____
_____
_____
_____

SCORE _____

TOTAL SCORE _____ /35

À nous les châteaux!

DEUXIEME ETAPE

Quiz 6-2A

Maximum Score: 35/100

Grammar and Vocabulary

A. Annie, Laurent, and Sophie had a very busy afternoon. Complete the following sentences about what they did, using the correct past participle from the choices provided. (7 points)

1. Ils sont _____ de la maison de bonne heure.
   parties   parti   partis

2. Annie, Laurent et Sophie ont _____ l'autobus.
   attendus   attendu   attendue

3. Au lycée, Annie est _____ dans l'escalier.
   tombée   tombés   tombé

4. Sophie, Laurent et Annie sont _____ à la maison après les cours.
   rentrés   rentrée   rentrées

5. Annie et Sophie sont _____ dans la chambre de Sophie pour étudier.
   montée   montées   montés

6. Plus tard, Laurent est _____ au café avec des amis.
   allés   allée   allé

7. Laurent et ses amis sont _____ au café pendant deux heures.
   resté   restées   restés

SCORE _____

B. You visited a **château** last weekend with some friends. Write complete sentences to tell what you did. Be sure to put the verbs in the **passé composé**. (12 points)

1. au château / de bonne heure / arriver / nous / samedi

2. ne pas / Luc / venir / avec nous

3. rester / je / la visite guidée / pour

4. dans le jardin / Julie et Sophie / les fleurs / admirer

5. assister / je / au spectacle son et lumière

6. très fatigués / nous / rentrer

SCORE _____

Nom _____ Classe _____ Date _____

Quiz 6-2A

C. Charlotte is writing a postcard home about her trip to Chenonceaux. Help her complete the postcard by putting the verbs in parentheses in the **passé composé**. (10 points)

> Chère Maman,
>   On (1) _____ (s'amuser) à Chenonceaux. Julie et moi, nous (2) _____ (visiter) le château hier. Le bus (3) _____ (partir) de bonne heure. Lucien (4) _____ (ne pas arriver) à l'heure et il (5) _____ (rater) le bus. Et moi, quand je (6) _____ (descendre) de l'autobus, je (7) _____ (tomber)! Plus tard, pendant la visite du château, Jean et Emile (8) _____ (monter) dans les tours. L'après-midi, nous (9) _____ (manger) au restaurant et puis, nous (10) _____ (retourner) à l'hôtel assez tard. C'était génial!
>   Je t'embrasse,
>   Charlotte

SCORE _____

D. Serge tells a lot of tall tales. Throughout the day, you hear him tell the following extraordinary things to friends. Complete his friends' responses, using an expression from the box. (6 points)

1. — J'ai rencontré le président des Etats-Unis le week-end dernier.
   — Tu _____!

2. — J'ai vu Roch Voisine hier à la boulangerie.
   — Mon _____!

3. — J'ai trouvé mille dollars dans la rue.
   — Ça _____!

4. — Il y a dix interros en anglais aujourd'hui.
   — C'est pas _____!

5. — Je parle italien et allemand.
   — N'importe _____!

6. — J'ai mangé vingt pains au chocolat pour le petit déjeuner.
   — Pas _____!

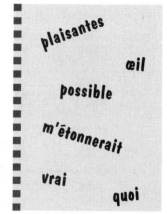

plaisantes
œil
possible
m'étonnerait
vrai
quoi

SCORE _____

TOTAL SCORE _____ /35

Nom _____ Classe _____ Date _____

CHAPITRE 6 — A nous les châteaux!

Quiz 6-2B

Maximum Score: 35/100

■ DEUXIEME ETAPE

I. Listening

A. Listen as Thérèse tells her friends different things. Decide whether each person **a) believes her** or **b) does not believe her.** (12 points)

1. _____   3. _____   5. _____

2. _____   4. _____   6. _____

SCORE _____

II. Reading

B. Françoise is telling Jean about her weekend. Read their conversation and decide whether the statements that follow are **true** or **false.** (12 points)

— Salut, Françoise. Qu'est-ce que tu as fait ce week-end?

— J'ai passé le week-end avec Sandra Bullock. C'était incroyable!

— Tu plaisantes!

— Non, dimanche, on a fait un pique-nique dans le parc de son château.

— Mon œil! Elle n'a pas de château.

— Si tu ne me crois pas, demande à mon frère. Il est venu avec moi.

— Ben... Et comment est-ce que tu l'as rencontrée?

— Samedi, mon frère et moi, on a fait une visite guidée du château de Fontainebleau et la guide, c'était Sandra Bullock.

— N'importe quoi! Elle est actrice, pas guide de château!

— Oui, mais le week-end, elle aime s'amuser avec ses amis dans son château et quelquefois elle s'amuse à faire la guide. Tiens, regarde, j'ai une photo. Là, c'est moi en robe blanche et ici, c'est elle en uniforme de guide.

— Elle est nulle, ta photo. On ne peut pas voir Sandra Bullock parce qu'elle est derrière les touristes.

— Oh là là, elle est super, cette photo. Mais toi, tu es ennuyeux!

Holt French 2 Allez, viens!, Chapter 6

Quiz 6-2B

_____ 1. Overall, Françoise had a boring weekend.

_____ 2. Françoise had a picnic with Sandra Bullock on Saturday.

_____ 3. Françoise and her brother visited the Fontainebleau château on Saturday.

_____ 4. Françoise's brother also went to the picnic with her.

_____ 5. Jean doesn't really believe Françoise's story.

_____ 6. Jean is thrilled to see Françoise's photo of Sandra Bullock.

SCORE ☐

III. Writing

C. Write a short response to the following note. (11 points)

> Où est-ce que tu es allé(e) hier? Tu y es allé(e) avec qui? Qu'est-ce que tu as fait là-bas? Ça t'a plu?

SCORE ☐

TOTAL SCORE ☐ /35

CHAPITRE 6 — A nous les châteaux!

Quiz 6-3A

TROISIEME ETAPE

Maximum Score: 30/100

Grammar and Vocabulary

A. Match the responses on the left with the appropriate question on the right. (4 points)

_____ 1. Non, un aller-retour.   a. Combien coûte un aller simple?

_____ 2. Du quai 8.   b. A quelle heure est-ce que vous ouvrez?

_____ 3. 22,85 euros.   c. Vous voulez un aller simple?

_____ 4. A 7h30, madame.   d. De quel quai?

SCORE ____

B. Sébastien needs to buy some train tickets. Help him reword his questions more formally using **est-ce que** to ask the train employee for the following information. (10 points)

1. Le train arrive à quelle heure?

   _____

2. Combien coûte un aller simple?

   _____

3. Le train part de quel quai?

   _____

4. Vous fermez à quelle heure?

   _____

5. Le train part quand?

   _____

SCORE ____

Quiz 6-3A

C. You're in a train station and overhear bits of conversations. Decide if what you hear would be said by **a) a passenger** or **b) an employee at the station.** (10 points)

_____ 1. — A huit heures, monsieur.

_____ 2. — A quelle heure est-ce que le train pour Lyon part?

_____ 3. — C'est combien, le billet?

_____ 4. — Du quai 5.

_____ 5. — 30,25 €, madame.

_____ 6. — Alors, je voudrais un aller simple, s'il vous plaît.

_____ 7. — Vous voulez un aller-retour?

_____ 8. — Bonne route!

_____ 9. — Ça coûte 15,18 €.

_____ 10. — Vous fermez quand?

SCORE _____

D. Complete the following statements with the appropriate present tense form of the verb **ouvrir**. (6 points)

1. Le magasin _____ à huit heures.
2. A quelle heure est-ce que vous _____ ?
3. J'_____ les portes à neuf heures.
4. Nous _____ vers 8h30.
5. Tu _____ de bonne heure?
6. Les portes n'_____ pas avant dix heures.

SCORE _____

TOTAL SCORE _____ /30

CHAPITRE 6 — À nous les châteaux!

Quiz 6-3B

Maximum Score: 30/100

■ TROISIEME ETAPE

I. Listening

A. Listen to these people asking for information. Match each question with the appropriate answer. (8 points)

1. _____
2. _____
3. _____
4. _____

a. Il part à 3h20.
b. Il part du quai 2, monsieur.
c. C'est 9,59 euros, l'aller simple.
d. Le week-end, les visites commencent à neuf heures.
e. Désolé monsieur, nous fermons maintenant. Revenez demain, s'il vous plaît.

SCORE _____

II. Reading

B. There are many things you can do in Amboise, just a short distance from Tours. Read these selections from a brochure about the Loire Valley that include Amboise, and answer the questions that follow in English. (10 points)

Manifestations	*Spectacles son et lumière*	*Circuits organisés*
Amboise	**Amboise**	**Amboise**
* Dans le cadre de l'église Saint-Denis ainsi que dans diverses églises de la région : — CONCERTS de musique classique en avril, mai, juin, juillet et août. — XIIIe FESTIVAL ESTIVAL DE MUSIQUE, du 16 juillet au 15 août. Prix des places : Individuels : 8,50 € ; Enfants jusqu'à 12 ans : gratuit ; Groupes de + de 20 personnes : 6,20 €. * IVe ACADEMIE MUSICALE D'AMBOISE, du 1er au 15 août.	« A LA COUR DU ROY FRANÇOIS » Dans le cadre prestigieux du Château royal d'Amboise, spectacle nocturne Renaissance. 420 personnages en costumes du XVIe siècle (François Ier, Léonard de Vinci...). Effets pyrotechniques, jeux d'eau... Chaque mercredi et samedi à 22h30 en juin et juillet et à 22h en août. Prix des places : 7,30 €. (Tribune d'honneur : 9,45 €). Enfants de 6 à 14 ans : 5,80 €.	*En minibus* (2 personnes minimum) Départ près de l'Office de Tourisme du 1er avril au 15 août — BLOIS (visite), CHAMBORD (visite), CHEVERNY (visite), les mercredis, départ 11h ; retour vers 18h30. Prix du transport par personne : 27 €. — LANGEAIS (visite), AZAY-LE-RIDEAU (visite), USSE (visite), VILLANDRY (visite), les samedis, départ 10h15 ; retour vers 18h30. Prix du transport par personne : 25 €.

1. How much would it cost a person in a group of 25 to go to the Music Festival? _____
2. How much would it cost for a seven-year-old to see the sound and light show? _____
3. At what time would the sound and light show start if you went in August? _____

Quiz 6-3B

4. If you wanted to tour Ussé, on what day(s) could you go? _____

5. How much would the minibus to Ussé cost? _____

SCORE ____

III. Writing

C. Imagine you spent a Wednesday or Saturday last July in Amboise. What did you choose for entertainment? Write a short journal entry, telling where you went, at what time, what you did, how much it cost, and how you liked it. (10 points)

_____
_____
_____
_____
_____
_____
_____
_____
_____
_____
_____

SCORE ____

IV. Culture

D. Answer, in English, the following questions about transportation in France. (2 points)

1. What is the **TGV**? (1 point)

_____

2. Why would you go to **la gare routière**? (1 point)

_____

SCORE ____

TOTAL SCORE ____ /30

CHAPITRE 6 — A nous les châteaux!

Nom _____ Classe _____ Date _____

Chapter Test

I. Listening

Maximum Score: 30

A. It's Monday morning at school. Listen to the following students tell about their weekends. Decide whether they **a) enjoyed themselves** or **b) did not enjoy themselves.** (10 points)

1. _____ 2. _____ 3. _____ 4. _____ 5. _____

SCORE _____

B. While standing in line at the train station in Tours, you overhear the following conversation between the ticket agent and the customer in front of you. Listen carefully and then choose the correct answers to these questions. (10 points)

_____ 6. At what time does the next train for Paris leave?
  a. 6:00 A.M.
  b. noon
  c. 9:20 P.M.
  d. 11:10 P.M.

_____ 7. What train does the customer decide to take?
  a. 6:00 A.M.
  b. 6:10 A.M.
  c. noon
  d. 9:20 P.M.

_____ 8. What kind of ticket does she buy?
  a. one-way
  b. round-trip
  c. She doesn't buy one.

_____ 9. How much is the ticket?
  a. 13 €
  b. 32 €
  c. 17 €
  d. 43 €

_____ 10. From where does the train leave?
  a. platform 2
  b. platform 12
  c. platform 56
  d. platform 72

SCORE _____

Holt French 2 Allez, viens!, Chapter 6

Nom _____ Classe _____ Date _____

Chapter Test

C. Listen as Hugues tells Isabelle what happened on the class trip she missed. Then decide whether the following statements are **a) true** or **b) false.** (10 points)

_____ 11. According to Hugues, the trip was boring until a dog showed up.

_____ 12. The dog belonged to the tour guide, François Ier.

_____ 13. The boys jumped out the **château** window to play with the dog.

_____ 14. Isabelle finds the story hard to believe.

_____ 15. Monsieur Richard sent Bernard and Hugues back to school immediately.

SCORE [ ]

II. Reading

Maximum Score: 32

D. The editor of the French Club newspaper has written some outlandish comments regarding the club's latest outing, a trip to Canada. Read the comments and decide whether they're **a) believable** or **b) not believable.** (10 points)

_____ 16. On est allés à Québec. C'était magnifique! On a pris le car et on s'est bien amusés.

_____ 17. Quand on y est arrivés, on a fait des photos devant le château Frontenac. Super! Après, Robin, Doug et moi, on a visité la vieille ville.

_____ 18. On a vu des pirates et Samuel de Champlain au bord de la rivière. Ils nous ont kidnappés! Mais c'était mortel, la vie de pirate, alors on est retournés à Québec.

_____ 19. Samedi, le cercle français a assisté à un spectacle militaire à la Citadelle et on a fait un pique-nique sur les plaines d'Abraham. Après, on est allés dans la rue du Trésor pour voir les artistes et les musiciens.

_____ 20. Dimanche, avant de rentrer, j'ai déjeuné au château Frontenac avec la famille royale d'Angleterre. Après, la reine Elizabeth m'a fait faire une visite guidée et elle m'a donné une photo d'elle avec son autographe dessus.

SCORE [ ]

Nom _____ Classe _____ Date _____

Chapter Test

E. Read these fliers about two châteaux in the Loire Valley and answer the questions that follow. Decide whether the answer is **a) Blois**, **b) Ussé**, or **c) both**. (12 points)

CHÂTEAU DE BLOIS
SON ET LUMIERE

"AINSI BLOIS VOUS EST CONTÉ"

TEXTE
ALAIN DECAUX
DE L'ACADÉMIE FRANÇAISE

AVEC LA VOIX DE
ROBERT HOSSEIN

MUSIQUE ORIGINALE
ERIC DEMARSAN

DIRECTION TECHNIQUE ANDRÉ BRIDE - MISE EN SCÈNE ANDRÉ BLANC

SPECTACLE LES 12-13-14 ET 20-21-22 MAI
PUIS DU 17 JUIN AU 10 SEPTEMBRE INCLUS
HORAIRES : À LA TOMBÉE DE LA NUIT
SÉANCE SPÉCIALE POUR GROUPE DE
160 PERSONNES MINIMUM (HORS SAISON)
TARIF : 6 €/PERSONNE ENFANT : DEMI-TARIF
(DE 7 À 15 ANS) GROUPE : 4 €/PERSONNE
RENSEIGNEMENTS ET RÉSERVATIONS :
TÉL. 02 54 78 72 76 - FAX 02 54 74 82 61

SEM CHATEAU

Advertisement, "Château de Blois: Son et Lumière."
Reprinted by permission of *Château de Blois*.

USSÉ
Château de la
Belle au bois dormant

Photo Sylvain Knecht

tapisseries, collection d'armes, appartements royaux, jardins en terrasse.

Visite (extérieur et intérieur)

du 15 mars au 1ᵉʳ octobre :
de 9 h. à 12 h. et de 14 h. à 19 h.

du 1ᵉʳ octobre au 1ᵉʳ novembre :
fermeture à 18 heures.

Le château est fermé du 1ᵉʳ novembre au 15 mars.

Tous renseignements :
Château d'Ussé - Rigny-Ussé,
37420 Avoine - tél. : 02-54-93-14-05

En hiver, ouverture pour groupes
sur demande 48 heures à l'avance.

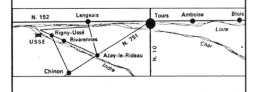

Advertisement, "Ussé: Château de la Belle au bois dormant." Reprinted by permission of *Château d'Ussé*.

_____ 21. At which château is there a sound and light show?

_____ 22. At which château is a visit advertised?

_____ 23. If you were visiting in August, which château would offer something for you?

_____ 24. At which château would a member of a tour group pay 4 euros?

_____ 25. Which château is actually on the Indre River?

_____ 26. Which château closes at 7 P.M.?

SCORE _____

Nom _____ Classe _____ Date _____

Chapter Test

F. Sophie is visiting historical sites in Martinique. She wrote this note to her sister about her visit to **La Pagerie**, where Josephine, the first wife of Napoleon, lived. Read Sophie's note and decide whether the statements that follow are **a) true** or **b) false**. (10 points)

> Chère Mélanie,
> Toi qui admires l'impératrice Joséphine, tu serais contente ici parce qu'il y a son portrait partout. C'est ici à la Pagerie, une vieille plantation de sucre, qu'elle est née. Et devine quoi! Elle est née le même jour que moi : le 23 juin. Est-ce que tu savais que son premier mari a été guillotiné et qu'après, elle est partie en France avec ses deux enfants?! C'est là qu'elle a rencontré Napoléon. J'ai vu une copie de leur certificat de mariage, et j'ai lu une des lettres que Napoléon lui a écrites. C'est triste quand même quand on pense qu'ils ont divorcé treize ans plus tard. Le guide nous a expliqué que c'est parce que Napoléon n'a pas accepté le fait que Joséphine n'ait pas pu lui donner de fils. Elle n'est jamais revenue à la Martinique, mais les gens d'ici sont très fiers d'elle. Moi, je trouve l'histoire de Joséphine plutôt tragique. Parfois, les histoires d'amour finissent vraiment mal.
> A la semaine prochaine,
> Sophie

_____ 27. Josephine was born on a sugar cane plantation in Martinique.

_____ 28. Sophie and the Empress Josephine share the same birthday.

_____ 29. Napoleon was Josephine's first husband.

_____ 30. Napoleon divorced Josephine because she did not bear him a son.

_____ 31. After her divorce from Napoleon, Josephine returned home to **La Pagerie,** where she died.

SCORE ____

Nom _____ Classe _____ Date _____

Chapter Test

III. Culture Maximum Score: 12

G. The paragraph below was written to acquaint American tourists with French terms they'd need to be familiar with if they were traveling in Touraine. Choose the correct terms to complete the paragraph and write the letters in the blanks. (12 points)

a) châteaux forts	e) gare routière	i) Middle Ages
b) châteaux de la Renaissance	f) châteaux	j) sixteenth century
c) Loches	g) bus	k) walls
d) Azay-le-Rideau	h) windows	l) moats

Among some of the most popular French monuments visited by tourists are the _____ of kings and nobility, in the Loire Valley. Thick _____ and _____ are some features of the _____ built in the _____, like the one at _____. In contrast, large _____ and highly decorated interiors symbolize the _____, dating from the _____. A good example of this type of castle is _____. To visit this wonderful historic region, you can go to a _____ to get information on _____ tours.

SCORE ☐

IV. Writing Maximum Score: 26

H. Complete this conversation between a ticket agent and a customer at the train station, using the information the agent has in front of her. (10 points)

Les trains qui circulent tous les jours:
Quai 6
Tours
14h20
↓
Paris
17h30
aller-retour
22 €

1. _____
— A 14h20.
2. _____
— Du quai 6.
3. _____
— 11 euros.
4. _____
— Voilà.
5. _____
— Bon voyage!

SCORE ☐

Nom _____ Classe _____ Date _____

Chapter Test

I. Imagine you took these photos last summer. Write about each one, telling where you and your friends went, how you got there, what you did, and how you liked it. (16 points)

SCORE ☐

TOTAL SCORE ☐ /100

Nom _____ Classe _____ Date _____

CHAPITRE 6 Chapter Test Score Sheet

Circle the letter that matches the most appropriate response.

I. Listening
Maximum Score: 30

A. (10 points)
1. a b
2. a b
3. a b
4. a b
5. a b

SCORE _____

B. (10 points)
6. a b c d
7. a b c d
8. a b c
9. a b c d
10. a b c d

SCORE _____

C. (10 points)
11. a b
12. a b
13. a b
14. a b
15. a b

SCORE _____

II. Reading
Maximum Score: 32

D. (10 points)
16. a b
17. a b
18. a b
19. a b
20. a b

SCORE _____

E. (12 points)
21. a b c
22. a b c
23. a b c
24. a b c
25. a b c
26. a b c

SCORE _____

F. (10 points)
27. a b
28. a b
29. a b
30. a b
31. a b

SCORE _____

III. Culture
Maximum Score: 12

G. (12 points)

Among some of the most popular French monuments visited by tourists are the _____ of kings and nobility, in the Loire Valley. Thick _____ and _____ are some features of the _____ built in the _____, like the one at _____. In contrast, large _____ and highly decorated interiors symbolize the _____, dating from the _____. A good example of this type of castle is _____. To visit this wonderful historic region, you can go to a _____ to get information on _____ tours.

SCORE _____

Holt French 2 Allez, viens!, Chapter 6   Testing Program 149

Copyright © by Holt, Rinehart and Winston. All rights reserved.

IV. Writing

Maximum Score: 26

H. (10 points)

1. _____
— A 14h20.

2. _____
— Du quai 6.

3. _____
— 11 euros.

4. _____
— Voilà.

5. _____
— Bon voyage!

SCORE _____

I. (16 points)

_____

SCORE _____

TOTAL SCORE _____ /100

Listening Scripts for Quizzes • Chapitre 6

Quiz 6-1B Première étape

I. Listening

1. — Alors Sophie, cette visite au château, ça t'a plu?
   — Oui, j'ai adoré le spectacle son et lumière. C'était vraiment superbe!

2. — Bonjour, Paul. Qu'est-ce que tu as fait le week-end dernier?
   — J'ai passé la journée de samedi au parc d'attractions. Je me suis beaucoup amusé sur les montagnes russes.

3. — C'était comment, la fête chez Claudine, sympa?
   — En fait, je me suis ennuyé. J'ai trouvé ses amis nuls.

4. — Tu t'es amusée ce week-end?
   — Non, c'était mortel. Ma sœur a voulu visiter le zoo et voir tous les animaux.

5. — Salut, c'était bien, ton pique-nique?
   — Comme ci comme ça. Il a plu, alors nous avons dû partir tôt.

Quiz 6-2B Deuxième étape

I. Listening

1. — Dimanche dernier, je suis allée au zoo. Je suis entrée dans la cage des lions et je leur ai donné à manger.
   — Mon œil! On ne peut pas faire ça!

2. — Vincent, Catherine et moi, nous sommes allés visiter le château de Chenonceau. Eh bien, Vincent a disparu pendant la visite.
   — Quelle horreur! Vous avez téléphoné à la police, j'espère!

3. — Pour mon anniversaire, je vais faire une fête dans le château d'Azay-le-Rideau!
   — Pas possible! Tu plaisantes!

4. — Hier, j'ai rencontré le Prince Charles. Il est très sympa!
   — N'importe quoi! Il n'est même pas aux Etats-Unis en ce moment.

5. — Tu sais, j'ai eu vingt à mon interro de maths!
   — Bravo! Tu as sûrement beaucoup étudié!

6. — C'est mon oncle qui a inventé l'ordinateur.
   — Ça m'étonnerait!

Quiz 6-3B Troisième étape

I. Listening

1. — A quelle heure est-ce que vous ouvrez le week-end?
2. — Combien coûte un billet pour Loches?
3. — Je voudrais des timbres pour les Etats-Unis, s'il vous plaît. Ça coûte combien?
4. — A quelle heure est-ce que le car pour Blois part?

Answers to Quizzes 6-1A and 6-1B • Chapitre 6

ANSWERS Quiz 6-1A

A. (12 points: 2 points per item)
Answers may vary. Possible answers:

Au parc d'attractions
faire un tour sur les montagnes russes
faire un tour sur la grande roue

Au zoo
faire un pique-nique
donner à manger aux animaux

Au circuit des châteaux
monter dans des tours
assister à un spectacle son et lumière

B. (9 points: 1 point per item)
1. a
2. c
3. a
4. b
5. c
6. b
7. a
8. b
9. c

C. (8 points: 2 points per item)
1. c
2. a
3. b
4. c

D. (6 points: 1 point per item)
1. b
2. a
3. a
4. b
5. b
6. b

ANSWERS Quiz 6-1B

I. Listening

A. (10 points: 2 points per item)
1. c
2. b
3. e
4. d
5. a

II. Reading

B. (12 points: 2 points per item)
1. Caroline, Auguste
2. Didier, Amina
3. Caroline
4. Amina
5. Auguste
6. Didier

III. Culture

C. (5 points: 1 point per item)
1. b
2. a
3. b
4. a
5. b

IV. Writing

D. (8 points)
Answers will vary. Possible answer:
— Dis, Céline, qu'est-ce que tu as fait pendant le week-end?
— Oh, je suis allée voir mes cousins en Arles.
— Et c'était comment? Ça t'a plu?
— Oui, je me suis beaucoup amusée. Et toi, qu'est-ce que tu as fait?
— Moi, je suis allée au zoo.
— Tu t'es bien amusée?
— Mouais. Plus ou moins.

Answers to Quizzes 6-2A and 6-2B • Chapitre 6

ANSWERS Quiz 6-2A

A. (7 points: 1 point per item)
1. partis
2. attendu
3. tombée
4. rentrés
5. montées
6. allé
7. restés

B. (12 points: 2 points per item)
1. Samedi, nous sommes arrivés au château de bonne heure.
2. Luc n'est pas venu avec nous.
3. Je suis resté(e) pour la visite guidée.
4. Julie et Sophie ont admiré les fleurs dans le jardin.
5. J'ai assisté au spectacle son et lumière.
6. Nous sommes rentrés très fatigués.

C. (10 points: 1 point per item)
1. s'est amusés
2. avons visité
3. est parti
4. n'est pas arrivé
5. a raté
6. suis descendue
7. suis tombée
8. sont montés
9. avons mangé
10. sommes retournés

D. (6 points: 1 point per item)
1. plaisantes
2. œil
3. m'étonnerait
4. vrai
5. quoi
6. possible

ANSWERS Quiz 6-2B

I. Listening

A. (12 points: 2 points per item)
1. b
2. a
3. b
4. b
5. a
6. b

II. Reading

B. (12 points: 2 points per item)
1. false
2. false
3. true
4. true
5. true
6. false

III. Writing

C. (11 points)
Answers will vary. Possible answer: Je suis allée au zoo de San Antonio avec ma famille. On a donné à manger aux animaux. C'était assez bien.

Answers to Quizzes 6-3A and 6-3B • Chapitre 6

ANSWERS Quiz 6-3A

A. (4 points: 1 point per item)
1. c
2. d
3. a
4. b

B. (10 points: 2 points per item)
1. A quelle heure est-ce que le train arrive?
2. Combien est-ce qu'un aller simple coûte?
3. De quel quai est-ce que le train part?
4. A quelle heure est-ce que vous fermez?
5. Quand est-ce que le train part?

C. (10 points: 1 point per item)
1. b
2. a
3. a
4. b
5. b
6. a
7. b
8. b
9. b
10. a

D. (6 points: 1 point per item)
1. ouvre
2. ouvrez
3. ouvre
4. ouvrons
5. ouvres
6. ouvrent

ANSWERS Quiz 6-3B

I. Listening

A. (8 points: 2 points per item)
1. d
2. c
3. e
4. a

II. Reading

B. (10 points: 2 points per item)
1. 6,20 €
2. 5,80 €
3. 10 P.M.
4. Saturday
5. 25 €

III. Writing

C. (10 points)
Answers will vary. Possible answer:
mercredi 18 juillet
Aujourd'hui, je suis allé(e) visiter Blois, Chambord et Cheverny. Le bus est parti à 11h. C'était comme ci comme ça. Après un bon dîner, j'ai assisté à un spectacle son et lumière au château d'Amboise à 22h30. C'était magnifique! J'ai payé 33 euros pour le bus et le spectacle.

IV. Culture

D. (2 points: 1 point per item)
1. The TGV, or **train à grande vitesse**, is a high speed train.
2. to take a bus

Scripts for Chapter Test • Chapitre 6

I. Listening

A. 1. — Alors, Annie. C'était bien chez tes grands-parents?
   — Oui, je me suis bien amusée avec mon grand-père. Il m'a appris à jouer au billard.
2. — Alors, Patrick, tu t'es bien amusé chez Christophe samedi soir?
   — Non, c'était nul! Il y avait que deux filles.
3. — Fredo! Qu'est-ce que tu as fait ce week-end?
   — Je suis allé au zoo avec mon petit cousin. Il a bien aimé, mais moi, je me suis ennuyé.
4. — Bonjour, Ghislaine. C'était comment, ton week-end?
   — Super! J'ai rencontré un garçon sensass.
5. — Yannick, je suppose que tu as étudié tout le week-end, comme d'habitude.
   — Eh bien, non. J'ai pris le car pour aller voir ma mère à Fontainebleau. Je me suis beaucoup amusée là-bas.

B. LA CLIENTE Bonjour, monsieur.
   L'EMPLOYE Bonjour, mademoiselle.
   LA CLIENTE Pourriez-vous me dire à quelle heure part le prochain train pour Paris, s'il vous plaît?
   L'EMPLOYE Paris? Voyons... Dans une heure, à vingt et une heures vingt.
   LA CLIENTE Oh là là, je ne vais pas avoir le temps de me préparer. Et le prochain?
   L'EMPLOYE Ah, celui de vingt et une heures vingt est le dernier train aujourd'hui. Le prochain part demain matin à six heures dix.
   LA CLIENTE Bon, très bien, je vais prendre le train de six heures dix. C'est combien, un aller simple?
   L'EMPLOYE Dix-sept euros, mademoiselle.
   LA CLIENTE Vous ouvrez à quelle heure le matin?
   L'EMPLOYE A six heures. Vous feriez bien d'acheter votre billet maintenant.
   LA CLIENTE Oui, c'est vrai. Alors, donnez-moi un aller simple pour Paris, s'il vous plaît.
   L'EMPLOYE Voilà. Ça fait dix-sept euros, s'il vous plaît.
   LA CLIENTE Tenez. Et de quel quai part le train?
   L'EMPLOYE Alors, c'est le train cinquante-six et il part du quai deux.
   LA CLIENTE Merci, au revoir.
   L'EMPLOYE Au revoir, mademoiselle.

C. — Salut, Hugues.
   — Bonjour, Isa.
   — Dis, il paraît que quelque chose d'amusant s'est passé au château de Chenonceau ce week-end. Raconte!
   — Ben, au début, la visite du château était plutôt mortelle. Le guide parlait et parlait... Et puis, Bernard a regardé par la fenêtre du grand salon et il a vu un gros chien blanc dans le jardin. Le chien était tout seul et il avait l'air triste.
   — Tu plaisantes! Dans le jardin du château?
   — Oui, oui, je t'assure. Alors, Bernard et moi, on l'a appelé. Et comme la fenêtre était ouverte, le chien est entré dans le grand salon.
   — Entré dans le salon? Mon œil!
   — Attends! Tous les élèves ont joué avec le chien et on lui a même donné à manger. On a décidé de l'appeler François Ier.
   — C'est incroyable! Mais le guide et Monsieur Richard, qu'est-ce qu'ils ont dit?
   — Ben, quand le guide a vu François Ier, il a crié «Sortez ce chien immédiatement. Ce n'est pas un zoo ici!». Monsieur Richard était furieux. Il nous a collés, Bernard et moi.

Answers to Chapter Test • Chapitre 6

I. Listening Maximum Score: 30 points

A. (10 points: 2 points per item)
1. a
2. b
3. b
4. a
5. a

B. (10 points: 2 points per item)
6. c
7. b
8. a
9. c
10. a

C. (10 points: 2 points per item)
11. a
12. b
13. b
14. a
15. b

II. Reading Maximum Score: 32 points

D. (10 points: 2 points per item)
16. a
17. a
18. b
19. a
20. b

E. (12 points: 2 points per item)
21. a
22. b
23. c
24. a
25. b
26. b

F. (10 points: 2 points per item)
27. a
28. a
29. b
30. a
31. b

III. Culture Maximum Score: 12 points

G. (12 points: 1 point per item)
f, k, l, a, i, c, h, b, j, d, e, g

IV. Writing Maximum Score: 26 points

H. (10 points: 2 points per item)
Answers may vary. Possible answers:
1. A quelle heure est-ce que le train pour Paris part?
2. De quel quai?
3. C'est combien, un aller simple?
4. Un aller simple, s'il vous plaît.
5. Merci, madame.

I. (16 points: 8 points per item)
Answers will vary. Possible answers:
On est allés au château d'Ussé. On a pris le car à 8h. On est montés dans les tours et on a fait un pique-nique. C'était super!

On est allés dans un parc d'attractions. On y est allés en voiture. Je me suis beaucoup amusé(e)! On a fait un tour sur les montagnes russes et sur la grande roue. C'était sensass!

Nom _____ Classe _____ Date _____

Midterm Exam: Chapitres 1–6

I. Listening

Maximum Score: 26

A. Malcolm has just arrived in France as an exchange student. Listen as he has his first meal with his new family. Decide whether each family member **a) accepts**, **b) refuses**, or **c) compliments** the food that is offered. (5 points)

1. _____   2. _____   3. _____   4. _____   5. _____

SCORE _____

B. Before Malcolm's first day of school, his host sister Pascale describes some of his new classmates. Match her descriptions with the pictures below. (5 points)

a.   b.   c.   d.   e.

6. _____   7. _____   8. _____   9. _____   10. _____

SCORE _____

C. It's Malcolm's first day of school! While having lunch in the school cafeteria, he listens to several students tell how they feel about some of their teachers and classes. Decide whether they feel **a) enthusiastic**, **b) indifferent**, or **c) frustrated**. (5 points)

11. _____   12. _____   13. _____   14. _____   15. _____

SCORE _____

D. Pascale is showing Malcolm around. Listen to their conversations and decide where they are. (5 points)

a. chez le fleuriste   b. à la pâtisserie   c. dans la rue
         d. à la maison   e. à la gare

16. _____   17. _____   18. _____   19. _____   20. _____

SCORE _____

Holt French 2 Allez, viens!, Midterm Exam

Nom _____ Classe _____ Date _____

MIDTERM EXAM

E. Malcolm makes a tape to send to his French class. He tells about his new home. Listen to the tape and complete the statements that follow. (6 points)

_____ 21. Malcolm describes Mrs. Perrin as . . .
   a. shy.
   b. energetic.
   c. quiet.

_____ 22. Mr. Perrin is . . .
   a. very talkative.
   b. intelligent.
   c. nice.

_____ 23. Malcolm says the house is different from his home in the States. He mentions that . . .
   a. the floors are numbered differently.
   b. the toilet is separate from the bathroom.
   c. there aren't any closets for clothes.

_____ 24. Classes at school are . . .
   a. not very difficult.
   b. difficult.
   c. too easy.

_____ 25. One of the things in his room that Malcolm mentions is . . .
   a. a desk.
   b. some music posters.
   c. a stereo.

_____ 26. Tomorrow, Malcolm is going to . . .
   a. a zoo.
   b. an amusement park.
   c. a castle.

SCORE _____

II. Reading

Maximum Score: 34

F. Rodolphe entered a contest called *Une journée romantique,* in which he had to tell how he spent an entire day with a special friend. Read his comments and then put them in order. (5 points)

   a. Lætitia et moi, nous nous sommes retrouvés au café où nous avons bu un café et mangé de délicieux croissants avec de la confiture aux fraises.

   b. Ensuite, j'ai téléphoné à mon amie Lætitia et je l'ai invitée à passer la journée avec moi.

   c. Puis, nous sommes allés dîner au restaurant. Ce qui me plaît, c'est d'aller à La Martinique, un restaurant très romantique. Lætitia et moi, nous avons dégusté des fruits de mer et nous avons rêvé de la forêt tropicale et des palmiers. Enfin, nous avons terminé notre soirée par une petite danse, entourés de danseurs en costumes typiques.

   d. D'abord, je me suis levé, mais pas trop tôt. J'ai pris mon temps.

   e. Après, nous avons passé quelques heures à la plage. Nous avons fait un pique-nique que Lætitia nous avait préparé. Lætitia a fait de la plongée avec moi.

27. _____ 28. _____ 29. _____ 30. _____ 31. _____

SCORE _____

Nom_____ Classe_____ Date_____

G. Read Marianne's ad for an American pen pal and then tell whether the statements that follow are **a) true** or **b) false**. (5 points)

> Je cherche un(e) correspondant(e) américain(e). Je m'appelle Marianne et j'ai seize ans. Je suis grande, rousse et mince. Mes amis disent que je suis amusante et gourmande. C'est vrai! Ce qui me plaît, c'est de déguster les spécialités de différents pays. Un jour, je voudrais être cuisinière sur un bateau de croisière et visiter des endroits exotiques. Le sport, ça me passionne! Je fais souvent du roller et du foot et je regarde tous les matches de tennis à la télé. Mon athlète préféré, c'est André Agassi! A l'école, je suis assez bonne en sciences nat et en histoire-géo. Par contre, l'anglais, c'est pas mon fort. Ce qui m'ennuie surtout, c'est d'écrire des rédactions. Mais ça serait super cool d'apprendre des expressions américaines! Tu es fanatique de sport? Tu aimes voyager? Ecris-moi!

_____ 32. Marianne has brown hair.

_____ 33. Marianne is cute and short.

_____ 34. Marianne loves to eat and travel.

_____ 35. Marianne plays American football and does ice-skating.

_____ 36. English is not Marianne's strongest subject.

SCORE ____

H. Read the remarks that Céline's teachers and her mother wrote in her **carnet de correspondance** this trimester. Then choose the correct answers to the questions. (7 points)

PARTIE RESERVEE A LA CORRESPONDANCE
ENTRE L'ETABLISSEMENT ET LES PARENTS

Madame, Céline ne peut pas faire de gymnastique aujourd'hui parce qu'elle s'est déchiré un muscle hier en jouant au foot. Merci de votre compréhension.
— Mme Déroulède

Sortie au musée des Beaux-Arts, jeudi 20 octobre. Prix : 3 €.

Céline a eu une mauvaise note à sa dernière interrogation. Il faut absolument qu'elle travaille mieux en classe.
— M. Balland

*M. Balland,
Nous venons de recevoir le bulletin trimestriel de Céline. Sa moyenne en maths est très mauvaise et nous ne comprenons pas pourquoi. Pourrions-nous prendre rendez-vous pour en parler ?*
— Mme Déroulède

*Mme Déroulède,
Je vous propose le jeudi 15 novembre à 17h pour notre rendez-vous. Faites-moi savoir si cela vous convient.*
— M. Balland

*M. Balland,
Le jeudi 15 novembre à 17h me va très bien. Je vous remercie.*
— Mme Déroulède

Le lycée organise une réunion d'information pour les parents des élèves de 2ⁿᵈᵉ. Date et lieu: mardi 20 décembre à partir de 18h en salle 30B.

____ 37. Why was Céline excused from gym class?
   a. She didn't hear her alarm.
   b. She missed the bus.
   c. She tore a muscle.

____ 38. What is Céline's class going to visit?
   a. a museum
   b. a castle
   c. an amusement park

____ 39. What was most likely Céline's grade on her test?
   a. 8
   b. 14
   c. 18

____ 40. What does her teacher think Céline should do?
   a. work harder
   b. stop missing class
   c. stay after class for help

____ 41. What does Céline's mother want to discuss with her teacher?
   a. Céline's homework
   b. Céline's field trip
   c. Céline's report card

____ 42. When will Céline's mother and teacher meet about this?
   a. October 20
   b. November 15
   c. December 20

____ 43. What type of school does Céline attend?
   a. junior high school
   b. high school
   c. university

SCORE ____

Nom _____ Classe _____ Date _____

I. You and your friends have decided to spend one day this weekend at a theme park, but you can't decide on which one. Read the ads below and answer the questions that follow. (10 points)

a. CINÉSCOPE

Vous voulez voir quelque chose de différent?
Venez donc au **Cinéscope**!
Thème principal du parc :
le cinéma
Vous pouvez voir :
- **le Showscan**
Ce cinéma donne une illusion de réalité parfaite.
- **le Cinéma Dynamique**
Faites des tours fous de montagnes russes ou pilotez une voiture de course, tout en restant assis dans votre fauteuil.
- **le Pavillon du Cinéscope**
Prenez le train dans ce pavillon et voyagez dans le temps : découvrez comment les gens vivaient au Moyen-Age ou à la cour du roi Louis XIV.

Une journée d'amusement garanti!
Ouvert de 8h à 18h ou 20h, suivant la saison
Entrée : adultes 11 €
enfants 7 €

b. Le Far West

Vous aimez les cow-boys et les westerns?
Venez passer une journée au milieu des cow-boys et des Indiens au **Far West!**

* Traversez le désert à cheval ou en diligence et visitez un village indien.
* Faites la connaissance de Buffalo Bill et de Jesse James.
* Assistez à des batailles entre Indiens et cow-boys.

Amusez-vous bien pour très peu d'argent!
Une journée coûte 6 €.
Tarif étudiant : 4,50 €.
Ouvert du 1er avril au 1er octobre

Et n'oubliez pas notre nouvelle attraction : un spectacle avec Lucky Luke, l'homme qui tire plus vite que son ombre, et son cheval Jolly Jumper. Un spectacle à ne pas manquer!

c. ZYGOFOLIS

C'est un monde fou, fou, fou!
Nous avons de tout!

Vous aimez les manèges?
Voilà des montagnes russes, des grandes roues, des autos tamponneuses... de tout!

Vous préférez l'eau?
Nous avons une piscine à vagues, des toboggans, des canons à eau... tout ce que vous aimez!

Pour une bonne journée en été, pensez...

ZYGOFOLIS

Ouvert du 15 avril au 1er septembre, de 10h à 18h.
15 € pour adultes,
12 € pour enfants

Which place(s) would you choose if . . .

_____ 44. you liked horses?

_____ 45. you wanted to ride on a roller coaster?

_____ 46. you loved history?

_____ 47. you wanted to go somewhere on a rainy day?

_____ 48. you liked water rides?

_____ 49. you liked movies?

_____ 50. you didn't want to spend much money?

_____ 51. A quelle heure est-ce que le Cinéscope ouvre?
   a. à 8h   b. à 10h   c. à 18h

_____ 52. Pour toi, c'est combien, l'entrée au Far West?
   a. 4,50 €   b. 6 €   c. 8 €

_____ 53. A quelle heure ferme Zygofolis?
   a. à 10h   b. à 18h   c. à 20h

SCORE ____

J. After reading the descriptions of the gifts available at **Bisous de la Martinique**, a gift boutique in Fort-de-France, Jean-Philippe is trying to decide what to buy. Read his descriptions of his friends and family and decide which gift he should choose for each person. (7 points)

+ + Bisous de la Martinique + +
Vêtements et objets artisanaux de la Martinique

a. • Des cartes pour toutes les occasions
Superbes cartes et posters réalisés par des artistes de la région. A offrir ou collectionner.

b. • Du tissu traditionnel
Pour quelqu'un qui aime coudre... pensez à du joli tissu madras! Nos tissus aux riches couleurs sont parfaits pour les jupes et les foulards.

c. • Des cassettes et des disques compacts
Ecoutez la musique des Antilles... le zouk, la biguine... c'est le rythme des îles!

d. • Des maillots de bain à fleurs pour ceux qui adorent le soleil et le sport.

e. • Des livres de cuisine créole
Vous avez toujours voulu faire des spécialités martiniquaises? Nos livres de cuisine plairont à tous!

10, Avenue Lamartine – 97200 Fort-de-France – Tél. 71.46.05

_____ 54. Mon père est gourmand. Il adore manger des fruits tropicaux et des fruits de mer.

_____ 55. Mon amie Epie adore les vêtements typiquement martiniquais.

_____ 56. Mon frère adore danser et chanter.

_____ 57. D'habitude, ma sœur choisit des reproductions pour décorer sa chambre. C'est une fana d'art.

_____ 58. Ma mère adore nager et faire du ski nautique.

_____ 59. Mon grand-père adore écrire et il est toujours le premier à offrir ses meilleurs vœux pour le nouvel an.

_____ 60. Mon meilleur ami choisit toujours un menu antillais pour un dîner romantique avec sa petite amie.

SCORE ____

III. Culture

Maximum Score: 15

K. Match these terms. (5 points)

_____ 61. Chartres

_____ 62. yole

_____ 63. TGV

_____ 64. zouk

_____ 65. Amboise

a. a boat

b. a Gothic cathedral

c. a château

d. a fast train

e. a dance

SCORE _____

L. Complete the following sentences. (10 points)

_____ 66. Citizens of European Union countries who want to travel within Europe need . . .
a) their national identity card   b) their passport   c) their driver's licence

_____ 67. In France, report cards are issued every . . .
a. quarter.   b. trimester.   c. semester.

_____ 68. If a student is late for school, it is noted in the . . .
a. **bulletin trimestriel.**   b. **infirmerie.**   c. **carnet de correspondance.**

_____ 69. If your teacher asked you for your **exposé**, you'd be . . .
a. handing in an essay.   b. standing up to speak.   c. giving her your homework.

_____ 70. As a guest at a dinner party, which of the following would you not bring to your host?
a) candy   b) carnations   c) chrysanthemums

_____ 71. Walking down the street, Andrée hears lots of people speaking Creole. She's probably visiting . . .
a. Quebec.   b. Martinique.   c. France.

_____ 72. **Euro** bills are illustrated with . . .
a. European celebrities.   b. European flags.   c. architectural elements.

_____ 73. The following are denominations of **euro** bills except . . .
a. 200 **euros.**   b. 150 **euros.**   c. 500 **euros.**

_____ 74. Caroline is reading a pamphlet about the differences between **châteaux forts** and **châteaux de la Renaissance.** She is most likely visiting . . .
a. Chartres.   b. Saint-Pierre.   c. Tours.

_____ 75. Patrick is going to visit Mount Pelée. He's in . . .
a. Chartres.   b. Saint-Pierre.   c. Tours.

SCORE _____

Nom_____ Classe_____ Date_____

IV. Writing

Maximum Score: 25

M. Read this note from Henri. Then write a reply. Sympathize with him and reprimand him. (7 points)

> Tout a été de travers aujourd'hui! D'abord, j'ai eu 7 en géo. Après, en français, Mme Lemaire m'a collé parce que je parlais avec Marc. Finalement, j'ai eu une interro-surprise en maths et je crois que je vais avoir une très mauvaise note. Quelle journée horrible!
>
> Henri

SCORE ____

N. Joe broke his leg and has been laid up for ten days. Your French class sends him a card with good wishes and news. Write each student's comments in French. (8 points)

Elizabeth expresses sympathy. _____

Shin-yi offers encouragement. _____

Shaun offers a suggestion. _____

You tell something that happened at school today. _____

SCORE ____

O. Describe your ideal room. Include details about the furniture, the location of each piece in relation to the other furnishings, and your room's location in the house. (10 points)

_____

SCORE ____

TOTAL SCORE ____/100

Nom_____ Classe_____ Date_____

Midterm Exam Score Sheet

Circle the letter that matches the most appropriate response.

I. Listening

Maximum Score: 26 points

A. (5 points)
1. a b c
2. a b c
3. a b c
4. a b c
5. a b c

SCORE ☐

B. (5 points)
6. a b c d e
7. a b c d e
8. a b c d e
9. a b c d e
10. a b c d e

SCORE ☐

C. (5 points)
11. a b c
12. a b c
13. a b c
14. a b c
15. a b c

SCORE ☐

D. (5 points)
16. a b c d e
17. a b c d e
18. a b c d e
19. a b c d e
20. a b c d e

SCORE ☐

E. (6 points)
21. a b c
22. a b c
23. a b c
24. a b c
25. a b c
26. a b c

SCORE ☐

II. Reading

Maximum Score: 34 points

F. (5 points)
27. a b c d e
28. a b c d e
29. a b c d e
30. a b c d e
31. a b c d e

SCORE ☐

G. (5 points)
32. a b
33. a b
34. a b
35. a b
36. a b

SCORE ☐

H. (7 points)
37. a b c
38. a b c
39. a b c
40. a b c
41. a b c
42. a b c
43. a b c

SCORE ☐

Holt French 2 Allez, viens!, Midterm Exam

Nom _____ Classe _____ Date _____

I. (10 points)

44. a b c
45. a b c
46. a b c
47. a b c
48. a b c

49. a b c
50. a b c
51. a b c
52. a b c
53. a b c

J. (7 points)

54. a b c d e
55. a b c d e
56. a b c d e
57. a b c d e
58. a b c d e
59. a b c d e
60. a b c d e

SCORE ☐

SCORE ☐

III. Culture

Maximum Score: 15 points

K. (5 points)

61. a b c d e
62. a b c d e
63. a b c d e
64. a b c d e
65. a b c d e

L. (10 points)

66. a b c
67. a b c
68. a b c
69. a b c
70. a b c

71. a b c
72. a b c
73. a b c
74. a b c
75. a b c

SCORE ☐

SCORE ☐

IV. Writing

Maximum Score: 25 points

M. (7 points)

_____
_____
_____
_____
_____
_____
_____
_____

SCORE ☐

N. (8 points)

Elizabeth expresses sympathy. _____

Shin-yi offers encouragement. _____

Shaun offers a suggestion. _____

You tell something that happened at school today. _____

SCORE ☐

O. (10 points)

SCORE ☐

TOTAL SCORE ☐ /100

Listening Scripts for Midterm Exam

I. Listening

A.
1. — Paul, encore du rôti de porc?
   — Merci, Maman. Ça va.
2. — Papa, tu veux reprendre des frites?
   — Je n'ai plus faim, chérie. Je me réserve pour le dessert.
3. — Maman, ton rôti est vraiment bon!
   — Tu trouves? C'est gentil!
4. — Grand-maman, je te donne un petit morceau de gâteau?
   — Je veux bien, Pascale.
5. — Qui est-ce qui veut de la glace avec le gâteau?
   — Moi, je vais en prendre.

B.
6. Guillaume est très intelligent mais il fait toujours le clown en classe.
7. Ce que j'aime bien chez Ali, c'est qu'on ne s'ennuie jamais avec lui. Tu l'invites à une boum et il danse le zouk, il parle à tout le monde et il raconte toutes sortes d'histoires drôles.
8. Paméla? Bof! Elle raconte toujours la même chose. «Combien coûte ce foulard?» «Tu aimes mon nouveau sac à main?» «Vendredi soir, j'ai acheté un pull adorable...»
9. Tu sais que Bruno est champion de ski? Il a gagné un prix à Chamonix en janvier. Mais il est si modeste! Il n'en parle jamais.
10. J'aime beaucoup Hélène. Elle est vraiment sympa. Quand j'ai eu dix-huit en histoire, Hélène était la première à me féliciter. Elle m'a dit «Bravo! C'est super!» Elle encourage toujours les autres.

C.
11. — Le cours d'informatique est très difficile. J'ai du mal à comprendre.
12. — Je viens de passer une heure incroyable avec Mme Martino. Elle nous a raconté une anecdote super à propos de son chien. C'était génial.
13. — Tout a été de travers en maths. J'ai eu six à l'interro et Mme Lepic va parler à mes parents.
14. — La biologie, c'est comme ci comme ça. Le nouveau prof est plus ou moins sympa.
15. — On s'est beaucoup amusés ce matin en gym. Monsieur Lebœuf est sensass. La semaine prochaine, il va nous montrer une vidéo de football américain.

D.
16. — Ça te dit d'acheter une religieuse? On pourrait la partager.
    — Oh, non. J'ai trop faim. Il faut en acheter une chacun.
    — Gourmand! Bon, d'accord. Voilà mes cinq euros. Achète-les.
17. — Elle est cool, ta nouvelle chaîne stéréo.
    — Tu trouves?
    — Qu'est-ce que tu as comme CD? Où sont-ils?
    — Là, à côté des étagères.
18. — Où est la bibliothèque municipale?
    — Euh... il faut traverser cette place en face et continuer tout droit.
    — Tu es sûre? Elle n'est pas derrière l'hôpital?
    — Tu me demandes mais tu ne me crois jamais!

19. — A quelle heure est-ce que le train pour Amboise part?
    — A treize heures cinq, mademoiselle.
    — Combien coûte un aller-retour?
    — Quinze euros.
    — Merci, monsieur.
20. — Je veux offrir des fleurs à ta mère.
    — C'est gentil, ça! Et en plus, elle adore les fleurs.
    — Bon. C'est combien, ce bouquet, madame?

E. Salut, tout le monde! C'est moi, Malcolm. Ça va très bien ici et je commence à m'habituer à ma nouvelle vie. Ma famille est très sympa. Madame Perrin est dynamique et elle adore discuter avec moi. Monsieur Perrin est plus timide mais il est aussi très gentil. Ma nouvelle sœur, Pascale, est super. La maison est un peu différente de la mienne. J'oublie toujours que ce qu'on appelle le premier étage ici, c'est le deuxième étage pour moi. Alors, le premier jour à l'école, j'avais quelques problèmes! Mais ça va maintenant! Les cours au lycée sont difficiles, mais mes camarades de classe sont gentils et ils m'aident beaucoup. Dans ma chambre, j'ai un grand lit et une chaîne stéréo. J'écoute de la musique française tout le temps. Je fais beaucoup de choses très amusantes avec Pascale. On est allés au zoo et au parc d'attractions, et demain, on va assister à un spectacle son et lumière dans un château, avec toute la famille. J'espère que tout va bien pour vous aussi. Ecrivez-moi! Salut.

Answers to Midterm Exam

I. Listening   Maximum Score: 26 points

A. (5 points: 1 point per item)
1. b
2. b
3. c
4. a
5. a

B. (5 points: 1 point per item)
6. b
7. e
8. a
9. c
10. d

C. (5 points: 1 point per item)
11. c
12. a
13. c
14. b
15. a

D. (5 points: 1 point per item)
16. b
17. d
18. c
19. e
20. a

E. (6 points: 1 point per item)
21. b
22. c
23. a
24. b
25. c
26. c

II. Reading   Maximum Score: 34 points

F. (5 points: 1 point per item)
27. d
28. b
29. a
30. e
31. c

G. (5 points: 1 point per item)
32. b
33. b
34. a
35. b
36. a

H. (7 points: 1 point per item)
37. c
38. a
39. a
40. a
41. c
42. b
43. b

I. (10 points: 1 point per item)
44. b
45. a, c
46. a, b
47. a
48. c
49. a
50. b
51. a
52. a
53. b

J. (7 points: 1 point per item)
54. e
55. b
56. c
57. a
58. d
59. a
60. e

III. Culture   Maximum Score: 15 points

K. (5 points: 1 point per item)
61. b
62. a
63. d
64. e
65. c

L. (10 points: 1 point per item)
66. a
67. b
68. c
69. b
70. c
71. b
72. c
73. b
74. c
75. b

IV. Writing   Maximum Score: 25 points

M. (7 points)   Answers will vary.
N. (8 points)   Answers will vary.
O. (10 points) Answers will vary.

CHAPITRE 7
En pleine forme

Quiz 7-1A

PREMIERE ETAPE
Maximum Score: 35/100

Grammar and Vocabulary

A. You're the school nurse. Complete each of the following student complaints using a logical expression from the box below. (12 points)

> bien   à l'oreille   un rhume   à la gorge   au cœur
> à la tête   malade   éternue   partout

1. —J'ai mangé quatre hamburgers. J'ai mal _____.
2. —J'ai des allergies. J' _____ beaucoup.
3. —J'ai beaucoup crié *(shouted)* pendant le concert hier et j'ai mal _____.
4. —J'ai un rhume. Je suis _____.
5. —J'ai besoin d'aspirine. J'ai mal _____.
6. —J'ai fait trop d'exercice hier et maintenant j'ai mal _____.

SCORE ____

B. Circle the phrase that does <u>not</u> logically complete each sentence. (5 points)

1. J'ai mal...
   a. partout.
   b. dormi.
   c. un rhume.
2. Je suis...
   a. des allergies.
   b. tout raplapla.
   c. en forme.
3. J'ai...
   a. le nez qui coule.
   b. malade.
   c. mal au pied.
4. Je me suis cassé...
   a. la jambe.
   b. le bras.
   c. au cœur.
5. ... le doigt.
   a. Je me suis coupé
   b. Je me suis fait mal
   c. Je me suis foulé

SCORE ____

Holt French 2 Allez, viens!, Chapter 7

Quiz 7-1A

C. You need to go to the doctor but aren't sure how to say what is wrong with you. Match the French expression on the left to its English equivalent on the right. (5 points)

_____ 1. la grippe   a. the stomach
_____ 2. un rhume   b. the arm
_____ 3. le pied   c. the hand
_____ 4. la main   d. the foot
_____ 5. le ventre   e. a cold
                          f. the flu

SCORE ____

D. Marie is going to the pharmacy to buy some things for her friends. Based on Marie's list, write a complete sentence to tell what's wrong with her friends. (8 points)

1. throat lozenges   Francine et Gary _____.
2. tissues   Julie _____.
3. aspirin   Claire _____.
4. crutches   Luc et Mai _____.

SCORE ____

E. Albert and his friends are at summer camp. Help Albert complete his notes about everything his friends did by choosing the appropriate form of the verb from the given choices. (5 points)

1. Marianne s'est _____ le doigt.
   coupé   coupée   coupées

2. Marcel s'est _____ la cheville.
   foulée   foulé   foulés

3. Robert s'est _____ mal au dos.
   fait   faite   faits

4. Samedi, Hector et Albert se sont _____ vers dix heures!
   levé   levées   levés

5. Claire s'est _____ en faisant la cuisine.
   coupé   coupée   coupées

SCORE ____

TOTAL SCORE ____ /35

CHAPITRE 7

En pleine forme

Quiz 7-1B

■ PREMIERE ETAPE

Maximum Score: 35/100

I. Listening

A. Listen as some students describe their aches and pains and match each person's name with his or her ailment. (8 points)

_____ 1. Karim

_____ 2. Céline

_____ 3. Pascal

_____ 4. Marie-Claire

a. headache
b. allergies
c. stomachache
d. flu
e. cold

SCORE _____

II. Reading

B. Read the following conversation between Jacques and Marie-France, and then answer the questions that follow in English. (10 points)

— Eh bien, quelque chose ne va pas, Marie-France? Tu n'as pas l'air en forme.

— Je me sens toute raplapla aujourd'hui.

— Ah oui? Qu'est-ce que tu as fait hier soir?

— Oh, beaucoup de choses. J'ai étudié jusqu'à sept heures et demie. Après le dîner, je suis sortie avec Lucien et Didier. Nous avons dansé jusqu'à minuit et puis nous sommes allés chez Céline où nous avons écouté de nouveaux CD. C'était chouette!

— Et tu t'es couchée à quelle heure?

— Vers une heure du matin.

— Mais tu ne devrais pas sortir tard pendant la semaine. Tu sais que tu dois te lever de bonne heure!

— Tu as raison. Je vais rentrer tôt cet aprèm et je vais faire une sieste parce que j'ai mal dormi hier et je dois étudier pour mon interro de maths ce soir.

1. What does Jacques notice about Marie-France when they first meet?

   _____

2. How does Marie-France feel?

   _____

3. What time did Marie-France go to bed last night?

   _____

Nom _____ Classe _____ Date _____

Quiz 7-1B

4. What advice does Jacques give Marie-France?
   _____

5. Why is Marie-France going to take an afternoon nap?
   _____

SCORE ☐

III. Culture

C. Match the following French expressions with their English equivalents. (5 points)

_____ 1. J'ai un chat dans la gorge.   a. It costs an arm and a leg!

_____ 2. Il a pris ses jambes à son cou.   b. I have a frog in my throat.

_____ 3. Tu me casses les pieds!   c. You're a pain in the neck!

_____ 4. Ça coûte les yeux de la tête!   d. Your eyes are bigger than your stomach.

_____ 5. Mon œil!   e. He ran like the wind.

                                             f. Yeah, right!

SCORE ☐

IV. Writing

D. You're a student in France. What would you tell the school nurse if . . . (12 points)

1. you ate too much pizza for lunch?
   _____

2. you fell and twisted your ankle in gym class?
   _____

3. you're sneezing and you have a runny nose?
   _____

4. you cut your finger?
   _____

SCORE ☐

TOTAL SCORE ☐ /35

Nom _____ Classe _____ Date _____

CHAPITRE 7
En pleine forme

Quiz 7-2A

DEUXIEME ETAPE

Maximum Score: 35/100

Grammar and Vocabulary

A. You're coaching French teenagers at a sports camp. Read the following snippets of conversations and tell whether each speaker is **a) giving advice, b) accepting advice,** or **c) rejecting advice.** (9 points)

1. _____ Tu as raison.
2. _____ Pas question!
3. _____ Ce n'est pas mon truc.
4. _____ Tu n'as qu'à faire de l'exercice.
5. _____ Tu devrais faire du jogging.
6. _____ D'accord.
7. _____ Je n'ai pas le temps.
8. _____ Pourquoi tu ne fais pas de la natation?
9. _____ Non, je n'ai pas très envie.

SCORE _____

B. Luc is training with a French coach for the triathlon. Help him make a list for his coach, of four things that he does at the gym to strengthen himself and stay fit. (8 points)

1. _____
2. _____
3. _____
4. _____

SCORE _____

C. Céline is doing a survey on how often students exercise. Write complete sentences in French, using the cues provided, to report the results. (5 points)

1. Nicholas / gymnastics / 3 times a week

_____

2. Mark and Julie / push-ups / never

Nom _____ Classe _____ Date _____

 Quiz 7-2A

3. I / aerobics / on Mondays and Wednesdays
   _____

4. Carl and Max / sit-ups / often
   _____

5. Sarah and I / lift weights / every day
   _____

SCORE ☐

D. Use the present tense form of the verb **devoir** to give your friends advice about different things. (6 points)

1. Tu _____ faire de la natation l'après-midi.
2. Julien _____ jouer au basketball.
3. Nous _____ ranger la chambre.
4. Vous _____ tondre la pelouse.
5. On ne _____ pas se coucher trop tard.
6. Ils _____ téléphoner à leurs parents.

SCORE ☐

E. Serena is encouraging her friend Aki to finish his workout. Complete their conversation with the appropriate expressions from the box. (7 points)

| presque | mon truc | raplapla | envie | raison |
| un effort | encore | pourquoi | en peux | |

— Serena, je ne(n') **(1)** _____ plus! Je me sens tout
  (2) _____ .
— **(3)** _____ un effort! Tu y es **(4)** _____ !
  Tu n'as qu'à faire de l'exercice plus souvent, des pompes ou même de l'aérobic.
— Mais non, je n'ai pas très **(5)** _____ . Ce n'est pas
  (6) _____ .
— Ecoute, demain, tu viens avec moi. On va s'entraîner au basket. Tu vas t'amuser!
— Tu as **(7)** _____ . On y va demain.

SCORE ☐

TOTAL SCORE ☐ /35

176 Testing Program   Holt French 2 Allez, viens!, Chapter 7

En pleine forme

Quiz 7-2B

DEUXIEME ETAPE

Maximum Score: 35/100

I. Listening

A. Listen to the following conversations and decide whether the speaker is **a) giving advice, b) accepting advice,** or **c) rejecting advice.** (10 points)

1. _____   2. _____   3. _____   4. _____   5. _____

SCORE [   ]

II. Reading

B. Your friend who volunteers in a hospital just dropped some patients' folders while you two were talking. Help her put the notes back in order by matching the patients' problems with the doctor's recommendations. (10 points)

_____ 1. M. Leclerc est tout raplapla. Il a trop de travail et il dort mal.

_____ 2. Claude s'est cassé le bras.

_____ 3. Marc a trop grossi.

_____ 4. Le prof de français ne joue pas bien au tennis parce qu'il n'est pas en forme.

_____ 5. Patrick va faire son service militaire mais il n'est pas en forme.

a. Il doit faire des pompes, des abdominaux et du jogging pour se mettre en condition.

b. Il ferait bien de manger plus de fruits et de légumes et d'éviter les matières grasses et le sucre.

c. Il devrait faire de l'exercice pour se détendre et se coucher plus tôt. Partir en vacances, c'est une bonne idée aussi!

d. Il ferait bien de boire du lait et de faire de la marche comme exercice. Il devrait se remettre en condition petit à petit.

e. Il devrait faire de la musculation surtout pour les bras et les jambes. Il pourrait peut-être suivre des cours.

SCORE [   ]

Nom_____ Classe_____ Date_____

 Quiz 7-2B

III. Writing

C. You're a trainer at the **Club Gymnase**. You're making recommendations to different members at the gym. Write three short conversations using the cues provided to make your recommendations and offer encouragement. Two of the members reject your advice but one of them accepts it. (12 points)

1. Pauline / aerobics

   _____
   _____
   _____
   _____

2. Sébastien / sit-ups

   _____
   _____
   _____
   _____

3. Mélanie / weight training

   _____
   _____
   _____
   _____

SCORE _____

IV. Culture

D. Answer the following questions about French sports. (3 points)

1. Where are two places you could go in a French town to play a team sport? (2 points)

   _____

2. Do **lycées** in France have athletic teams that represent the school? (1 point)

   _____

SCORE _____

TOTAL SCORE _____ /35

Nom _____ Classe _____ Date _____

CHAPITRE 7
En pleine forme

Quiz 7-3A

■ TROISIEME ETAPE

Maximum Score: 30/100

Grammar and Vocabulary

A. You want to to follow a healthy diet. Make two lists to post on your refrigerator to remind you of things to do and things to avoid. (16 points)

JE DOIS...
1. _____
2. _____
3. _____
4. _____

JE DOIS EVITER DE...
1. _____
2. _____
3. _____
4. _____

SCORE ☐

B. You're an intern at a nutrition center and you're conducting a workshop about eating habits. Use the verb **se nourrir** to complete the participants's statements about eating well (**bien**) or badly (**mal**). (6 points)

1. Mon mari et moi, nous mangeons beaucoup de hamburgers et de frites.

   Nous _____.

2. Je saute souvent le déjeuner.

   Je _____.

3. Jacqueline, tu bois assez d'eau chaque jour.

   Tu _____.

4. Mes parents, ils mettent trop de sel dans tous les plats.

   Ils _____.

5. Ma copine aime manger des pâtes et une salade.

   Elle _____.

6. Vous mangez des chips entre les repas!

   Vous _____.

SCORE ☐

Nom _____ Classe _____ Date _____

 Quiz 7-3A

C. Daniel and Didier are discussing eating habits. Complete their conversation using the expressions from the box below. Use each expression only once. (8 points)

> devrais   doit   matières grasses   repas   évite   fruits
> sautes   se nourrir
> consomme   suivre   bon pour la santé   mieux que   grignotes

DANIEL Tu (1) _____ trop entre les repas, Didier!

DIDIER Mais je mange du pain. C'est (2) _____ de manger des chips!

DANIEL C'est vrai, mais tu (3) _____ des repas et tu ne manges pas de

(4) _____. Ce n'est pas (5) _____!

DIDIER Oui, mais par contre, je ne (6) _____ jamais trop de sucre ou

de (7) _____.

DANIEL Peut-être. Mais tu (8) _____ te nourrir mieux.

SCORE ☐

TOTAL SCORE ☐ /30

Chapitre 7 — En pleine forme

Quiz 7-3B

TROISIEME ETAPE

Maximum Score: 30/100

I. Listening

A. Listen as some teenagers discuss healthy habits and lifestyles. In each conversation, are they a) **recommending a healthy alternative** or b) **advising against something?** (10 points)

1. _____   2. _____   3. _____   4. _____   5. _____

SCORE ____

II. Reading

B. Read the letter Serge received from his mother and answer the questions that follow in English. (8 points)

> *Mon chéri,*
> *Ce n'est pas parce que tu as quitté la maison pour aller à l'université que tu dois perdre les bonnes habitudes que ton père et moi, nous t'avons enseignées. Tout d'abord, tu dois continuer à bien te nourrir. Mange beaucoup de fruits et de légumes et ne saute pas de repas, surtout pas le petit déjeuner. Bois aussi beaucoup de lait et évite les boissons très sucrées, ce n'est pas bon pour toi. Tu devrais peut-être aussi commencer un sport qui te plaît parce que c'est important d'entretenir sa forme. Je suis sûre que tu vas te faire plein de nouveaux amis et que tu vas vouloir t'amuser, mais n'oublie quand même pas les études. Je te fais confiance. Tu as toujours été bon élève et je suis certaine que tes notes seront excellentes. Et puis, souviens-toi qu'il est important de bien se reposer, alors essaie de dormir au moins huit heures par nuit. Voilà. C'est tout ce que j'ai à te recommander. Nous t'embrassons très fort.*
> *Maman*

1. What does Serge's mother advise him to eat?
   _____

2. What does she say Serge should avoid?
   _____

3. What should he do to stay in shape, according to his mother?
   _____

4. What is one other piece of advice Serge's mother gives him?
   _____

SCORE ____

Nom_____ Classe_____ Date_____

Quiz 7-3B

III. Writing

C. Your friend Magali is not very health-conscious and you're worried about her. Write her a letter recommending three things to avoid and two things to do for a healthy life style. Be sure to justify your recommendations. (10 points)

_____
_____
_____
_____
_____
_____
_____
_____
_____
_____
_____

SCORE _____

IV. Culture

D. Answer the following questions about restaurants or cafés in France. (2 points)

1. If a waiter asks you if you prefer **gazeuse ou plate,** what did you order?

   _____

2. When would you order **glaçons**?

   _____

SCORE _____

TOTAL SCORE _____ /30

CHAPITRE 7 — En pleine forme

Chapter Test

I. Listening

Maximum Score: 30

A. Listen to members of the Caron family describe their problems. Choose the picture that illustrates each person's complaint. (10 points)

a.  b.  c.

d.  e.

1. _____ 2. _____ 3. _____ 4. _____ 5. _____

SCORE ____

B. Listen to the school nurse describe some students' lifestyles. Decide whether each lifestyle seems **a) healthy** or **b) unhealthy**. (10 points)

6. _____
7. _____
8. _____
9. _____
10. _____

SCORE ____

Chapter Test

C. Henri has a broken ankle and he's depressed. Listen to Annick offer him some advice. Then choose the correct completion for each of the statements that follow. (10 points)

_____ 11. Besides having a broken ankle, Henri . . .
   a. has the flu.
   b. has a cold.
   c. isn't sleeping well.

_____ 12. Annick suggests . . .
   a. doing sit-ups.
   b. lifting weights.
   c. resting.

_____ 13. According to Annick, Henri's other problem is . . .
   a. watching TV.
   b. snacking.
   c. talking on the phone.

_____ 14. When Annick suggests trying yoga, Henri . . .
   a. thinks it might be a good idea.
   b. says it's not his "thing."
   c. thinks it's silly.

_____ 15. Annick's attitude toward Henri is . . .
   a. encouraging.
   b. discouraging.
   c. indifferent.

SCORE [   ]

II. Reading

Maximum Score: 30

D. Sophie is participating in a fitness and health program at her local **MJC**. Match the specific complaints of some of the participants with the advice the instructor gives. (10 points)

_____ 16. Je pèse 78 kilos. A mon avis, c'est un peu trop pour moi. Je me nourris bien, je bois beaucoup d'eau minérale et j'évite de grignoter entre les repas. Comment est-ce que je vais perdre mes 3-5 kilos de trop?

_____ 17. J'ai le nez qui coule depuis le mois de mai et on est le 24 juin! Est-ce que c'est la grippe? Je ne suis pas vraiment malade. Je me demande ce qui ne va pas?

_____ 18. J'ai fait trois pompes et quatre abdominaux et maintenant je suis tout raplapla. Peut-être que l'exercice n'est pas mon truc.

_____ 19. Je n'ai rien mangé ce matin et maintenant je ne me sens pas bien. C'est peut-être la grippe?

_____ 20. Je voudrais mieux me nourrir, mais je déteste tout ce qui est bon pour moi.

a. Il faut mieux manger quand même. Quelques légumes ne vont pas te faire de mal.

b. Allez! Encore un effort! N'abandonne pas déjà!

c. Tu devrais essayer de faire un peu d'exercice. Pourquoi pas de l'aérobic ou de la gymnastique?

d. Ce sont peut-être des allergies. Tu ferais bien de consulter un spécialiste.

e. Il ne faut pas sauter de repas. Mange un peu. Ça te fera du bien.

SCORE [   ]

E. Read these announcements on the bulletin board at the **MJC.** Match each announcement with Ghislaine's comments about it. (10 points)

_____ 21. Depuis combien de temps tu te le promets? Etre en pleine forme n'est plus un rêve! Muscles souples, sourire au visage... ça pourrait être toi. Perds tes trois kilos et amuse-toi en même temps. Fais partie d'un groupe dynamique, rencontre des gens nouveaux. Tout cela sur un fond de rock ou de jazz.

_____ 22. Il n'est pas si difficile de cuisiner léger. Venez tous nous rejoindre et découvrez le vrai goût de la nature.

_____ 23. C'est une mauvaise habitude. Vous le savez déjà. Apprenez à combattre les effets du tabac. Rejoignez-nous tous les samedis soirs. Entrée gratuite.

_____ 24. Nous cherchons des filles souples, énergiques, dynamiques et surtout en bonne forme pour faire partie d'une équipe. Nous nous entraînons ensemble tous les mercredis après-midi avec un entraîneur professionnel.

_____ 25. Offre spéciale! Pureté des Sources à 8 € la caissette. Elle est née dans les Alpes, et elle coule dans des sources de montagne avant d'arriver dans notre usine hygiénique. Buvez une bouteille par jour pendant un mois et nous vous promettons des muscles tonifiés, une respiration profonde et une santé exceptionnelle.

a. Oh! Faire de la gymnastique! Ça me tente! Mais je ne suis pas en très bonne forme.

b. Un cours de cuisine végétarienne? Je ne sais pas. J'aime trop mes hamburgers.

c. J'ai envie de faire de l'aérobic et j'adore la musique. Je vais demander à Sophie d'en faire avec moi.

d. Plus de cigarettes? Je sais que je fume trop, mais c'est difficile d'arrêter net.

e. J'adore l'eau minérale. Je vais en acheter.

SCORE

F. Read the article below and decide whether the statements that follow are **a) true** or **b) false**. (10 points)

Les Musiciens doivent faire du sport.

Du 11 août au 5 septembre, 110 jeunes musiciens, âgés de 14 à 25 ans, vont se réunir pour constituer l'Orchestre français des Jeunes. Ils viennent de tous les conservatoires de France. Pendant cette période, ils vont passer beaucoup de temps à répéter, bien sûr, mais ils vont aussi faire du sport. Pourquoi? Parce que pour la pratique intensive d'un instrument, il faut être en bonne forme physique.

Les musiciens professionnels sont d'accord. Le violoniste Régis Pasquier joue par exemple au tennis et au foot. Le pianiste Gabriel Tacchino, passionné de foot, dit que le pianiste et le footballeur ont tous deux besoin d'un entraînement « régulier et rigoureux ». Le pianiste François-René Duchâble passe six mois de l'année à la campagne près d'Annecy. C'est un randonneur et un alpiniste enthousiaste.

Presque tous les musiciens doivent rester assis pendant de longues heures de répétition, ce qui n'est pas très bon pour le dos. Pour eux, le sport a donc une valeur thérapeutique. La harpiste Marielle Nordmann nage au moins deux fois par semaine. Si elle ne le faisait pas, elle pourrait avoir mal au dos.

Pour tous, le sport est aussi un moyen de se relaxer. Est-ce que le compositeur Erik Satie a pensé à tout cela quand il a composé « Sports et Divertissements »?

_____ 26. The musicians of the **Orchestre français des Jeunes** will be exercising as well as practicing their instruments.

_____ 27. Régis Pasquier and Gabriel Tacchino play soccer.

_____ 28. Régis Pasquier and François-René Duchâble are violinists as well as sports enthusiasts.

_____ 29. According to this article, long hours of practicing an instrument are not good for the neck and arms.

_____ 30. If Marielle Nordmann didn't swim at least twice a week, she could have back problems.

SCORE

Nom_____ Classe_____ Date_____

Chapter Test

III. Culture
Maximum Score: 16

G. Do the following statements refer to **a) USA**, **b) France**, or **c) both countries?** (10 points)

_____ 31. Sports teams represent schools.

_____ 32. Many students have a regular athletic activity.

_____ 33. A pharmacy is marked with a green cross.

_____ 34. A prescription can be filled at a grocery store.

_____ 35. Beverages are served with ice.

SCORE _____

H. When would you use these expressions in French? (6 points)

36. Ça coûte les yeux de la tête! _____

37. Tu me casses les pieds! _____

38. J'ai un chat dans la gorge! _____

SCORE _____

IV. Writing
Maximum Score: 24

I. Here are some pictures for a health and fitness poster. Write a caption for each one. The captions should give a recommendation or advice. (12 points)

1.

2.

Holt French 2 Allez, viens!, Chapter 7

Nom _____ Classe _____ Date _____

Chapter Test

3. _____

4. _____

SCORE [ ]

J. You had a busy weekend filled with too many activities and now you are not feeling well at all. Your brother is a doctor, so you're sending him an e-mail describing your aches, injuries, and other symptoms. You should mention at least six things. (12 points)

_____
_____
_____
_____
_____
_____
_____
_____
_____
_____

SCORE [ ]

TOTAL SCORE [ ] /100

Nom _____ Classe _____ Date _____

CHAPITRE 7 Chapter Test Score Sheet

Circle the letter that matches the most appropriate response.

I. Listening   Maximum Score: 30

A. (10 points)   **B.** (10 points)   **C.** (10 points)

1. a b c d e   6. a b   11. a b c
2. a b c d e   7. a b   12. a b c
3. a b c d e   8. a b   13. a b c
4. a b c d e   9. a b   14. a b c
5. a b c d e   10. a b   15. a b c

SCORE ☐   SCORE ☐   SCORE ☐

II. Reading   Maximum Score: 30

D. (10 points)   **E.** (10 points)   **F.** (10 points)

16. a b c d e   21. a b c d e   26. a b
17. a b c d e   22. a b c d e   27. a b
18. a b c d e   23. a b c d e   28. a b
19. a b c d e   24. a b c d e   29. a b
20. a b c d e   25. a b c d e   30. a b

SCORE ☐   SCORE ☐   SCORE ☐

III. Culture   Maximum Score: 16

G. (10 points)   **H.** (6 points)

31. a b c   36. _____
32. a b c   _____
33. a b c   37. _____
34. a b c   _____
35. a b c   38. _____
                _____

SCORE ☐   SCORE ☐

Holt French 2 Allez, viens!, Chapter 7
Copyright © by Holt, Rinehart and Winston. All rights reserved.

Nom _____ Classe _____ Date _____

IV. Writing

Maximum Score: 24

I. (12 points)

1. _____

2. _____

3. _____

4. _____

SCORE ☐

J. (12 points)

_____
_____
_____
_____
_____
_____
_____
_____

SCORE ☐

TOTAL SCORE ☐ /100

Listening Scripts for Quizzes • Chapitre 7

Quiz 7-1B Première étape

I. Listening

1. — Qu'est-ce que tu as, Karim?
   — Oh, ce n'est rien. J'ai des allergies au printemps.
2. — Bonjour Céline, quelque chose ne va pas?
   — J'ai très mal à la tête et je ne me sens pas bien. Je rentre me coucher.
3. — Eh bien, tu n'as pas l'air en forme, Pascal! Qu'est-ce qui se passe?
   — Je suis malade. Le docteur dit que j'ai la grippe.
   — Tu es fou? Va te reposer tout de suite!
4. — Alors, Marie-Claire, quelque chose ne va pas?
   — Je suis toute raplapla et j'ai mal au cœur. Je crois que j'ai mangé trop de pâtisseries.

Quiz 7-2B Deuxième étape

I. Listening

1. — Bonjour, Pierre. Tu n'as pas l'air en forme! Tu sais, tu devrais te mettre en condition. Faire du sport, c'est important pour avoir la forme.
2. — Oui, tu as raison. Je fais encore trente minutes d'aérobic et puis, je me repose.
3. — Non, je craque, j'abandonne! Je n'ai vraiment pas envie de faire ces pompes. C'est fatigant et stupide!
4. — Pourquoi tu ne fais pas de la musculation? Tu peux en faire avec moi le mardi et le jeudi.
5. — Eh bien, moi, la gymnastique, ce n'est pas mon truc. Et puis, je n'ai pas le temps.

Quiz 7-3B Troisième étape

I. Listening

1. — Salut, Sophie. On mange au restaurant végétarien ce midi.
   — Ah bon? Pourquoi?
   — Parce que pour moi, c'est important de bien se nourrir : manger des légumes, du riz et des fruits. Tu vas voir, c'est bon pour toi.
2. — Encore des pâtisseries! Tu en as déjà mangé deux tout à l'heure. Tu sais, tu devrais éviter de grignoter entre les repas!
   — Tu as raison, Annie. Je vais attendre midi.
3. — Eh Victor, tu viens manger avec moi?
   — Non, je ne mange pas à midi.
   — Ne saute pas de repas. C'est une très mauvaise habitude.
4. — Tiens, voilà une orange. C'est mieux que de manger des bonbons. On doit bien se nourrir, surtout après le sport.
   — Bonne idée. Merci, Valérie.
5. — Tu ne devrais pas acheter toutes ces pâtisseries. Il faut éviter de consommer trop de sucre!
   — D'accord, je vais acheter des fruits, alors!

Answers to Quizzes 7-1A and 7-1B • Chapitre 7

ANSWERS Quiz 7-1A

A. (12 points: 2 points per item)
1. au cœur
2. éternue
3. à la gorge
4. malade
5. à la tête
6. partout

B. (5 points: 1 point per item)
1. c
2. a
3. b
4. c
5. b

C. (5 points: 1 point per item)
1. f
2. e
3. d
4. c
5. a

D. (8 points: 2 points per item)
Answers may vary. Possible answers:
1. ont mal à la gorge
2. a le nez qui coule
3. a mal à la tête
4. se sont cassé la jambe

E. (5 points: 1 point per item)
1. coupé
2. foulé
3. fait
4. levés
5. coupée

ANSWERS Quiz 7-1B

I. Listening

A. (8 points: 2 points per item)
1. b
2. a
3. d
4. c

II. Reading

B. (10 points: 2 points per item)
1. that something is wrong; she doesn't look well.
2. wiped out
3. about one in the morning
4. not to go out late during the week
5. because she didn't sleep well the previous night and she needs to study for an exam in the evening

III. Culture

C. (5 points: 1 point per item)
1. b
2. e
3. c
4. a
5. f

IV. Writing

D. (12 points: 3 points per item)
Answers may vary. Possible answers:
1. J'ai mal au cœur.
2. Je me suis foulé la cheville.
3. J'ai des allergies.
4. Je me suis coupé le doigt.

Answers to Quizzes 7-2A and 7-2B • Chapitre 7

ANSWERS Quiz 7-2A

A. (9 points: 1 point per item)
1. b
2. c
3. c
4. a
5. a
6. b
7. c
8. a
9. c

B. (8 points: 2 points per item)
Answers may vary. Possible answers:
1. Je fais des pompes.
2. Je fais de la musculation.
3. Je fais des abdominaux.
4. Je fais de l'aérobic.

C. (5 points: 1 point per item)
1. Nicholas fait de la gymnastique trois fois par semaine.
2. Mark et Julie ne font jamais de pompes.
3. Je fais de l'aérobic le lundi et le mercredi.
4. Carl et Max font souvent des abdominaux.
5. Sarah et moi, nous faisons de la musculation tous les jours.

D. (6 points: 1 point per item)
1. dois
2. doit
3. devons
4. devez
5. doit
6. doivent

E. (7 points: 1 point per item)
1. en peux
2. raplapla
3. Encore
4. presque
5. envie
6. mon truc
7. raison

ANSWERS Quiz 7-2B

I. Listening

A. (10 points: 2 points per item)
1. a
2. b
3. c
4. a
5. c

II. Reading

B. (10 points: 2 points per item)
1. c
2. d
3. b
4. e
5. a

III. Writing

C. (12 points: 4 points per item)
Answers will vary. Possible answers:
1. — Tu devrais faire de l'aérobic.
   — D'accord. Tu as raison.

2. — Tu n'as qu'à faire des abdominaux.
   — Je ne peux pas. C'est trop difficile.
   — Courage! Fais encore un effort.

3. — Pourquoi tu ne fais pas de la musculation?
   — Ce n'est pas mon truc.

IV. Culture

D. (3 points: 2 points for first question, 1 point for second)
Answers may vary. Possible answers:
1. to the MJC or to a club
2. No.

Answers to Quizzes 7-3A and 7-3B • Chapitre 7

ANSWERS Quiz 7-3A

A. (16 points: 2 points per item)
Answers may vary. Possible answers:
JE DOIS...
1. manger des légumes.
2. manger du riz.
3. boire de l'eau.
4. bien me nourrir.

JE DOIS EVITER DE...
1. sauter des repas.
2. grignoter entre les repas.
3. suivre un régime trop strict.
4. consommer trop de sel.

B. (6 points: 1 point per item)
1. nous nourrissons mal
2. me nourris mal
3. te nourris bien
4. se nourrissent mal
5. se nourrit bien
6. vous nourrisez mal

C. (8 points: 1 point per item)
1. grignotes
2. mieux que
3. sautes
4. fruits
5. bon pour la santé
6. consomme
7. matières grasses
8. devrais

ANSWERS Quiz 7-3B

I. Listening
  A. (10 points: 2 points per item)
    1. a
    2. b
    3. b
    4. a
    5. b

II. Reading
  B. (8 points: 2 points per item)
    1. fruits and vegetables
    2. drinks with a lot of sugar
    3. play a sport
    4. to keep up with his studies/to sleep at least 8 hours a night

III. Writing
  C. (10 points)
  Answers will vary. Possible answer:
  Salut Magali,
    Ça va? Tu te nourris bien? Evite de consommer trop de matières grasses. Mange beaucoup de pâtes et de riz. C'est mieux que de manger au fast-food. Evite aussi de consommer trop de sucre. Ça te fera du bien. Ne saute pas de repas et bois assez d'eau. A plus tard!

IV. Culture
  D. (2 points: 1 point per item)
    1. water
    2. when I want ice in my drink

Scripts for Chapter Test • Chapitre 7

I. Listening

A.
1. — D'habitude, j'adore faire du jardinage le dimanche. Mais aujourd'hui, je crois que je ne vais pas pouvoir parce que j'ai vraiment mal au dos.
2. — Oh là là! Je crois que j'ai trop mangé. J'ai mal au ventre maintenant. Je vais peut-être aller faire une petite promenade. Ça m'aidera sûrement à mieux digérer.
3. — Et moi qui devais jouer au tennis avec Marie ce week-end! C'est vraiment pas de chance! En plus, c'est le bras droit que je me suis cassé, bien sûr. Je ne peux même pas prendre de notes à l'école.
4. — Elle est vraiment nulle au foot, Sophie. Elle m'a envoyé le ballon en pleine figure. Du coup, mes lunettes sont cassées et puis, qu'est-ce que j'ai mal à la tête!
5. — Et Patrick qui m'a offert cette boîte de chocolats pour mon anniversaire. Qu'est-ce qu'ils ont l'air bons! En tout cas, avec ce mal de dents, je ne risque pas de pouvoir les goûter aujourd'hui.

B.
6. Marie-France saute le petit déjeuner tous les jours. Elle dit qu'elle n'a jamais faim le matin.
7. Maxime fait des abdominaux et de la musculation tous les samedis matins au gymnase, mais il ne fait rien le reste de la semaine et il grignote des chips tout le temps. Il dit que l'exercice du samedi excuse les snacks du reste de la semaine.
8. Céline dit que faire du sport, ce n'est pas son truc. Elle préfère regarder un bon match de tennis à la télé.
9. Renaud se couche vers dix heures. Il fait de l'exercice tous les matins parce qu'il s'entraîne pour l'équipe de hockey.
10. Anthony se nourrit de fruits et de légumes. Il fait très attention à ne pas consommer trop de matières grasses et il ne saute jamais de repas.

C.
ANNICK Ça ne va pas, Henri? Tu n'as pas l'air en forme ce matin.
HENRI Salut, Annick. Je ne me sens pas bien aujourd'hui. J'ai mal dormi cette nuit.
ANNICK Qu'est-ce que tu as? Tu as la grippe? Un rhume?
HENRI Non, mais j'ai encore un peu mal à la cheville. Je suis découragé. Moi, qui suis si sportif d'habitude! Je ne peux rien faire. Je craque.
ANNICK Sois patient! Tu t'es cassé la cheville il y a dix jours seulement. Tu devrais te remettre en condition petit à petit. Tu pourrais faire de la musculation, par exemple.
HENRI La musculation, ce n'est pas mon truc.
ANNICK Allez! Courage! Ce serait bon pour toi.
HENRI Qu'est-ce que tu en sais? En ce moment, je préfère regarder la télé, étudier et parler au téléphone.
ANNICK Et grignoter! Arrête de manger tous ces gâteaux. Pourquoi tu ne fais pas du yoga? Ça te changerait les idées.
HENRI C'est peut-être une bonne idée. Merci, Annick.

Answers to Chapter Test • Chapitre 7

I. Listening Maximum Score: 30 points

A. (10 points: 2 points per item)
1. d
2. a
3. c
4. e
5. b

B. (10 points: 2 points per item)
6. b
7. b
8. b
9. a
10. a

C. (10 points: 2 points per item)
11. c
12. b
13. b
14. a
15. a

II. Reading Maximum Score: 30 points

D. (10 points: 2 points per item)
16. c
17. d
18. b
19. e
20. a

E. (10 points: 2 points per item)
21. c
22. b
23. d
24. a
25. e

F. (10 points: 2 points per item)
26. a
27. a
28. b
29. b
30. a

III. Culture Maximum Score: 16 points

G. (10 points: 2 points per item)
31. a
32. c
33. b
34. a
35. a

H. (6 points: 2 points per item)
36. when something is very expensive
37. when someone is annoying you
38. when you have a frog in your throat

IV. Writing Maximum Score: 24 points

I. (12 points: 3 points per item)
Answers will vary. Possible answers:
1. Tu devrais boire de l'eau. Ça te fera du bien!
2. Evite de consommer trop de sucre!
3. Allez! Fais du sport! C'est bon pour toi!
4. Mange des fruits. Tu dois bien te nourrir!

J. (12 points)
Answers will vary. Possible answer:
Salut,
   Je ne me sens pas bien. J'ai joué au foot et au tennis ce week-end et maintenant, j'ai mal partout. J'ai mal au dos et je me suis fait mal au coude quand je suis tombé. Samedi soir, on est allés à un concert de rock et après, on a mangé au fast-food. Donc, j'ai mal à la tête et j'ai mal au ventre. Qu'est-ce que je fais?

Nom _____ Classe _____ Date _____

CHAPITRE 8 — C'était comme ça

Quiz 8-1A

PREMIERE ETAPE

Maximum Score: 30/100

Grammar and Vocabulary

A. Albert and his friends are talking about things that they miss. Match each person's situation with the statement he or she makes. (4 points)

_____ 1. Sylvie's best friend just moved away.
_____ 2. Jacques just moved to a big city.
_____ 3. Eric's parents are away on a trip.
_____ 4. Bill is an exchange student in France this year.

a. — Je regrette la campagne.
b. — Ce qui me manque, c'est la neige.
c. — Ma meilleure amie me manque.
d. — Mes parents me manquent.
e. — Ce qui me manque, c'est la cuisine américaine.

SCORE _____

B. Benoît is comparing the pros and cons of country life and city life. Write four statements that he might make about each place. (8 points)

la campagne	la ville
_____	_____
_____	_____
_____	_____
_____	_____

SCORE _____

C. Maurice just moved from the city to the country and he's discussing his experiences with his new friend, Romain. Complete their conversation with the appropriate words or expressions from the box below. (8 points)

> Il y avait   ce qui me manque   fais-toi   c'était   comment   regrette
> propre   tellement   mortel   voir que

— Tu sais, Romain, je **(1)** _____ la vie à la ville.
— C'était **(2)** _____ différent?

Holt French 2 Allez, viens!, Chapter 8   Testing Program 197

Quiz 8-1A

— Oui, la ville était animée et très vivante. Il y avait toujours quelque chose à faire.

(3) _____ beaucoup de jolies maisons partout.

— Mais la campagne, c'est intéressant aussi! Tu vas (4) _____ tout le monde est gentil ici. Il y a beaucoup de choses à faire à la campagne aussi.

— Mais non, c'est (5) _____. Je n'ai pas beaucoup d'amis et il n'y a pas de fêtes!

— Ecoute, Maurice, (6) _____ une raison. La vie est plus simple. C'est (7) _____ et relaxant ici.

— Tu as raison. La ville, (8) _____ trop bruyant.

SCORE ☐

D. Roger's grandmother is talking about her life. Read each sentence and decide if she is talking about a) **her life now** or b) **her life 50 years ago.** (5 points)

_____ 1. Il y avait beaucoup de jolies maisons.

_____ 2. On avait deux chats chez nous.

_____ 3. Il y a toujours beaucoup à faire.

_____ 4. La vie était moins stressante.

_____ 5. C'est très vivant en ville.

SCORE ☐

E. Ahmed just moved to the country, but he misses city life. Help him complete his journal entry by filling in each blank with the correct imperfect form of the verbs in parentheses. (5 points)

Je regrette beaucoup ma vie à la ville. C'(1) _____ (être) toujours animé et il y (2) _____ (avoir) toujours quelque chose à faire. Je/J'(3) _____ (avoir) beaucoup d'amis au lycée. Mon frère et moi, nous (4) _____ (avoir) toujours quelque chose à faire et mes parents (5) _____ (être) plus heureux aussi. La ville me manque.

SCORE ☐

TOTAL SCORE ☐ /30

CHAPITRE 8 — C'était comme ça

Quiz 8-1B

PREMIERE ETAPE

Maximum Score: 30/100

I. Listening

A. Listen to some students tell what they miss. Choose what each person misses from the list below. (8 points)

- a. vacations
- b. pet(s)
- c. sports
- d. friends
- e. parents
- f. school

1. _____   2. _____   3. _____   4. _____

SCORE _____

II. Reading

B. Sandrine has just moved to Abidjan. Read the letter she wrote to her cousin Albertine. Then answer the questions that follow in English. (10 points)

> Chère Albertine,
>
> Ça fait maintenant trois semaines que j'habite à Abidjan. Tu sais, notre petit village me manque beaucoup. J'ai du mal à m'habituer à la vie en ville. Abidjan, c'est très grand et très bruyant. La vie au village, c'était plus relaxant. Et puis, notre village était plus propre. A mon avis, il y a trop de pollution ici. Tout le monde me dit que j'ai de la chance d'habiter ici parce qu'Abidjan, c'est très animé comme ville, mais moi, j'ai peur de sortir toute seule. Comme dit Maman, les grandes villes, c'est souvent dangereux. Je ne connais pas encore beaucoup de monde et je m'ennuie un peu. Mais hier, j'ai rencontré un garçon très sympa. Il va me faire visiter la ville. Bon, je te laisse. Ecris-moi vite.
>
> Sandrine

1. What does Sandrine miss?
   _____

2. How does Sandrine describe Abidjan?
   _____

3. How does she describe her village?
   _____

4. Why does everyone say Sandrine's lucky to live in Abidjan?
   _____

5. What good thing happened to Sandrine yesterday?
   _____

SCORE _____

Nom_____ Classe_____ Date_____

 Quiz 8-1B

III. Writing

C. Write a short note to Sandrine, reassuring her about her move to Abidjan. Tell her two advantages of her situation and encourage her. (8 points)

_____
_____
_____
_____
_____
_____
_____
_____
_____
_____
_____
_____

SCORE ☐

IV. Culture

D. How much do you know about village life in Côte d'Ivoire? Decide whether the following statements are **true** or **false**. (4 points)

_____ 1. Different villages are known for different crafts and traditions.

_____ 2. All villages have electricity and running water.

_____ 3. Students usually have to leave their villages to attend high school.

_____ 4. Most French West Africans have both French and African first names.

SCORE ☐

TOTAL SCORE ☐ /30

Chapitre 8 — C'était comme ça

Quiz 8-2A

DEUXIEME ETAPE

Maximum Score: 35/100

Grammar and Vocabulary

A. Roger and Yves are talking about their childhood. Roger was a well-behaved child, but Yves was not. Using expressions from the box below, write four sentences in which Roger describes what he was like, and four in which Yves describes what he was like. Include additional details as appropriate. (16 points)

> ne pas faire de bêtises   aider mon père   être difficile   faire le ménage
> taquiner mes sœurs   ne pas avoir de responsabilités
> ennuyer ma mère   faire la sieste

Roger

_____
_____
_____
_____

Yves

_____
_____
_____
_____

SCORE ____

B. Some things never change. Tell what the following people used to be like or what they used to do when they were young, based on how they are now. (9 points)

1. Nous sommes gentils.

   _____

2. Elles taquinent leur frère.

   _____

Quiz 8-2A

3. Tu joues avec tes sœurs.

_____

4. Je suis difficile.

_____

5. Elle a beaucoup d'amis.

_____

6. Il aide ses parents.

_____

7. Tu as beaucoup de responsabilités.

_____

8. Je garde mon petit frère.

_____

9. Nous faisons la sieste chaque jour à 1h30.

_____

SCORE [ ]

C. Rearrange the following cues to tell what Jérôme's family's life used to be like. Be sure to make any necessary changes. (10 points)

1. aller / tu / l'école / tous les jours / à

_____

2. dur / travailler / je

_____

3. des / elles / faire / bêtises

_____

4. ne / vous / avoir / pas / soucis / de

_____

5. voiture / vingt ans / quand / avoir / il / il / une / conduire / super

_____

SCORE [ ]

TOTAL SCORE [ ] /35

CHAPITRE 8 — C'était comme ça

DEUXIEME ETAPE

Quiz 8-2B

Maximum Score: 35/100

I. Listening

A. Listen to the following statements and match each person with the expression that best describes them when they were young. (10 points)

_____ 1. Jean   **a.** did silly things

_____ 2. Arthur   **b.** had responsibilities

_____ 3. Sabine   **c.** used to tease

_____ 4. Ariane   **d.** had worries

_____ 5. Luc   **e.** took naps

SCORE _____

II. Reading

B. Read Robert's answers to a quiz in a French magazine. Then answer the questions that follow in English. (10 points)

PETIT DIABLE OU PETIT ANGE?

Comment étais-tu quand tu étais petit(e)? Est-ce que tu étais plutôt sage ou plutôt polisson(ne)? Fais ce petit test pour voir quel genre d'enfant tu étais.

_a_ 1. A l'école, tu...
     a. étais très calme.
     b. préférais la récréation.
     c. ennuyais toujours tes camarades.

_c_ 2. A la maison, tu...
     a. aidais ta mère.
     b. taquinais un peu tes frères et sœurs.
     c. faisais toujours des bêtises.

_b_ 3. Quand tu jouais avec tes amis, tu...
     a. partageais tes jouets avec tous tes amis.
     b. partageais quand ta mère te disait de le faire.
     c. ne partageais jamais tes jouets.

_b_ 4. Quand tes parents te demandaient d'aller au lit, tu...
     a. y allais tout de suite.
     b. faisais semblant de ne pas entendre et tu continuais à regarder la télé.
     c. criais et tu pleurais.

_b_ 5. Quand tes parents refusaient de t'acheter un jouet dans un magasin, tu...
     a. n'insistais pas.
     b. continuais à demander jusqu'à ce qu'ils acceptent.
     c. te roulais par terre en tapant du pied.

Calcule ton total de **a, b** et **c.**

- Si tu as un maximum de **a,** tu étais un petit ange quand tu étais enfant. Tu étais gentil(le) avec tout le monde et tes parents étaient très fiers de toi.
- Si tu as un maximum de **b,** tu étais un enfant assez sage, mais de temps en temps, tu faisais des bêtises ou ennuyais tes parents.
- Si tu as un maximum de **c,** espérons que tu as changé parce que tu étais un vrai petit diable quand tu étais petit(e) et tu n'étais pas facile à élever!

Nom_____ Classe_____ Date_____

Quiz 8-2B

1. What is this quiz about?
   _____

2. If you were a very good child, which letter would you choose most often? _____

3. What kind of child was Robert, the person who took this quiz?
   _____

4. What was he like at school? At home?
   _____

5. Take the quiz yourself, and write down the letters of your answers in these blanks : _____,
   _____, _____, _____, _____ According to your answers, what kind of a child
   were you? _____

   SCORE ☐

III. Writing

C. You're telling your friend about what your grandmother was like when she was young. Describe her personality and tell two household chores she used to do or two other responsibilities she had. Then tell about two of her favorite activities. (10 points)

_____
_____
_____
_____
_____

SCORE ☐

IV. Culture

D. Decide whether the following statements about Ivorian culture are **true** or **false**. (5 points)

_____ 1. In Côte d'Ivoire, families may be able to send only one child to high school.

_____ 2. A high school student has quite a bit of free time.

_____ 3. In their free time, Ivorian students enjoy visiting family and friends.

_____ 4. Félix Houphouët-Boigny was an Ivorian writer.

_____ 5. Yamoussoukro has the world's largest basilica.

SCORE ☐

TOTAL SCORE ☐ /35

CHAPITRE 8 C'était comme ça

TROISIEME ETAPE

Quiz 8-3A
Maximum Score: 35/100

Grammar and Vocabulary

A. Your friends all want to do different things today. Make suggestions based on what each one wants to do using the expression **Si on... ?** Use each activity only once. (14 points)

- écouter de la musique
- visiter la ville
- manger dans un maquis
- regarder un match à la télé
- acheter des cadeaux au marché
- faire du jogging
- faire la sieste
- jouer du tam-tam
- aller au marché d'artisans

1. — J'ai envie de faire de l'exercice.
   _____

2. — Je veux acheter des tissus.
   _____

3. — Je suis tout raplapla et j'ai envie de dormir.
   _____

4. — Je veux voir un match de foot.
   _____

5. — Il y a un bon groupe de musique au café.
   _____

6. — Je veux faire quelque chose pour l'anniversaire de ma mère.
   _____

7. — J'ai envie de déguster la cuisine ivoirienne.
   _____

SCORE ☐

B. You've brought your friends some souvenirs from your trip to Abidjan, but you want to tell them what each object is in French. For each item listed, write the French word in the space provided. (12 points)

1. African drums _____
2. fabric _____

Nom _____ Classe _____ Date _____

Quiz 8-3A

3. piece of Ivorian cloth _____
4. basket _____
5. pottery _____
6. mask _____

SCORE ☐

C. Mamadou and Dominique are discussing what to do today. Complete their conversation with the appropriate expressions from the box below. (9 points)

> tissu   un maquis   je ne veux pas   bonne idée   du tam-tam   préfère
> au marché d'artisans   la mosquée   d'accord   comme

— J'ai besoin d'acheter un cadeau pour ma mère aujourd'hui. Où est-ce qu'on peut aller?

— Qu'est-ce que tu veux lui offrir?

— Je ne sais pas. Si on allait **(1)** _____?

— C'est une **(2)** _____. Il y a souvent des gens qui jouent

(3) _____ là-bas.

— Je voudrais acheter quelque chose pour ma sœur aussi. Où est-ce que je peux trouver du

(4) _____ africain?

— Au marché de Cocody.

— Si on y allait aussi?

— **(5)** _____ tu veux. Tu as beaucoup de choses à faire aujourd'hui.

— Ce n'est pas tout. J'ai envie de voir la ville aussi. Si on allait voir

(6) _____ plus tard cet après-midi?

— Non, je **(7)** _____ manger dans **(8)** _____.

— **(9)** _____. Je peux visiter la ville un autre jour.

SCORE ☐

TOTAL SCORE ☐ /35

Nom _____ Classe _____ Date _____

CHAPITRE 8 — C'était comme ça

TROISIEME ETAPE

Quiz 8-3B

Maximum Score: 35/100

I. Listening

A. Listen as these people make suggestions about things to do. For each conversation, indicate whether the suggestion was **a) accepted** or **b) refused**. (10 points)

1. _____   2. _____   3. _____   4. _____   5. _____

SCORE ☐

II. Reading

B. Read this page from a guide book on Côte d'Ivoire. Then decide whether the statements that follow are **a) true** or **b) false**. (10 points)

A voir à Abidjan :

Le marché de Treichville — Pour tous les amateurs d'artisanat africain, c'est l'endroit rêvé pour trouver toutes sortes d'objets traditionnels tels que masques africains, poteries, paniers, tissus et bijoux divers.

La cathédrale Saint-Paul — Construite d'après les plans de l'architecte italien Spirito et inaugurée par le pape en 1985, c'est l'une des plus grandes cathédrales catholiques du monde.

Le zoo — Situé au nord-est de la ville, le zoo d'Abidjan est considéré comme l'un des plus beaux zoos d'Afrique de l'ouest.

La Bibliothèque Nationale — Si vous désirez en apprendre plus sur l'histoire, sur la civilisation ou encore sur l'art de la Côte d'Ivoire, rendez-vous à la Bibliothèque Nationale. Là, vous trouverez de nombreux livres rares ainsi que des expositions d'art ivoirien. Vous pourrez également vous relaxer dans le calme du parc dans lequel la bibliothèque est construite.

Le parc Banco — L'un des endroits préférés des touristes aussi bien que des habitants d'Abidjan, le parc Banco est une réserve naturelle où l'on peut se balader tout en appréciant la végétation luxuriante de la forêt tropicale. A voir également, les célèbres laveurs ivoiriens qui arrivent au parc à l'aube pour faire leur lessive dans la rivière du Banco.

Nom _____ Classe _____ Date _____

Quiz 8-3B

_____ 1. The **marché de Treichville** is a good place to find all kinds of traditional Ivorian arts and crafts.

_____ 2. The Abidjan zoo is considered one of the best in East Africa.

_____ 3. The **Bibliothèque Nationale** is in the center of the **marché de Treichville**.

_____ 4. One of the world's largest Catholic churches is in Abidjan.

_____ 5. One of the favorite spots for tourists, as well as the inhabitants of Abidjan, is the **parc Banco**.

SCORE _____

III. Culture

C. How much do you know about Côte d'Ivoire? Match the following terms with their definitions or characteristics. (5 points)

_____ 1. Treichville
_____ 2. Félix Houphouët-Boigny
_____ 3. Yamoussoukro
_____ 4. the Plateau
_____ 5. Abidjan

a. former president of Côte d'Ivoire
b. the "melting pot" of Africa
c. site of traditional African market
d. capital of Côte d'Ivoire
e. Ivorian restaurant
f. has European-style office buildings

SCORE _____

IV. Writing

D. In preparation for a trip to Côte d'Ivoire, your Ivorian friend has asked you to send her five suggestions on what to see and do when you visit. Be sure to use a different verb for each suggestion. (10 points)

1. Si _____?
2. Si _____?
3. Si _____?
4. Si _____?
5. Si _____?

SCORE _____

TOTAL SCORE _____ /35

Nom _____ Classe _____ Date _____

CHAPITRE 8 C'était comme ça

Chapter Test

I. Listening
Maximum Score: 30

A. Listen to Mamadou and Adjoua tell what they miss about their village in Côte d'Ivoire. Match their comments with the pictures below. (10 points)

a.

b.

c.

d.

e.

1. _____ 2. _____ 3. _____ 4. _____ 5. _____

SCORE [ ]

B. Listen to an Ivorian university student comparing his present life in Abidjan to his youth in a small village. For each of his remarks, decide whether he's referring to his life **a) in the village** or **b) in Abidjan**. (10 points)

6. _____
7. _____
8. _____
9. _____
10. _____

SCORE [ ]

Holt French 2 Allez, viens!, Chapter 8

C. Listen to a French woman describe her childhood in a small town in France. Decide whether her memories of the things listed below are **a) positive** or **b) negative**. (10 points)

_____ 11. relationships

_____ 12. chores

_____ 13. school

_____ 14. transportation

_____ 15. houses

SCORE ____

II. Reading

Maximum Score: 30

D. Sylvie took these photos of Côte d'Ivoire last summer when she and her friend Sophie were on vacation. Read her captions and match them with the pictures. (10 points)

a.

b.

c.

d.

e.

_____ 16. Là, nous sommes à Abidjan. Il faut aller admirer cet exemple impressionnant d'architecture islamique. Nous hésitions un peu à y entrer parce qu'il n'y avait que des hommes dedans.

_____ 17. Sophie voulait s'acheter un pagne mais elle ne savait pas sa taille (ha! ha!). Les pagnes sont toujours taille unique!

_____ 18. C'était génial de manger dans les maquis. J'ai goûté le foutou. Délicieux!

_____ 19. On est allées dans plusieurs petits villages. C'était vraiment tranquille là-bas. Et puis, les gens sont très gentils et très accueillants!

_____ 20. Ça, c'est notre dernière soirée en Côte d'Ivoire. Nous sommes allées à un festival. Il y avait des musiciens et des danseurs. C'était super!

SCORE ____

Chapter Test

E. Read these notes written by nostalgic teenagers in a high school in Paris. Then read the responses Etienne wrote to each of them and match his responses to their notes. (10 points)

_____ 21.
> Ma meilleure amie Karine habitait en face de chez moi. Mais il y a trois mois, ses parents ont vendu leur maison pour aller habiter à Lyon. Karine me manque!

a.
> D'accord, la vie est très différente ici. Mais, tu sais, il y a plein de choses à faire. Tu peux aller au café, au cinéma... Tu vas t'y faire, j'en suis sûr.

_____ 22.
> Je regrette l'été! Les journées étaient longues et tranquilles. Je n'allais pas à l'école... Maintenant que c'est l'hiver, il pleut tout le temps et les journées sont courtes et ennuyeuses. J'essaie de me faire une raison mais ce n'est pas marrant.

b.
> Tu vas te plaire ici. Patience! Si tu parlais à deux ou trois élèves de ta classe? C'est à toi de faire le premier pas.

_____ 23.
> Je suis nouveau dans cette école. Je ne connais personne. Mes amis me manquent.

c.
> Vous devriez vous envoyer des cassettes que vous faites vous-mêmes. Comme ça, vous pourriez vous parler presque directement et ça serait moins cher que le téléphone.

_____ 24.
> Je regrette mon chien. Il était vieux, mais il était gentil. Je l'adorais. Il est mort il y a trois semaines et il me manque beaucoup.

d.
> Si tu mettais des posters dans ta chambre? La plage ensoleillée de Nice, Paris sous un beau ciel bleu, des photos de tes vacances...

_____ 25.
> Je suis à Paris depuis deux mois. Je suis ivoirienne et me voilà dans cette grande ville bruyante et sale. Ce qui me manque, c'est la tranquillité de mon village.

e.
> Je comprends. Quand mon chat est mort, moi aussi, j'étais très triste. Si on allait au café, toi et moi? Tu pourrais me parler de lui? Ça te ferait du bien.

SCORE ____

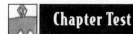

F. Read this folk tale from Cameroun, another francophone African country. It's about a frog (**une grenouille**) that gives an elephant some advice. Then choose the correct answers to the questions that follow. (10 points)

L'éléphant qui cherchait son œil dans la rivière.

Un éléphant avait perdu son œil dans une rivière. Pour le retrouver, il courait dans tous les sens en regardant dans l'eau. Mais, après quelques minutes seulement, l'eau n'était plus claire et l'éléphant ne pouvait plus rien voir. Pourtant, il cherchait, il cherchait toujours, mais il ne trouvait rien. Près de là, une grenouille se reposait sur un morceau de bois. Elle regardait l'éléphant qui essayait toujours de retrouver son œil. Elle lui dit:

— O éléphant! O éléphant! Du calme! Du calme!

Alors, l'éléphant s'est immobilisé. Petit à petit, la rivière a commencé à devenir plus claire et l'eau est redevenue transparente. Tout à coup, l'éléphant a vu son œil qui brillait au fond de l'eau. Il l'a ramassé et l'a remis à sa place, puis il est retourné au village.

Voilà pourquoi, s'il vous arrive un malheur, il est important de ne pas vous énerver. Si vous restez calme, vous allez trouver très vite une solution à votre problème.

_____ 26. What is the elephant looking for?
   a. the frog
   b. his eye
   c. some food

_____ 27. Why can't he find what he's looking for?
   a. He's frightened it.
   b. He's stepped on it.
   c. He's stirred up the water too much.

_____ 28. What does the frog tell him to do?
   a. Calm down.
   b. Quietly call what he's looking for.
   c. Go back to the village.

_____ 29. What happens when the elephant does what the frog says?
   a. The villagers help him.
   b. The water becomes clear.
   c. He finds what he's looking for in the jungle.

_____ 30. What's the moral of the story?
   a. When you have a problem, stay calm and a solution will present itself.
   b. Don't trust what others tell you; trust yourself.
   c. When something bad happens to you, ask for help.

SCORE

Nom _____ Classe _____ Date _____

Chapter Test

III. Culture

Maximum Score: 16

G. Read the following almanac page on Côte d'Ivoire and then fill in the blanks with the appropriate words or phrases. (10 points)

    a. français   **b.** plus de 60   **c.** Houphouët-Boigny
    d. Abidjan   **e.** Yamoussoukro

COTE D'IVOIRE

Population : plus de 13.000.000

Capitale : (31) _____

Villes principales : (32) _____, Bouaké, Korhogo

Langues principales : (33) _____, djoula, baoulé

Peuples ethniques : (34) _____

Histoire : La colonisation française date de 1893. Le pays a gagné son indépendance sans violence en 1960. Un régime à parti unique a permis à (35) _____ de rester au pouvoir plus de trente ans.

SCORE _____

H. Answer the following questions about the life of teenagers in Côte d'Ivoire. (6 points)

36. What are two ways your life would be different if you lived in a village in Côte d'Ivoire?

_____

_____

37. Why do some Ivorian teenagers have to move from their villages to larger towns?

_____

38. What are two things a teenager might do for fun in Côte d'Ivoire?

_____

SCORE _____

Chapter Test

IV. Writing
Maximum Score: 24

I. Reminisce about your childhood. Give at least four different details about what you used to do and what you used to be like. Be sure to use the **imparfait.** (12 points)

Quand j'avais 5 ou 6 ans, _____

SCORE ☐

J. Your Ivorian pen pal who lives in Abidjan is coming to visit you. Write a letter telling at least two things that are different about where you live, and reassure your pen pal that he or she will like it here. Then suggest two activities you can do together. (12 points)

SCORE ☐

TOTAL SCORE ☐ /100

Nom _____ Classe _____ Date _____

CHAPITRE 8 Chapter Test Score Sheet

Circle the letter that matches the most appropriate response.

I. Listening
Maximum Score: 30

A. (10 points)

1. a b c d e
2. a b c d e
3. a b c d e
4. a b c d e
5. a b c d e

SCORE _____

B. (10 points)

6. a b
7. a b
8. a b
9. a b
10. a b

SCORE _____

C. (10 points)

11. a b
12. a b
13. a b
14. a b
15. a b

SCORE _____

II. Reading
Maximum Score: 30

D. (10 points)

16. a b c d e
17. a b c d e
18. a b c d e
19. a b c d e
20. a b c d e

SCORE _____

E. (10 points)

21. a b c d e
22. a b c d e
23. a b c d e
24. a b c d e
25. a b c d e

SCORE _____

F. (10 points)

26. a b c
27. a b c
28. a b c
29. a b c
30. a b c

SCORE _____

III. Culture
Maximum Score: 16

G. (10 points)

31. a b c d e
32. a b c d e
33. a b c d e
34. a b c d e
35. a b c d e

SCORE _____

H. (6 points)

36. _____
    _____
37. _____
    _____
38. _____
    _____
    _____

SCORE _____

Holt French 2 Allez, viens!, Chapter 8

IV. Writing

Maximum Score: 24

I. (12 points)

Quand j'avais 5 ou 6 ans, _____

SCORE ☐

J. (12 points)

SCORE ☐

TOTAL SCORE ☐ /100

Listening Scripts for Quizzes • Chapitre 8

Quiz 8-1B Première étape

I. Listening

1. — Salut, Thomas. Ça n'a pas l'air d'aller!
   — Non, je suis triste. Mon père et ma mère me manquent.
   — Fais-toi une raison, tu vas les voir bientôt.
2. — Je regrette mon ancienne école. Elle était vraiment sympa.
   — Ah bon, c'est tellement différent ici?
   — Oh oui, c'est beaucoup plus stressant. Il y a trop de monde.
3. — Bonjour, Alice. Ça ne va pas?
   — Bof, mes amis me manquent un peu, je me sens seule.
   — Tu vas voir que tu vas très vite en rencontrer de nouveaux.
4. — Ce qui me manque ici, ce sont les activités sportives. Il n'y a rien à faire, c'est mortel!
   — Il n'y a pas de gymnase mais tu vas t'y faire. Tu peux toujours faire du jogging dehors!

Quiz 8-2B Deuxième étape

I. Listening

1. Quand Jean était enfant, il avait déjà beaucoup de soucis. C'était un petit garçon déprimé.
2. Quand Arthur était petit, il faisait des bêtises tout le temps. Ses parents n'avaient pas la vie facile!
3. Quand Sabine travaillait à la pharmacie, elle avait beaucoup de responsabilités et son travail était stressant.
4. Quand Ariane avait cinq ans, elle taquinait toujours son frère. Elle prenait ses jouets et il pleurait.
5. Quand Luc était bébé, il faisait la sieste pendant deux heures chaque jour.

Quiz 8-3B Troisième étape

I. Listening

1. — Eh Laurence, si on allait se promener en ville? On pourrait acheter des gâteaux à la pâtisserie.
   — Ah non, je ne veux pas, je fais un régime très strict et je dois éviter les choses sucrées.
2. — Si on visitait les mosquées cet après-midi?
   — Très bonne idée! Tu as ton appareil-photo?
3. — Allô, Paul? C'est Simon. Tu veux jouer au tennis dimanche?
   — Non, je ne veux pas, j'ai trop mal au bras.
4. — Et si on allait acheter des tissus maintenant? On pourrait faire des pagnes pour la fête chez Salimata!
   — D'accord, allons-y tout de suite!
5. — Tu viens avec moi au maquis? Je veux boire une limonade.
   — Non, je préfère rentrer chez moi. J'ai beaucoup de devoirs pour demain.

Answers to Quizzes 8-1A and 8-1B • Chapitre 8

ANSWERS Quiz 8-1A

A. (4 points: 1 point per item)
1. c
2. a
3. d
4. e

B. (8 points: 1 point per item)
Answers may vary. Possible answers:
la campagne
C'est très propre.
C'est calme.
C'est relaxant!
C'est tranquille.

la ville
C'est très vivant!
C'est stressant.
C'est un peu dangereux.
Il y a beaucoup à faire.

C. (8 points: 1 point per item)
1. regrette
2. tellement
3. Il y avait
4. voir que
5. mortel
6. fais-toi
7. propre
8. c'était

D. (5 points: 1 point per item)
1. b
2. b
3. a
4. b
5. a

E. (5 points: 1 point per item)
1. était
2. avait
3. avais
4. avions
5. étaient

ANSWERS Quiz 8-1B

I. Listening
A. (8 points: 2 points per item)
1. e
2. f
3. d
4. c

II. Reading
B. (10 points: 2 points per item)
Answers may vary. Possible answers:
1. her village
2. very big, noisy, and polluted
3. relaxing and clean
4. Abidjan's very lively.
5. She met a nice boy who's going to show her around Abidjan.

III. Writing
C. (8 points)
Answers will vary. Possible answer:
Chère Sandrine,
Ne t'inquiète pas. Tu vas te plaire à Abidjan! Il y a beaucoup de choses à voir et à faire. Et il y a aussi beaucoup de garçons sympas! Fais-toi une raison.

IV. Culture
D. (4 points: 1 point per item)
1. true
2. false
3. true
4. true

Answers to Quizzes 8-2A and 8-2B • Chapitre 8

ANSWERS Quiz 8-2A

A. (16 points: 2 points per item)
Answers may vary. Possible answers:
Roger
Je faisais la sieste tous les jours.
Je ne faisais pas de bêtises.
J'aidais mon père dans le jardin.
Je faisais le ménage.

Yves
J'ennuyais ma mère.
Je n'avais pas de responsabilités.
Je taquinais mes sœurs.
J'étais difficile.

B. (9 points: 1 point per item)
1. Nous étions gentils.
2. Elles taquinaient leur frère.
3. Tu jouais avec tes sœurs.
4. J'étais difficile.
5. Elle avait beaucoup d'amis.
6. Il aidait ses parents.
7. Tu avais beaucoup de responsabilités.
8. Je gardais mon petit frère.
9. Nous faisions la sieste chaque jour à 1h30.

C. (10 points: 2 points per item)
1. Tu allais à l'école tous les jours.
2. Je travaillais dur.
3. Elles faisaient des bêtises.
4. Vous n'aviez pas de soucis.
5. Quand il avait vingt ans, il conduisait une voiture super.

ANSWERS Quiz 8-2B

I. Listening
A. (10 points: 2 points per item)
1. d
2. a
3. b
4. c
5. e

II. Reading
B. (10 points: 2 points per item)
1. what kind of a child you were
2. **a**
3. an average child — neither too angelic nor too bad
4. At school, he was good. At home, he was sometimes a problem!
5. Answers will vary.

III. Writing
C. (10 points)
Answers will vary. Possible answer:
Quand ma grand-mère était jeune, elle était très gentille. Elle faisait la vaisselle et elle passait l'aspirateur. Elle aimait lire des livres à son petit frère. Après l'école, ma grand-mère sortait souvent avec ses amies.

IV. Culture
D. (5 points: 1 point per item)
1. true
2. false
3. true
4. false
5. true

Answers to Quizzes 8-3A and 8-3B • Chapitre 8

ANSWERS Quiz 8-3A

A. (14 points: 2 points per item)
Answers may vary. Possible answers:
1. Si on faisait du jogging?
2. Si on allait au marché d'artisans?
3. Si on faisait la sieste?
4. Si on regardait un match à la télé?
5. Si on écoutait de la musique au café?
6. Si on achetait des cadeaux au marché?
7. Si on mangeait dans un maquis?

B. (12 points: 2 points per item)
1. des tam-tam
2. du tissu
3. un pagne
4. un panier
5. de la poterie
6. un masque

C. (9 points: 1 point per item)
1. au marché d'artisans
2. bonne idée
3. du tam-tam
4. tissu
5. Comme
6. la mosquée
7. préfère
8. un maquis
9. D'accord

ANSWERS Quiz 8-3B

I. Listening
  A. (10 points: 2 points per item)
  1. b
  2. a
  3. b
  4. a
  5. b

II. Reading
  B. (10 points: 2 points per item)
  1. a
  2. b
  3. b
  4. a
  5. a

III. Culture
  C. (5 points: 1 point per item)
  1. c
  2. a
  3. d
  4. f
  5. b

IV. Writing
  D. (10 points: 2 points per item)
  Answers will vary. Possible answers:
  1. Si on allait au marché de Treichville?
  2. Si on visitait Yamoussoukro?
  3. Si on jouait du tam-tam?
  4. Si on se promenait dans le parc Banco?
  5. Si on assistait à un spectacle de danse?

Scripts for Chapter Test • Chapitre 8

I. Listening

A.
1. **ADJOUA** Ici, je trouve que les gens sont trop stressés. Ils ne prennent pas le temps d'apprécier la vie et de s'amuser. Au village, par contre, on pouvait passer des heures à se relaxer. On jouait souvent à l'awalé avec les copains. C'était mon jeu préféré.
2. **MAMADOU** Moi, s'il y a une chose que je regrette vraiment, c'est les repas en famille. Ma mère cuisinait toutes sortes de plats délicieux et toute la famille venait souvent dîner chez nous. C'était chouette!
3. **ADJOUA** Oui, et puis, au village, tout le monde se connaît et c'est plus sympa. On faisait la fête tous ensemble. Avec mes copines, on allait souvent écouter les joueurs de tam-tam qui jouaient dans les rues.
4. **MAMADOU** Ah! Je regrette vraiment la vie au village. Ici, je ne connais personne et je m'ennuie. Là-bas, j'avais des tas de copains. Et qu'est-ce qu'on s'amusait bien! On jouait au foot, on courait... C'était le bon temps, on n'avait pas de soucis.
5. **ADJOUA** Tu sais, moi aussi, c'est surtout mes copines qui me manquent. On s'amusait bien au village. On allait se promener après l'école et on s'amusait toujours beaucoup.

B.
6. La vie était moins compliquée. On était assez isolés mais on s'amusait quand même bien.
7. Je ne faisais pas grand-chose avec mes amis. On se promenait au bord de la rivière ou bien on s'asseyait sous un arbre pour parler.
8. Il y a trois autres garçons de mon village ici. Mais nous ne nous voyons pas souvent. Ils habitent trop loin. Il faut prendre le bus pour aller chez eux.
9. Je regrette les déjeuners du dimanche. Toute la famille se réunissait : mes parents, mes frères, mes tantes, mes oncles et surtout mes cousins. C'était génial!
10. D'habitude, je descends de ma chambre et je vais acheter mes provisions dans un petit magasin du quartier. Puis, je remonte dans ma chambre et je mange seul.

C. Quand j'étais petite, la vie était plus tranquille que maintenant. On passait beaucoup de temps avec sa famille, mais ce n'était pas ennuyeux! Il n'y avait pas de télévision, alors on discutait. Les gens prenaient le temps d'aider les autres. Ça, ça me manque beaucoup aujourd'hui.

J'avais beaucoup trop de responsabilités à la maison. J'aidais ma mère à faire la cuisine et la lessive. Ce n'était pas très amusant. Il n'y avait pas de temps pour les distractions chez moi.

Ce qui ne me manque pas, c'est l'école. C'était vraiment ennuyeux. On n'avait rien! Peu de livres, pas de musique. Et puis, notre professeur n'était pas très gentil.

Dans mon village, il n'y avait pas de voitures ni de bus. J'allais partout à pied. Ce n'était pas marrant. C'est plus facile aujourd'hui avec tous ces bus.

Mon père avait construit notre maison au centre du village. Et quelle maison! Il y avait seulement deux pièces, mais la maison était chaude en hiver et fraîche en été. C'était une maison solide et tranquille, pas comme ces nouveaux appartements où on entend tous ses voisins!

Answers to Chapter Test • Chapitre 8

I. Listening   Maximum Score: 30 points

A. (10 points: 2 points per item)
1. c
2. b
3. d
4. e
5. a

B. (10 points: 2 points per item)
6. a
7. a
8. b
9. a
10. b

C. (10 points: 2 points per item)
11. a
12. b
13. b
14. b
15. a

II. Reading   Maximum Score: 30 points

D. (10 points: 2 points per item)
16. b
17. a
18. e
19. d
20. c

E. (10 points: 2 points per item)
21. c
22. d
23. b
24. e
25. a

F. (10 points: 2 points per item)
26. b
27. c
28. a
29. b
30. a

III. Culture   Maximum Score: 16 points

G. (10 points: 2 points per item)
31. e
32. d
33. a
34. b
35. c

H. (6 points: 2 points per item)
Answers may vary. Possible answers:
36. There would probably be no electricity or running water; I would have to walk everywhere.
37. to go to high school
38. visit friends and family; go to the markets

IV. Writing   Maximum Score: 24 points

I. (12 points)
Answers will vary. Possible answer:
Quand j'avais 5 ou 6 ans, j'étais très polisson! Je conduisais une petite voiture. Je jouais avec mon train électrique et avec mes amis. J'aimais aussi lire des bandes dessinées.

J. (12 points)
Answers will vary. Possible answer:
Salut,
La vie est très différente dans ma ville, mais tu vas te plaire ici. Ce n'est pas une grande ville comme Abidjan. Il n'y a pas beaucoup de pollution et la vie est très relaxante. Si tu veux, on peut aller au centre commercial pendant ta visite. Ou si on allait à la plage? Ecris-moi vite!

Tu connais la nouvelle?

Quiz 9-1A

PREMIERE ETAPE

Maximum Score: 35/100

Grammar and Vocabulary

A. Describe what each of your friends seemed like based on what happened to them. Use the expression **avoir l'air** + the appropriate form of an adjective. (10 points)

| amoureux | déprimé | étonné | furieux | gêné | mal à l'aise | inquiet |

1. Albert est tombé dans l'escalier devant le lycée.
   _____

2. Luc a eu 9 à l'interro de maths.
   _____

3. Richard et Jean ont perdu leurs devoirs de maths.
   _____

4. Julie a reçu un cadeau d'un beau garçon.
   _____

5. Ahmed est allé à une boum mais il n'y connaissait personne.
   _____

SCORE [ ]

B. Circle the expression in each group that doesn't belong because of its meaning. (5 points)

1. énervé, fâché, de bonne humeur, furieux
2. inquiet, amoureux, mal à l'aise, gêné
3. de mauvaise humeur, déprimé, amoureux, furieux
4. fâché, de bonne humeur, amoureux, content
5. étonné, mal à l'aise, de mauvaise humeur, gêné

SCORE [ ]

Nom _____ Classe _____ Date _____

Quiz 9-1A

C. Choose the most logical response for each of the questions below. (10 points)

  a. Je crois que son chien est mort hier.
  b. Peut-être qu'il a gagné à la loterie!
  c. A mon avis, elle a reçu un cadeau de son copain.
  d. Ça se voit. Il y a un examen aujourd'hui et elle n'a pas étudié.
  e. Tu as peut-être raison. Ils ont l'air furieux.
  f. Ce n'est pas possible. Elle aime Robert.

  _____ 1. Je me demande pourquoi Pauline est de bonne humeur?

  _____ 2. Je crois que Françoise et Ahmed se sont disputés.

  _____ 3. Je parie que Christine et Sébastien sont amoureux.

  _____ 4. Je me demande pourquoi Marcel a l'air déprimé.

  _____ 5. A mon avis, Valérie a l'air inquiète.

  SCORE _____

D. You're in the lunchroom and overhear parts of other students's conversations. Complete these conversations with the most logical expression from the box below. (10 points)

> voit   raison   te trompes   crois   l'air contente   à mon avis
> t'amuses   peut-être   évidemment   possible   parie   me demande

1. — Claire n'était pas de bonne humeur ce matin.
   — _____ qu'elle a eu une mauvaise note en histoire.
   — _____. Elle fait toujours le clown en classe.

2. — Jeanne n'avait pas _____ ce matin!
   — _____, elle était furieuse. Son ami n'est pas venu au rendez-vous hier soir.
   — C'est _____.

3. — Pourquoi Julie est arrivée en retard?
   — Je _____ qu'elle a perdu ses livres. Elle perd toujours ses affaires.
   — Tu as peut-être _____.

4. — Je _____ pourquoi Christian n'est pas en classe aujourd'hui.
   — Je _____ qu'il a raté le bus ce matin.
   — Tu _____. Je l'ai vu descendre de l'autobus devant le lycée ce matin.

SCORE _____

TOTAL SCORE _____ /35

Nom _____ Classe _____ Date _____

Tu connais la nouvelle?

PREMIERE ETAPE

Quiz 9-1B

Maximum Score: 35/100

I. Listening

A. Listen to the following teenagers talk about what happened over the weekend. For each conversation, indicate whether the story is **a) believed** or **b) rejected**. (10 points)

1. _____ 2. _____ 3. _____ 4. _____ 5. _____

SCORE _____

II. Reading

B. Everyone is wondering what's happening with Cédric and Arlette. Read Charlotte's letter to Magali, Arlette's best friend, and fill in the blanks with the appropriate expression. Then answer the question that follows. (10 points)

a. de bonne humeur
b. déprimé
c. fâchée
d. gênée
e. amoureux

> Chère Magali,
>
> Je t'écris ce petit mot parce que tu es la meilleure amie d'Arlette et tu dois sûrement savoir ce qui se passe entre elle et Cédric. Odile m'a dit qu'elle les avait vus au parc et qu'ils avaient l'air très (1) _____. Elle a aussi raconté ça à Pascale, la petite amie de Cédric. Alors, tu vois, Pascale est (2) _____ contre Cédric. Elle ne veut plus lui parler. Cédric ne comprend pas pourquoi Pascale est de mauvaise humeur et il est très (3) _____. Et moi, je suis plutôt (4) _____ parce que Pascale et Cédric me demandent tous les deux de leur dire ce qui se passe et je ne sais pas quoi leur répondre. Alors, est-ce que toi, tu sais ce qui se passe entre Cédric et Arlette? Réponds-moi vite.
>
> Charlotte

5. Why did Charlotte write to Magali? _____

SCORE _____

Holt French 2 Allez, viens!, Chapter 9   Testing Program **225**

Quiz 9-1B

III. Writing

C. You just saw your friend Pascale in the hallway at school and she seemed to be in a strange mood. Write a note to a friend describing Pascale's mood and telling why you think she was in that mood. (6 points)

_____
_____
_____
_____
_____

Now write your friend's response in which he or she rejects your explanation of Pascale's mood and gives his or her own explanation. (6 points)

_____
_____
_____
_____
_____

SCORE ____

IV. Culture

D. Identify these places in Aix-en-Provence. (3 points)

_____ 1. le cours Mirabeau   a. un café populaire

_____ 2. Les Deux Garçons   b. une banque française

_____ 3. l'hôtel particulier   c. une maison élégante

                                         d. la rue principale

SCORE ____

TOTAL SCORE ____ /35

CHAPITRE 9
Tu connais la nouvelle?

DEUXIEME ETAPE

Quiz 9-2A

Maximum Score: 30/100

Grammar and Vocabulary

A. You haven't seen Aurélie all weekend and she has a lot to tell you. Complete her statements using the cues provided. (6 points)

1. D'abord, la voiture _____.
   (broke down)

2. Je suis rentrée très tard vendredi soir et j'ai été _____.
   (grounded)

3. Tu _____ ce qui s'est passé.
   (will never guess)

4. Maintenant, Robert _____.
   (is sulking)

5. Ali _____ avec Sylvie.
   (broke up with)

6. _____ qui est tombé amoureux de Pauline.
   (Guess)

SCORE _____

B. Christine is writing in her journal but is having trouble saying what she means. How could you say it differently? Rewrite her sentences using another expression to say the same thing as the highlighted expression. (8 points)

1. D'abord, j'ai **fait la connaissance d'**un garçon très intelligent à la boum.

   _____

2. On **se retrouve** au restaurant samedi à sept heures.

   _____

3. Après la boum, on se promenait au parc et on **ne savait plus où on était.**

   _____

4. En rentrant à la maison, **ma voiture est rentrée dans une autre voiture.**

   _____

SCORE _____

Holt French 2 Allez, viens!, Chapter 9

Nom _____ Classe _____ Date _____

Quiz 9-2A

C. Françoise is writing about her weekend in her journal. Complete her entry using the **passé composé** or the **imparfait** of the verbs in parentheses as appropriate. (16 points)

Ce week-end, il (1) _____ (faire) beau.

J' (2) _____ (avoir) rendez-vous avec Alexandre.

Malheureusement, le matin, ma voiture (3) _____

(tomber) en panne. Mes parents (4) _____ (être)

énervés et ils (5) _____ (refuser) de me prêter leur

voiture. Alors, je/j' (6) _____ (devoir) rester à la

maison. Je/J' (7) _____ (téléphoner) à Alexandre

pour lui expliquer mais il (8) _____ (être) très

fâché. Nous (9) _____ (se disputer) et on

(10) _____ (casser). Dimanche, Julie et moi,

nous (11) _____ (voir) Alexandre au café. Il

(12) _____ (faire) la tête. Je lui

(13) _____ (parler) et nous

(14) _____ (décider) d'aller au cinéma ensemble.

Mais Alexandre (15) _____ (ne pas avoir) l'air très

content. Enfin, je/j' (16) _____ (passer) un week-end

assez stressant, quoi!

SCORE ☐

TOTAL SCORE ☐ /30

CHAPITRE 9 — Tu connais la nouvelle?

Nom _____ Classe _____ Date _____

Quiz 9-2B

DEUXIEME ETAPE

Maximum Score: 30/100

I. Listening

A. Listen to the following conversations and decide what happened to each person. (8 points)

_____ 1. Charles . . .
_____ 2. César . . .
_____ 3. Sandrine . . .
_____ 4. Yvonne . . .

a. broke up with someone.
b. has a date.
c. had an accident.
d. fell in love.
e. had an argument.

SCORE _____

II. Culture

B. Read this passage from a guide book, and fill in the blanks with the letters of the appropriate expressions. (3 points)

a. Marseille   b. histoires marseillaises   c. Provence
d. Poitiers   e. spécialités provençales

> If you ever travel to the south of France, particularly the region of (1) _____, be sure to visit its largest city, (2) _____, on the Mediterranean coast. Its busy port, animated streets, multi-national population and renowned cuisine will enthrall you. Take time to sit and talk with some of the inhabitants. But don't believe everything they say . . . these folks are known for their tall tales, called (3) _____.

SCORE _____

Holt French 2 Allez, viens!, Chapter 9   Testing Program 229

III. Reading

C. Read these notes that some students exchanged at school today. Then match each note with its reply. (10 points)

_____ 1. Bruno,
Catherine raconte à tout le monde que tu as rencontré une fille super et que tu veux casser avec moi. Qu'est-ce qui se passe?
Laure

_____ 2. Tu sais qui j'ai vu ensemble au café? Aïssata et Bruno!

_____ 3. Véronique fait la tête depuis trois jours. Qu'est-ce qu'elle a? Elle ne veut pas en parler.

_____ 4. Edouard,
Tu connais la nouvelle? Tu ne devineras jamais qui j'ai vu hier soir sur le cours Mirabeau avec Samir. Réfléchis... Elle est blonde, grande, mignonne...

_____ 5. Jean-Pierre,
C'est vrai que tu vas au concert avec Arlette ce week-end?
Carlos

a. Ah bon? Alors, c'est bien d'elle qu'il est tombé amoureux.

b. Ne l'écoute pas. Elle dit n'importe quoi.

c. Oui... et tu sais, c'est même elle qui m'a invité à y aller!

d. Aucune idée. Dis vite.

e. Elle est déprimée parce que sa mère ne veut pas qu'elle parte en vacances. Son bulletin trimestriel a été un désastre.

SCORE _____

IV. Writing

D. A friend wants to know what happened to you yesterday. Write a note to your friend describing your mood and two things that happened. If you'd like, tell a tall tale! (9 points)

_____
_____
_____
_____
_____
_____
_____

SCORE _____

TOTAL SCORE _____ /30

Nom _____ Classe _____ Date _____

9 Tu connais la nouvelle?

TROISIEME ETAPE

Quiz 9-3A

Maximum Score: 35/100

Grammar and Vocabulary

A. Use the cues below to write complete sentences describing what you were doing when something else happened. (10 points)

1. regarder la télé / Sylvie / arriver

   _____

2. faire une promenade / voir un accident

   _____

3. se laver / le téléphone / sonner

   _____

4. monter l'escalier / tomber

   _____

5. travailler au café / rencontrer une fille sympa

   _____

SCORE _____

B. Your French teacher has heard all kinds of students's excuses for not having the homework done on time. Choose the best expression to complete the following explanations. (10 points)

1. Je/J' _____ quand mon chien a déchiré mes devoirs.
   a. ai dormi   b. vais dormir   c. dormais

2. Je/J' _____ en train de faire mes devoirs quand ma maison a pris feu.
   a. étais   b. ai été   c. suis

3. Je venais à l'école quand mon sac _____ dans la boue *(mud)*.
   a. tombait   b. est tombé   c. tombe

4. Je rentrais à la maison pour faire mes devoirs quand ma voiture _____ en panne.
   a. tombait   b. est tombée   c. tombe

5. Je/J' _____ mes devoirs dans la salle à manger quand j'ai vu un extraterrestre dans le jardin.
   a. faisais   b. ai fait   c. fais

SCORE _____

Holt French 2 Allez, viens!, Chapter 9

Nom _____ Classe _____ Date _____

Quiz 9-3A

C. Tell what the following people were busy doing when it started raining. Use the expression **être en train de** + infinitive. (10 points)

1. Lucien / jouer au foot
   _____

2. Vous / prendre un bain de soleil
   _____

3. Tes parents / tondre le gazon
   _____

4. Tu / regarder la télé
   _____

5. Pascale et moi / faire une promenade
   _____

SCORE _____

D. Pascal and Jean-Luc are talking on the phone about what they did last weekend. Complete their conversation with the appropriate expressions from the box below. (5 points)

| heureusement | tu vois | donc | c'est-à-dire que |
| à propos | malheureusement | à ce moment-là | alors |

— (1) _____, Jean-Luc, qu'est-ce que tu as fait ce week-end?

— Je suis allé à une boum vendredi avec Sylvie. Mon père n'a pas pu me prêter sa voiture mais il faisait beau, (2) _____ on y est allés à pied.

— J'ai entendu dire que c'était une boum incroyable! Vous vous êtes amusés?

— (3) _____, non. Quand on est arrivés, tout le monde dansait et s'amusait. (4) _____ j'ai invité Sylvie à danser avec moi mais elle n'a pas voulu.

— Et alors?

— Alors Sylvie a dit qu'elle devait rentrer avant onze heures. (5) _____ je me suis fâché parce que je n'ai pas du tout dansé. Puis on est partis à pied et il a commencé à pleuvoir!

SCORE _____

TOTAL SCORE _____ /35

Chapitre 9: Tu connais la nouvelle?

Quiz 9-3B

TROISIEME ETAPE

Maximum Score: 35/100

I. Listening

A. Listen to the story that Amira tells her friend Josiane. Then indicate whether the following statements are **a) true** or **b) false**. (10 points)

_____ 1. Amira had a date.

_____ 2. Her parents are easy-going.

_____ 3. Amira told her family she was going to the movies.

_____ 4. No one was hurt in the accident.

_____ 5. Amira's parents were pleased with the events.

SCORE [ ]

II. Reading

B. Read this letter Virginie wrote to her friend Marine. Then choose the missing words and the answers to the questions on page 234. (16 points)

> Salut,
>
> Je suis vraiment déprimée. Devine ce qui s'est passé samedi après-midi. J'avais envie d'aller au nouveau centre commercial... celui qui est près de l'aéroport. (1) _____, j'ai pris la mobylette de mon frère parce que le centre commercial est assez loin. (2) _____, à trois heures, j'étais sur la route de l'aéroport, quand la mob est tombée en panne.
>
> (3) _____, je ne savais pas comment la réparer. Heureusement une amie de ma mère s'est arrêtée et elle m'a ramenée chez moi. Mes parents étaient furieux parce que j'avais oublié que je devais garder mon petit frère et ils ne pouvaient pas partir à cause de moi. Maintenant, je suis privée de sortie pour une semaine (4) _____ je ne peux pas aller à ta boum samedi prochain. Ne sois pas fâchée, toi aussi.
>
> Virginie

Quiz 9-3B

1. a. A propos   b. Quoi   c. Alors
2. a. Heureusement b. Bref   c. Devine
3. a. Malheureusement b. Alors   c. Donc
4. a. c'est-à-dire b. à propos   c. donc

_____ 5. Why did Virginie borrow her brother's moped?
   a. to go to a party   b. to go to the mall   c. to go to the airport

_____ 6. What happened after she borrowed the moped?
   a. She had an accident.   b. It broke down.   c. It was stolen.

_____ 7. Virginie's parents were angry because she . . .
   a. didn't call.   b. borrowed the moped without asking.   c. forgot about babysitting her brother.

_____ 8. What is one consequence of Virginie's actions?
   a. She can't go to school.   b. She can't go to Marine's party.   c. Her brother is upset with her.

SCORE _____

III. Writing

C. You have some exciting news! Write a conversation in which you call a friend to tell him or her what happened or what you saw. Be sure to use sequencing words to tell your story. (9 points)

SCORE _____

TOTAL SCORE _____ /35

Nom _____ Classe _____ Date _____

CHAPITRE 9
Tu connais la nouvelle?

Chapter Test

I. Listening
Maximum Score: 28

A. Listen as Céline and Margot discuss how their friends are feeling. Based on their remarks, match the names of the people with the drawings below. (10 points)

_____ 1. Annie

_____ 2. Eric

_____ 3. Abdul

_____ 4. Gina

_____ 5. Victor

a.

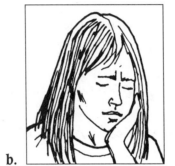
b.

c.

d.   e.

SCORE _____

B. Listen to Paul and his friends talk about what happened last weekend. For each conversation, decide whether Paul **a) accepts** or **b) rejects** what his friend tells him. (8 points)

6. _____   7. _____   8. _____   9. _____

SCORE _____

Holt French 2 Allez, viens!, Chapter 9   Testing Program 235

Chapter Test

C. Listen to the phone conversation between two friends, Caro and Manue. Then decide whether these statements are **a) true** or **b) false.** (10 points)

_____ 10. Manue took the subway yesterday.

_____ 11. A good-looking young man offered her his seat.

_____ 12. Manue recognized the young man as an actor.

_____ 13. They chatted a little before the young man got off.

_____ 14. Caro thinks Manue should talk to him the next time she sees him.

SCORE [ ]

II. Reading

Maximum Score: 30

D. Marc and Arthur are wondering what happened to their friends. Match Marc's statements with Arthur's replies. (10 points)

_____ 15. Je me demande pourquoi Claire est de si bonne humeur aujourd'hui.

_____ 16. A mon avis, Pierre est furieux contre sa petite amie.

_____ 17. Karine est privée de sortie ce week-end. Tu sais pourquoi?

_____ 18. J'ai vu Paul après l'école. Il faisait la tête. Devine pourquoi!

_____ 19. A propos... tu as l'air inquiet. Qu'est-ce qui se passe?

a. Je parie qu'elle s'est encore disputée avec ses parents.

b. Je crois qu'elle a passé un super week-end à la plage.

c. Euh... je ne sais pas... sa copine a cassé avec lui?

d. C'est-à-dire que... j'ai eu un accident avec la mobylette de mon frère et je me demande ce qu'il va dire.

e. Evidemment! Elle est sortie avec un autre garçon samedi soir.

SCORE [ ]

Chapter Test

E. Sophie wrote to her friend Lucille to ask for her advice. Read her letter and then decide whether the statements that follow are **a) true** or **b) false**. (10 points)

> Chère Lucille,
> Tu ne devineras jamais ce qui s'est passé ce week-end. J'étais déprimée parce que je m'étais encore disputée avec Morgan. Ça fait deux week-ends de suite qu'on se dispute. Donc, j'ai téléphoné à Arnaud. Bref, Arnaud m'a dit qu'il était amoureux de moi. Je me sens mal à l'aise maintenant. Ça fait huit mois que Morgan et moi, nous sortons ensemble mais je crois que je devrais casser. Morgan va sûrement me faire la tête.
> Je ne sais pas trop quoi faire. Morgan et moi, nous avons rendez-vous demain. J'aime toujours Morgan mais Arnaud me plaît aussi. Qu'est-ce que tu me conseilles? Aide-moi à prendre une décision!!
>
> Sophie

_____ 20. Sophie is getting along well with her boyfriend.

_____ 21. Arnaud called Sophie.

_____ 22. Arnaud seems interested in Sophie.

_____ 23. Sophie seems confused.

_____ 24. She wants Lucille to help her decide whether to break up with Morgan.

SCORE _____

Chapter Test

F. Read this article from a **provençal** newspaper and then choose the appropriate completions for the sentences below. (10 points)

DEUX TOURISTES TÉMOIGNENT : ILS ONT VU LE DAHU ! ! !

La semaine dernière, deux touristes américains qui étaient en train de faire une randonnée à la montagne Sainte-Victoire sont rentrés à leur hôtel terrifiés. Ils ont déclaré qu'ils avaient vu un monstre énorme qui courait dans la montagne. D'après la description qu'ils ont donnée du monstre, il s'agirait d'*un dahu*. Depuis de nombreuses années, les habitants de cette partie de la Provence connaissent la légende du dahu, mais jusqu'à présent, personne n'avait encore vu ce dangereux animal. Depuis la semaine dernière donc, la police recherche activement ce dahu sans succès. Les touristes sont de moins en moins nombreux dans la région et la panique commence à remplacer la bonne humeur des vacanciers.

_____ 25. Two American tourists were . . .   a. searching without success.

_____ 26. The **dahu** is . . .   b. a dangerous animal.

_____ 27. The police are . . .   c. fewer in the region.

_____ 28. Tourists are . . .   d. a tall tale.

_____ 29. This story might be . . .   e. terrified by a monster.

SCORE ☐

Nom _____ Classe _____ Date _____

Chapter Test

III. Culture Maximum Score: 15

G. What are the following in English? Answer using complete sentences. (15 points)

30. une histoire marseillaise _____

31. le cours Mirabeau _____

32. Les Deux Garçons _____

33. un copain _____

34. un ami _____

SCORE ☐

IV. Writing Maximum Score: 27

H. Look at the picture below and offer two possible explanations of what might have happened. Use expressions such as **je crois que, peut-être,** and so on. (16 points)

35. _____

36. _____

Holt French 2 Allez, viens!, Chapter 9

Nom _____ Classe _____ Date _____

Chapter Test

CHAPITRE 9

_____

_____

_____

SCORE ☐

I. Choose one of the scenarios below and write a **histoire marseillaise**. Be sure to use words that indicate the beginning, the middle, and the end of your story. (11 points)

	Personnages	Activités	Emotions	Lieux
1	un extraterrestre toi	avoir un accident rencontrer	mal à l'aise étonné(e)	sur la route
2	ton meilleur ami Julia Roberts	dîner au restaurant avoir rendez-vous parler français	amoureux(-euse) gêné(e)	au café

_____

_____

_____

_____

_____

_____

_____

_____

_____

_____

_____

_____

SCORE ☐

TOTAL SCORE ☐ /100

Nom _____ Classe _____ Date _____

CHAPITRE 9 Chapter Test Score Sheet

Circle the letter that matches the most appropriate response.

I. Listening
Maximum Score: 28

A. (10 points)
1. a b c d e
2. a b c d e
3. a b c d e
4. a b c d e
5. a b c d e

SCORE ☐

B. (8 points)
6. a b
7. a b
8. a b
9. a b

SCORE ☐

C. (10 points)
10. a b
11. a b
12. a b
13. a b
14. a b

SCORE ☐

II. Reading
Maximum Score: 30

D. (10 points)
15. a b c d e
16. a b c d e
17. a b c d e
18. a b c d e
19. a b c d e

SCORE ☐

E. (10 points)
20. a b
21. a b
22. a b
23. a b
24. a b

SCORE ☐

F. (10 points)
25. a b c d e
26. a b c d e
27. a b c d e
28. a b c d e
29. a b c d e

SCORE ☐

III. Culture
Maximum Score: 15

G. (15 points)

30. une histoire marseillaise _____

31. le cours Mirabeau _____

32. Les Deux Garçons _____

33. un copain _____

34. un ami _____

SCORE ☐

Holt French 2 Allez, viens!, Chapter 9   Testing Program 241

Nom _____ Classe _____ Date _____

IV. Writing

Maximum Score: 27

H. (16 points)

35. _____

36. _____

SCORE ☐

I. (11 points)

SCORE ☐

TOTAL SCORE ☐ /100

Listening Scripts for Quizzes • Chapitre 9

Quiz 9-1B Première étape

I. Listening

1. — Ecoute Karim, je parie que tu ne sais pas ce qui s'est passé samedi soir. Voilà, je suis allé au ciné et devine qui j'ai vu? Pierre avec Clotilde. A mon avis, ils avaient l'air vachement amoureux!
   — Evidemment, c'est pas une nouvelle. Ça fait deux semaines qu'ils sortent ensemble.
2. — Je me demande si Anne n'a pas raté son examen vendredi. Elle était de mauvaise humeur à la fête de Claire.
   — Tu as peut-être raison. Elle avait l'air inquiète samedi soir.
3. — Peut-être que je me trompe, mais je pensais que tu avais l'air fâché ce week-end, Hervé. Ça ne va pas?
   — Si, ça va très bien. Tu te trompes. J'étais de très bonne humeur!
4. — Je crois que les parents de Sylvie étaient énervés. Quand je suis allée la chercher pour aller à la gym, ils ne m'ont pas dit bonjour!
   — Ce n'est pas possible. Ils sont super sympas. A mon avis, tu ne les as pas entendus!
5. — Sophie, je parie que tu ne connais pas la nouvelle! Eh bien, Victor a invité Alice au restaurant. Tu imagines comme Françoise était furieuse!
   — A mon avis, il ne faut pas se fier aux apparences. Victor et Alice sont copains et d'ailleurs, Victor adore Françoise.

Quiz 9-2B Deuxième étape

I. Listening

1. — Tu ne devineras jamais ce qui s'est passé. Charles est tombé amoureux!
   — Raconte!
   — Elle est américaine, elle s'appelle Kathy. Je ne sais rien d'autre.
2. — Tu connais la nouvelle?
   — Non, dis vite.
   — César et Sophie ont cassé. C'est la faute de César, je crois. On l'a vu au parc avec Cléo.
3. — Devine ce qui s'est passé!
   — Aucune idée, raconte-moi!
   — Sandrine et sa sœur se sont disputées. Sandrine a rencontré un copain et sa sœur a voulu aller au ciné avec eux. C'est pas très sympa, non?
4. — Tu sais ce que je viens d'apprendre? Yvonne a rendez-vous avec Philippe demain au café.
   — Encore? Elle a de nouveaux rendez-vous toutes les semaines!

Quiz 9-3B Troisième étape

I. Listening

— Bonjour, Josiane!
— Salut, Amira!
— Tu ne devineras jamais ce qui s'est passé ce week-end.
— Raconte!
— J'avais rendez-vous avec Stéphane vendredi soir. Mes parents sont très stricts, donc je ne voulais pas leur dire que j'allais rencontrer un copain. Alors, j'ai dit que je devais étudier à la bibliothèque pour mon interro de français et ils ont dit qu'ils étaient d'accord. Olivier, le frère de Stéphane, nous a emmenés avec sa voiture au cinéma car il pleuvait. On était en train de rire quand, tout à coup, il y a eu un grand bruit. A ce moment-là, la voiture a quitté la route et elle s'est renversée. Ce n'était pas un accident grave, mais Stéphane avait mal au bras et moi, au cou. La police est arrivée et on nous a emmenés à l'hôpital. Malheureusement, ils ont téléphoné à mes parents. Tu imagines... Bref, ils étaient furieux et finalement, je suis privée de sortie pour un mois!

Answers to Quizzes 9-1A and 9-1B • Chapitre 9

ANSWERS Quiz 9-1A

A. (10 points: 2 points per item)
Answers may vary. Possible answers:
1. Il avait l'air gêné.
2. Il avait l'air déprimé.
3. Ils avaient l'air inquiets.
4. Elle avait l'air amoureuse.
5. Il avait l'air mal à l'aise.

B. (5 points: 1 point per item)
1. de bonne humeur
2. amoureux
3. amoureux
4. fâché
5. étonné

C. (10 points: 2 points per item)
1. c
2. e
3. f
4. a
5. d

D. (10 points: 1 point per item)
1. Peut-être; Evidemment
2. l'air contente; A mon avis; possible
3. parie/crois; raison
4. me demande; crois/parie; te trompes

ANSWERS Quiz 9-1B

I. Listening
A. (10 points: 2 points per item)
1. a
2. a
3. b
4. b
5. b

II. Reading
B. (10 points: 2 points per item)
1. e
2. c
3. b
4. d
5. Charlotte wanted to find out if Magali knew what was going on with Cédric and Arlette.

III. Writing
C. (12 points: 6 points per item)
Answers will vary. Possible answers:
Simone,
J'ai vu Pascale dans le couloir et elle était de très bonne humeur. Je me demande pourquoi elle avait l'air heureuse. Je crois qu'elle a eu une très bonne note en anglais. Qu'est-ce que tu en penses?

Marie,
A mon avis, tu te trompes. Je parie que Pascale a rendez-vous avec Christophe ce week-end. On m'a dit qu'il est très amoureux d'elle.

IV. Culture
D. (3 points: 1 point per item)
1. d
2. a
3. c

Answers to Quizzes 9-2A and 9-2B • Chapitre 9

ANSWERS Quiz 9-2A

A. (6 points: 1 point per item)
1. est tombée en panne
2. privée de sortie
3. ne devineras jamais
4. fait la tête
5. a cassé
6. Devine

B. (8 points: 2 points per item)
1. D'abord, j'ai rencontré un garçon très intelligent à la boum.
2. On a rendez-vous au restaurant samedi à sept heures.
3. Après la boum, on se promenait au parc et on s'est perdus.
4. En rentrant à la maison, j'ai eu un accident.

C. (16 points: 1 point per item)
1. faisait
2. avais
3. est tombée
4. étaient
5. ont refusé
6. ai dû
7. ai téléphoné
8. était
9. nous sommes disputés
10. a cassé
11. avons vu
12. faisait
13. ai parlé
14. avons décidé
15. n'avait pas
16. ai passé

ANSWERS Quiz 9-2B

I. Listening
  A. (8 points: 2 points per item)
  1. d
  2. a
  3. e
  4. b

II. Culture
  B. (3 points: 1 point per item)
  1. c
  2. a
  3. b

III. Reading
  C. (10 points: 2 points per item)
  1. b
  2. a
  3. e
  4. d
  5. c

IV. Writing
  D. (9 points)
  Answers will vary. Possible answer:
  Il faisait beau et j'étais de bonne humeur, alors je suis allé au parc. J'ai joué au basket... et j'ai rencontré une fille super! Elle m'a invité à aller au ciné samedi.

Answers to Quizzes 9-3A and 9-3B • Chapitre 9

ANSWERS Quiz 9-3A

A. (10 points: 2 points per item)
1. Je regardais la télé quand Sylvie est arrivée.
2. Je faisais une promenade quand j'ai vu un accident.
3. Je me lavais quand le téléphone a sonné.
4. Je montais l'escalier quand je suis tombé(e).
5. Je travaillais au café quand j'ai rencontré une fille sympa.

B. (10 points: 2 points per item)
1. c
2. a
3. b
4. b
5. a

C. (10 points: 2 points per item)
1. Lucien était en train de jouer au foot.
2. Vous étiez en train de prendre un bain de soleil.
3. Tes parents étaient en train de tondre le gazon.
4. Tu étais en train de regarder la télé.
5. Pascale et moi, nous étions en train de faire une promenade.

D. (5 points: 1 point per item)
Answers may vary. Possible answers:
1. A propos
2. alors
3. Malheureusement
4. Donc
5. A ce moment-là

ANSWERS Quiz 9-3B

I. Listening
A. (10 points: 2 points per item)
1. a
2. b
3. b
4. b
5. b

II. Reading
B. (16 points: 2 points per item)
1. c
2. b
3. a
4. c
5. b
6. b
7. c
8. b

III. Writing
C. (9 points)
Answers will vary. Possible answer:
— Allô, Pauline? Tu ne devineras jamais ce qui s'est passé hier!
— Dis vite!
— J'étais en train d'attendre mon ami Brett au restaurant Chez Jean quand Michael Jordan et Scottie Pippen sont entrés.
— C'est pas vrai!
— Si, je suis allée tout de suite leur parler. A ce moment-là, Brett a téléphoné au restaurant pour dire qu'il ne pouvait pas venir. J'étais un peu fâchée. Bref, je voulais partir, mais il pleuvait et je n'avais pas mon imperméable.
—Alors, qu'est-ce que tu as fait?
— Heureusement, Michael Jordan m'a prêté son parapluie. Il était vachement gentil!

Scripts for Chapter Test • Chapitre 9

I. Listening

A. **CELINE** Salut, Margot. Tu connais la nouvelle? Annie et Eric ont cassé hier soir. Annie a découvert qu'Eric sortait avec une autre fille. Annie est déprimée mais Eric est amoureux de l'autre fille!
MARGOT Sans blague? Dis, tu as vu Abdul ce matin? Il a l'air inquiet. Je me demande pourquoi.
CELINE A mon avis, c'est un problème de famille. Ses parents parlent de divorcer. Abdul dit qu'ils se disputent beaucoup. Et au fait, tu as parlé avec Gina? Pourquoi est-ce qu'elle est de si bonne humeur aujourd'hui?
MARGOT Gina? Sans doute parce qu'elle a eu une bonne note en maths ce matin.
CELINE Ah! Evidemment! Et devine qui est furieux parce qu'il est privé de sortie ce week-end?
MARGOT Aucune idée!
CELINE Victor! Tant pis pour lui. Victor n'écoute jamais sa mère et pourtant elle est super sympa. Ça lui apprendra!

B. 6. —Paul, c'est vrai que Claudine a eu un accident de moto vendredi? Raconte ce qui s'est passé!
—Ça m'étonnerait. Je lui ai parlé vendredi soir et elle ne m'a rien dit.
7. —Devine quoi! J'ai invité Aïcha à sortir samedi soir et elle a accepté. Je crois que je suis amoureux!
—Ça se voit! A mon avis, tu as bien fait. Aïcha est très gentille. Je parie que vous allez bien vous amuser.
8. —Je ne sais pas quoi faire. Je me suis disputée avec Cédric. Je crois qu'on devrait casser. Je suis vraiment énervée.
—Tu as peut-être raison. Toi et Cédric, vous vous disputez beaucoup à mon avis.
9. —Devine ce qui s'est passé hier soir! Je rentrais de l'école à vélo comme d'habitude et je suis tombée devant la maison de M. Dupuy, le prof de maths. Il a été super gentil et m'a reconduite chez moi.
—Ce n'est pas possible. Tout le monde a peur de M. Dupuy. Il est toujours de mauvaise humeur. Tu es sûre que c'était lui? A mon avis, tu te trompes.

C. **MANUE** Allô, Caro? C'est Manue. Tu devineras jamais ce qui m'est arrivé hier soir.
CARO Quoi? Raconte-moi tout.
MANUE Voilà. J'ai pris le bus vers cinq heures et demie, comme d'habitude,...
CARO Qu'est-ce qui s'est passé?
MANUE Patience. J'y arrive. Dans le bus, il y avait un garçon en face de moi. Il était grand, brun, exactement mon style, quoi. Quand il m'a regardée,...
CARO Tu as eu le coup de foudre.
MANUE Oui, mais attends de savoir qui c'était! C'était l'acteur Martin Declair. Tu te souviens? C'est lui qui joue dans le feuilleton de télé «Mon ami Martin».
CARO Ce n'est pas possible! Tu plaisantes! Tu lui as parlé?
MANUE Non, malheureusement, il est descendu à Montparnasse, et moi, j'avais mon devoir de maths à faire chez moi.
CARO A mon avis, tu devrais lui parler la prochaine fois que tu le vois. Ma vieille, t'as toutes tes chances!!!

Answers to Chapter Test • Chapitre 9

I. Listening   Maximum Score: 28 points

A. (10 points: 2 points per item)
1. b
2. e
3. a
4. d
5. c

B. (8 points: 2 points per item)
6. b
7. a
8. a
9. b

C. (10 points: 2 points per item)
10. b
11. b
12. a
13. b
14. a

II. Reading   Maximum Score: 30 points

D. (10 points: 2 points per item)
15. b
16. e
17. a
18. c
19. d

E. (10 points: 2 points per item)
20. b
21. b
22. a
23. a
24. a

F. (10 points: 2 points per item)
25. e
26. b
27. a
28. c
29. d

III. Culture   Maximum Score: 15 points

G. (15 points: 3 points per item)
Answers will vary. Possible answers:
30. a tall tale attributed to the inhabitants of Marseilles
31. the main street of Aix
32. a famous café in Aix
33. a friend you're not particularly close to
34. a very close friend you confide in

IV. Writing   Maximum Score: 27 points

H. (16 points: 8 points per item)
Answers will vary. Possible answers:
35. Je crois que la fille est fâchée parce que son petit ami est tombé amoureux d'une autre fille.
36. A mon avis, la fille était en retard et son frère était inquiet. Alors, maintenant il est fâché.

I. (11 points)
Answers will vary. Possible answer:
Tu ne devineras jamais! Philippe, qui est le meilleur élève de mon cours de français, a rencontré Julia Roberts au Café Provençal! Philippe était en train de boire un coca quand il a vu Julia. Elle était gênée parce qu'elle ne parle pas français. Philippe a aidé Julia. Maintenant, il est amoureux!

CHAPITRE 10 — Je peux te parler?

Quiz 10-1A

PREMIERE ETAPE

Maximum Score: 35/100

Grammar and Vocabulary

A. Solange's car broke down and she missed her date with Arthur. Now he wants to break up, and her friends are giving her advice about what to do. Complete their statements with an appropriate expression from the box below. Some may be used more than once. (10 points)

| pardon | les devoirs | le | téléphone | dis | parle | excuse |
| réconcilier | ce qui | oublie | lui | expliquer | | un cadeau |

1. — Tu devrais _____ expliquer _____ s'est passé.
2. — _____-toi.
3. — Tu devrais _____ demander _____.
4. — Je pense que tu devrais te _____ avec lui.
5. — _____-le!
6. — _____-lui que tu l'aimes.
7. — Tu dois _____ offrir _____.

SCORE _____

B. Claude has a problem and is asking Marthe for her advice. Put their conversation in the correct order by numbering the following sentences from 1–7. (7 points)

_____ — Génial! Je vais téléphoner à Françoise tout de suite.

_____ — J'ai un problème et je ne sais pas quoi faire. Caroline m'a invité à la boum de Roger vendredi.

_____ — Alors là, tu dois décider avec qui tu préfères sortir. Ecoute, j'ai une idée. Pourquoi pas demander à Françoise d'aller au cinéma samedi au lieu de vendredi? Comme ça, tu sors avec Caroline vendredi et Françoise samedi. Bonne idée, n'est-ce pas?

_____ — Bien sûr, Claude. Qu'est-ce qu'il y a?

_____ — Mais, je ne vois pas le problème.

_____ — Dis, Marthe. Tu as une minute?

_____ — Le problème, c'est que j'avais déjà promis à Françoise d'aller au cinéma avec elle vendredi. A ton avis, qu'est-ce que je dois faire?

SCORE _____

Nom _____ Classe _____ Date _____

Quiz 10-1A

C. Your friends are always asking you for advice. Based on each situation, tell your friend what you think he or she should do. Be sure to use **le**, **la**, **lui**, or **leur** in your answers. (10 points)

1. Je suis tombé amoureux d'une fille qui habite au Canada.
   _____

2. Je me suis disputé avec mon copain hier et il ne me parle pas.
   _____

3. J'ai cassé deux cassettes de mon frère.
   _____

4. Il y a une fille dans ma classe que j'aime mais elle ne me connaît pas.
   _____

5. J'ai eu une mauvaise note en histoire et mes parents m'ont privé de sortie.
   _____

SCORE [ ]

D. Rewrite each of the following sentences, using an object pronoun to replace the underlined words. (8 points)

1. Je vais inviter <u>Robert et Céline</u> au cinéma.
   _____

2. Tu dois expliquer <u>à Paul et à moi</u> ce qui s'est passé.
   _____

3. Je dois demander pardon <u>à mon copain</u>.
   _____

4. Invite <u>Ahmed et Lucie</u> à la boum.
   _____

5. Tu devrais oublier <u>Marthe</u>.
   _____

6. Explique <u>à tes parents</u> ce qui s'est passé.
   _____

7. Ne parle pas <u>à Julie</u>.
   _____

8. Téléphone <u>à tes grands-parents</u> ce soir.
   _____

SCORE [ ]

TOTAL SCORE [ ] /35

CHAPITRE 10

Nom _____ Classe _____ Date _____

Je peux te parler?

Quiz 10-1B

■ PREMIERE ETAPE

Maximum Score: 35/100

I. Listening

A. Listen to these teenagers confide in their friends. For each conversation, indicate what advice was given. (8 points)

1. _____
2. _____
3. _____
4. _____

a. Give him a new book.
b. Invite her to another party.
c. Call her and ask her forgiveness.
d. Explain what happened.
e. Tell him that it's a misunderstanding.

SCORE _____

II. Reading

B. Read this letter and response from the advice column of **Salut, les jeunes!** and answer, in English, the questions on page 252. (15 points)

QUESTION :

Je m'appelle Raoul. Pendant les vacances, je suis sorti avec une fille qui s'appelle Juliette. On s'entendait super bien et on a passé un été super. Malheureusement, les vacances sont finies et je ne la vois plus du tout parce qu'elle habite trop loin. La semaine dernière, elle m'a téléphoné et on a décidé de casser parce que ça ne sert à rien d'avoir une relation avec quelqu'un qu'on ne voit jamais. Je pensais que c'était la meilleure solution, mais maintenant, je n'en suis plus si sûr. Elle me manque beaucoup et je veux la revoir. Qu'est-ce que vous me conseillez de faire?

REPONSE :

Je crois qu'il faut écouter ton cœur. C'est peut-être dur de ne pas pouvoir voir ta petite amie aussi souvent que tu le voudrais, mais c'est mieux que rien. Si tu l'aimes vraiment, téléphone-lui et dis-le-lui. Vous pouvez vous écrire, vous téléphoner et essayer de vous voir pendant les vacances.

Nom _____ Classe _____ Date _____

 Quiz 10-1B

1. What happened to Raoul this summer?
   _____

2. What did he and Juliette decide last week?
   _____

3. Why is he writing?
   _____

4. What advice does the reader of **Salut, les jeunes!** offer Raoul?
   _____

5. What does the reader suggest that Raoul and Juliette do to stay in touch?
   _____

SCORE [ ]

III. Writing

C. Your French pen pal sent you a letter explaining how his girlfriend isn't talking to him because he forgot her birthday. Write a response, giving him at least three pieces of advice on how to make up with her. (12 points)

_____
_____
_____
_____
_____
_____
_____
_____
_____
_____
_____

SCORE [ ]

TOTAL SCORE [ ] /35

Je peux te parler?

Quiz 10-2A

DEUXIEME ETAPE

Maximum Score: 35/100

Grammar and Vocabulary

A. You're planning a party tonight and you ask your friends for help with the preparations. Use a different expression to ask each of them to do the following things. (6 points)

1. _____ faire les courses?
2. _____ préparer le gâteau?
3. _____ décorer la salle?

SCORE ☐

B. You've asked two of your friends, Robert and Pierre, for help getting ready for a party. Robert agreed to help but Pierre is making excuses. Write two things each person might say in response to your requests. (12 points)

Robert	Pierre
_____	_____
_____	_____

SCORE ☐

C. You want to host a French Club gala at your house. Your friend Christine has offered to help. Make a list of five things you need to do to get ready. (5 points)

Je dois...

1. _____
2. _____
3. _____
4. _____
5. _____

SCORE ☐

Nom _____ Classe _____ Date _____

 Quiz 10-2A

D. Your sister is worried about the preparations for a party she's giving. Her friend Céline is reassuring her about what's already been done. Based on each of Céline's responses, circle the letter that tells what your sister asked her about. (7 points)

1. Je l'ai fait.
   a. la vaisselle   b. les courses   c. le ménage
2. Lucien l'a acheté.
   a. les fleurs   b. le cadeau   c. la musique
3. Tes parents les ont envoyées.
   a. les invitations   b. les paquets   c. la lettre
4. Paul les a promenés.
   a. le chat   b. la voiture   c. les chiens
5. Je l'ai invité.
   a. Annie   b. Christian et François c. Ali
6. Roger l'a choisie.
   a. la musique   b. le disque   c. les films
7. Vous les avez préparées.
   a. la voiture   b. les sandwiches   c. les tartes

SCORE [   ]

E. Your parents have told you that you can't go out with your friends until you finish your chores. Based on the cues provided, respond to each of your parent's questions. Be sure to use the appropriate direct object pronouns in your answers. (5 points)

1. Tu as sorti la poubelle?
   (non) _____
2. Tu as promené le chien?
   (oui) _____
3. Tu as envoyé mes lettres?
   (oui) _____
4. Tu as fait la vaisselle?
   (non) _____
5. Tu as fait tes devoirs?
   (oui) _____

SCORE [   ]

TOTAL SCORE [   ] /35

Nom _____ Classe _____ Date _____

CHAPITRE 10
Je peux te parler?

Quiz 10-2B

DEUXIEME ETAPE

Maximum Score: 35/100

I. Listening

A. Listen as Annie asks her friends for help with preparations for her birthday party. Decide whether each person **a) agrees to help** or **b) makes excuses.** (10 points)

1. _____   2. _____   3. _____   4. _____   5. _____

SCORE _____

II. Culture

B. Look at this page from a French cookbook that describes specialties in southern France. Fill in the blanks with the correct words. (5 points)

La cuisine

_____ : a sauce made from egg yolk, olive oil, and garlic

_____ : a paste of olives, garlic, and anchovies

_____ : a casserole with eggplant, tomatoes, zucchini, green peppers, and onions

_____ : pizza with onions, anchovies, and olives

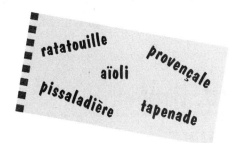
ratatouille   provençale
   aïoli
pissaladière   tapenade

SCORE _____

Nom_____ Classe_____ Date_____

 Quiz 10-2B

III. Reading

C. Read this note that your friend Marianne left in your locker, and answer the questions below in English. (10 points)

> Salut! Tu ne devineras jamais ce qui s'est passé! Jean-Claude m'a invitée à aller voir un concert avec lui ce soir. Malheureusement, j'avais déjà promis à mes parents de garder ma petite sœur. Est-ce que tu pourrais le faire à ma place? Tu sais à quel point je veux sortir avec Jean-Claude. Je t'en supplie, dis oui!!! Merci mille fois! Au fait, ça t'ennuie de passer l'aspirateur pendant que tu y es? C'est mon jour de ménage... Ah oui! Et puis, à propos de ta boum ce week-end, je ne peux pas venir. Désolée, mais je suis très occupée en ce moment, alors, c'est vraiment pas possible. En tout cas, ne t'inquiète pas, je peux quand même t'aider à étudier pour ton interro de maths. Dis-moi vite pour ce soir. Merci encore!

1. What is the first thing that Marianne asks you to do? _____
2. Why does she need this favor? _____
3. What other thing does she want you to do? _____
4. What excuse does she give about the party? _____
5. What is she planning to help you with? _____

SCORE ☐

IV. Writing

D. Marguerite has asked for advice on what she needs to do to plan her first party. Write a note telling her five things she should do and the order in which she should do them. (10 points)

_____
_____
_____
_____
_____
_____

SCORE ☐

TOTAL SCORE ☐ /35

Nom _____ Classe _____ Date _____

CHAPITRE 10 — Je peux te parler?

Quiz 10-3A

TROISIEME ETAPE

Maximum Score: 30/100

Grammar and Vocabulary

A. Your friends forgot your birthday yesterday and they're apologizing to you. Write four things you can say to accept their apologies. (8 points)

1. _____
2. _____
3. _____
4. _____

SCORE _____

B. Your parents are reproaching you for different things, and you're agreeing with them. Write your response based on what your parents said to reproach you. Replace the underlined word with the appropriate object pronoun. (6 points)

1. Tu n'aurais pas dû oublier <u>ton livre</u>.
   _____

2. Tu aurais dû faire <u>tes devoirs</u>.
   _____

3. Tu aurais pu sortir <u>la poubelle</u>.
   _____

4. Tu aurais dû téléphoner <u>à ton oncle</u>.
   _____

5. Tu aurais dû faire <u>la vaisselle</u>.
   _____

6. Tu aurais dû écrire <u>à tes grands-parents</u>.
   _____

SCORE _____

Nom _____ Classe _____ Date _____

 Quiz 10-3A

C. Jean-Luc is always very apologetic when someone reproaches him. Complete his conversations with an appropriate expression from the box below. (16 points)

> rien   ma faute   t'en   aurais dû   désolé   m'en veux
> grave   aurais pu   excuse   pas de mal

1. — Pourquoi tu es arrivé trente minutes en retard? J'attends depuis longtemps.

   — C'est de _____. J'_____ partir plus tôt.

2. — Eh, attention! Tu vas casser mes disques!

   — _____! Tu ne _____ pas?

   — C'est pas _____.

3. — Tu _____ me téléphoner hier pour m'inviter à la boum.

   — _____-moi. J'étais fatigué et j'ai fait la sieste.

   — Il n'y a _____. François m'a vu au parc et il m'a invité.

SCORE ☐

TOTAL SCORE ☐ /30

CHAPITRE 10 — Je peux te parler?

Quiz 10-3B

TROISIEME ETAPE

Maximum Score: 30/100

I. Listening

A. Listen to some teenagers apologizing to their friends. Indicate whether each person is a) **forgiven** or b) **reproached**. (8 points)

1. _____   2. _____   3. _____   4. _____

SCORE _____

II. Reading

B. Read these notes some French students wrote. Then decide whether the statements on page 260 are **true** or **false**. (12 points)

Maxime, excuse-moi! Je suis vraiment désolée. Je n'ai pas fait exprès de casser ta montre. Je sais que j'aurais dû faire plus attention. Je vais t'en acheter une autre, c'est promis! Tu ne m'en veux pas, dis?
— Sylvie

Oh, c'est pas grave. Tu aurais dû faire attention, c'est vrai, mais je sais que tu ne l'as pas fait exprès. T'en fais pas. Je ne t'en veux pas.
— Maxime

Dis, Caroline, qu'est-ce qui s'est passé? Tu étais où hier? Tu aurais pu me téléphoner quand même! Tu sais que tu devais m'apporter des CD. C'était vraiment mortel à la boum sans musique.
— Julien

Julien, je suis désolée. C'est de ma faute. Mes grands-parents sont arrivés de Paris hier et j'ai complètement oublié ta boum! Tu me pardonnes, dis?
— Caroline

Tu aurais dû garder mon secret. Tu sais, maintenant je suis vraiment gêné. Je ne peux plus lui parler. Je ne sais pas quoi faire. C'est vraiment pas sympa ce que tu as fait.
— Marc

Je suis vraiment désolée. J'aurais dû te demander si je pouvais le dire aux autres. C'est la dernière fois, je te promets! Excuse-moi.
— Chantal

Nom_____ Classe_____ Date_____

Quiz 10-3B

_____ 1. Sylvie reproaches Maxime for breaking her watch.

_____ 2. Maxime is very upset with Sylvie.

_____ 3. Julien thinks that Caroline ruined his party by not letting him know she couldn't bring the music.

_____ 4. Caroline is angry with Julien for criticizing her.

_____ 5. Marc's upset because Chantal told his secret.

_____ 6. Chantal is not apologetic.

SCORE ☐

III. Writing

C. Write a short conversation based on what's happening at Yuet's house. (10 points)

SON PERE _____

YUET _____

SON PERE _____

YUET _____

SON PERE _____

YUET _____

SON PERE _____

SCORE ☐

TOTAL SCORE ☐ /30

CHAPITRE 10
Je peux te parler?

Chapter Test

I. Listening

Maximum Score: 30

A. Listen to Séverine give Julien some advice about a problem he's having with his girlfriend. Did she give the advice illustrated below? For each picture, mark **a) if she did** or **b) if she didn't.** (10 points)

1. _____

2. _____

3. _____

4. _____

5. _____

SCORE _____

B. Listen to Elodie and Marc discuss a problem that Elodie is having. Then decide whether the following statements are **a) true** or **b) false.** (10 points)

_____ 6. Elodie wants to apologize to Marc.

_____ 7. Elodie had an argument with Kim.

_____ 8. Elodie doesn't know if she should go to Kim's party.

_____ 9. Marc thinks that Elodie should apologize.

_____ 10. Elodie is going to write Kim a note tonight.

SCORE _____

Chapter Test

C. Listen to these remarks some students make about their problems. For each one, choose the speaker's purpose. (10 points)

_____ 11. a. She's apologizing.
b. She's reproaching a friend.
c. She wants to share a confidence.

_____ 12. a. She's asking a favor.
b. She's giving advice to a friend.
c. She's reproaching a friend.

_____ 13. a. He's giving advice to a friend.
b. He's making excuses for himself.
c. He's accepting someone's apology.

_____ 14. a. He's explaining a misunderstanding.
b. He's asking for advice.
c. He's asking a favor.

_____ 15. a. She's accepting an apology.
b. She's granting a favor.
c. She's giving advice.

SCORE _____

II. Reading

Maximum Score: 38

D. Match the statements on the left with the appropriate responses on the right. (10 points)

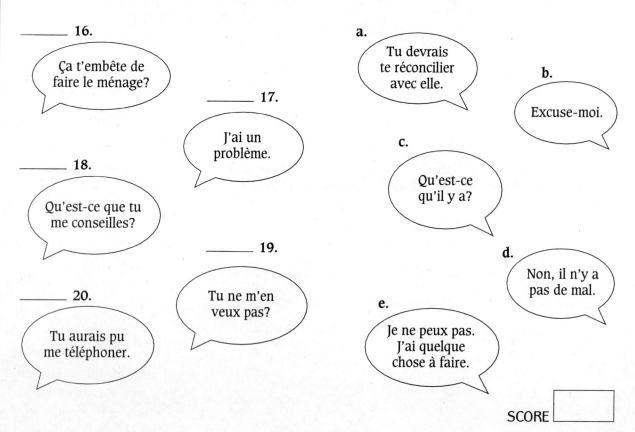

_____ 16. Ça t'embête de faire le ménage?

_____ 17. J'ai un problème.

_____ 18. Qu'est-ce que tu me conseilles?

_____ 19. Tu ne m'en veux pas?

_____ 20. Tu aurais pu me téléphoner.

a. Tu devrais te réconcilier avec elle.
b. Excuse-moi.
c. Qu'est-ce qu'il y a?
d. Non, il n'y a pas de mal.
e. Je ne peux pas. J'ai quelque chose à faire.

SCORE _____

E. Read this page taken from a book that offers tips for teenagers. Then read each of the tips in English and decide if the book **a) recommends it, b) does not recommend it,** or **c) does not mention it at all.** (16 points)

Comment organiser la boum parfaite?

Tu as décidé de faire une boum chez toi mais tu ne sais pas par où commencer? Suis ces quelques conseils et crois-moi, ta soirée sera très réussie.

A ne pas oublier :
- Tout d'abord, il faut demander la permission à tes parents.
- Ensuite, fixe une date. Vérifie auprès de tes amis que la date leur convient.
- Envoie les invitations au moins une semaine à l'avance.
- Le jour de ta boum, fais les courses et prépare les amuse-gueule. N'oublie pas de faire le ménage!

A éviter :
- Ne choisis pas de styles de musique trop particuliers. Mon conseil : choisis quelque chose que tout le monde va aimer. N'oublie pas que les soirées réussies sont celles où les gens s'amusent et dansent.
- Quand tu prépares les amuse-gueule, essaie de penser à tout le monde et ne fais pas de plats trop épicés ou trop bizarres. Tu ne voudrais pas que tes amis soient malades!
- N'invite pas de gens qui risquent de casser l'ambiance de ta fête. Evite d'inviter un garçon et une fille qui viennent juste de casser ou des personnes qui ne s'entendent pas bien.

Quelques petits conseils pratiques :
- Demande à tes amis d(e) :
  — t'aider à préparer les amuse-gueule.
  — t'aider à faire le ménage avant et après ta boum.
  — apporter quelque chose à boire ou à manger.
- Invite à peu près le même nombre de garçons et de filles. C'est plus pratique pour danser.
- Choisis avec soin les vêtements que tu vas mettre. Sois original(e), chic et branché(e). N'oublie pas que c'est toi le roi (la reine) de la soirée!

139

Cent astuces pour adolescents

_____ 21. Ask friends to bring something to eat or drink and to help you clean up.

_____ 22. Don't worry too much about what you wear. Put on something old and comfortable.

_____ 23. Play music that most people like so they'll have fun dancing.

_____ 24. Don't have a party on a school night when your friends can't stay out late.

_____ 25. Send out invitations at least one week in advance.

_____ 26. Try to impress your friends by preparing new and unusual kinds of foods.

_____ 27. Ask everyone to reply so you know how much food to buy.

_____ 28. Use the opportunity to help a friend make up with her boyfriend.

SCORE _____

Chapter Test

F. Read this letter and the responses that appeared in the advice column of the magazine **Salut, les jeunes!** Then read the statements on page 265 and decide whether they are **a) true** or **b) false.** (12 points)

> Je m'appelle Marjorie. J'ai 16 ans et je suis en première. J'ai un problème. Je suis très déprimée parce que je n'ai aucun ami. A l'école, je suis très bonne élève, mais personne ne m'aime dans ma classe. J'ai l'impression que c'est parce que j'ai toujours de bonnes notes. A mon avis, c'est bien d'être douée pour les études. Mais apparemment, mes camarades de classe ne sont pas du même avis. Je ne sais pas quoi faire pour trouver des amis.

> Tu sais, Marjorie, tu n'es pas la seule dans cette situation. Moi aussi, quand j'étais au lycée, j'avais le même problème. Ne t'en fais pas. Si les gens de ta classe réagissent comme ça, ça veut dire qu'ils ne sont vraiment pas intéressants. Tu ne perds rien à ne pas les avoir pour amis. Et puis, tu as raison, c'est génial d'être bonne élève. Un jour, tu vas avoir un super travail et tu vas gagner beaucoup d'argent, et ce jour-là, tu vas prouver à tout le monde que c'est important d'étudier sérieusement.
>
> Céline

> Salut, Marjorie! Ne t'inquiète pas et ne sois pas déprimée à cause de ta situation. Tu sais, il y a sûrement beaucoup de gens dans ton lycée qui voudraient avoir une amie comme toi. Parle-leur et invite-les au café après l'école. Ceux qui pensent que tu es nulle parce que tu as de bonnes notes n'ont vraiment rien compris. Moi, je ne suis pas très doué à l'école et j'admire les gens qui réussissent. C'est important d'être bon élève pour pouvoir réussir dans la vie. Alors, continue comme ça et n'écoute pas les autres.
>
> Vincent

_____ 29. Marjorie is apologizing for being a bad student.

_____ 30. Céline thinks that Marjorie should try to make friends with the teenagers who don't pay attention to her.

_____ 31. Céline thinks that being successful in the future will show what's really important.

_____ 32. Vincent advises Marjorie to study harder.

_____ 33. He thinks Marjorie should invite some students to go to a café with her after school.

_____ 34. Vincent thinks it's important to be a good student because he is one himself.

SCORE ____

III. Writing

Maximum Score: 22

G. Your friend Michel had a recent misunderstanding with his girlfriend. Write him a note telling him that he should make up with her. Mention at least three things that he can do to resolve the situation. (10 points)

SCORE ____

H. You're applying to be a script writer for a teen magazine that prints weekly episodes of a soap opera, **Mes belles années.** Write a conversation between two friends who've had a misunderstanding. One person should explain and apologize. The other person should reproach his or her friend and then accept the apology. (12 points)

Choose from one of these situations:
- one friend didn't go to another's party
- one friend went to the wrong meeting place
- one friend was late for a meal

SCORE

IV. Culture

Maximum Score: 10

I. You want to give a party with a Provençal theme. Mention at least two local Provençal sights of which you could display posters, and three special dishes you could serve. Answer in English. (10 points)

SCORE

TOTAL SCORE /100

Nom _____ Classe _____ Date _____

CHAPITRE 10 Chapter Test Score Sheet

Circle the letter that matches the most appropriate response.

I. Listening   Maximum Score: 30

A. (10 points)   **B.** (10 points)   **C.** (10 points)

1. a b   6. a b   11. a b c
2. a b   7. a b   12. a b c
3. a b   8. a b   13. a b c
4. a b   9. a b   14. a b c
5. a b   10. a b   15. a b c

SCORE _____   SCORE _____   SCORE _____

II. Reading   Maximum Score: 38

D. (10 points)   **E.** (16 points)   **F.** (12 points)

16. a b c d e   21. a b c   29. a b
17. a b c d e   22. a b c   30. a b
18. a b c d e   23. a b c   31. a b
19. a b c d e   24. a b c   32. a b
20. a b c d e   25. a b c   33. a b
                        26. a b c   34. a b
                        27. a b c
                        28. a b c

SCORE _____   SCORE _____   SCORE _____

III. Writing   Maximum Score: 22

G. (10 points)

_____
_____
_____
_____
_____

Nom_____ Classe_____ Date_____

SCORE ☐

H. (12 points)

SCORE ☐

IV. Culture

Maximum Score: 10

I. (10 points)

SCORE ☐

TOTAL SCORE ☐ /100

Listening Scripts for Quizzes • Chapitre 10

Quiz 10-1B Première étape

I. Listening

1. — Tu as une minute, Anne? Voilà, j'ai oublié d'inviter Karine à mon anniversaire et elle est fâchée. Qu'est-ce que je peux faire?
   — Parle-lui et invite-la à une autre fête.
2. — Salut, Pierre, j'ai un problème. Pascal m'a vu avec sa petite amie au parc, mais il ne s'est rien passé. On parlait du cours de géo. A ton avis, qu'est-ce que je dois faire? Il est fâché maintenant.
   — Explique-lui que c'est un malentendu.
3. — Je peux te parler? Je voudrais m'excuser auprès de Julia parce que je n'ai vraiment pas été sympa samedi soir. J'étais de mauvaise humeur. Qu'est-ce que tu ferais toi?
   — Téléphone-lui et demande-lui pardon. Je pense que c'est une bonne idée.
4. — J'ai un problème!
   — Je t'écoute.
   — J'ai perdu le livre de maths de Franck. A ton avis, qu'est-ce que je dois faire?
   — Offre-lui un nouveau livre et dis-lui que tu es désolé.

Quiz 10-2B Deuxième étape

I. Listening

1. — Pierre, tu peux aller à la pâtisserie commander le gâteau?
   — Pas de problème, mais il faut que tu m'expliques quel gâteau tu veux.
2. — Salut, Cyril, tu pourrais passer chez Antoine pour chercher des tables et des chaises?
   — C'est impossible! Je n'ai pas de voiture pour les transporter!
3. — Isabelle, je voudrais ton avis pour les invitations et la robe que je vais mettre le soir de ma boum. Ça t'ennuie de venir avec moi au magasin?
   — Bien sûr que non. Tu sais que j'adore donner mon avis.
4. — Je n'aime pas tellement faire la cuisine. Ça t'embête de m'aider à préparer des amuse-gueule pour le dîner?
   — Pas du tout. Moi, j'adore faire la cuisine et je connais beaucoup de spécialités délicieuses.
5. — Tu pourrais m'aider à faire le ménage après la fête?
   — Désolée, mais j'ai quelque chose d'autre à faire. Et puis, tu ne m'as pas invitée!

Quiz 10-3B Troisième étape

I. Listening

1. — Je suis vraiment désolée de ne pas t'avoir invité à ma boum. Je croyais que tu étais en vacances avec tes parents à la Martinique.
   — T'en fais pas, tu m'inviteras une autre fois.
2. — Excuse-moi mais je ne t'ai pas attendue l'autre soir au cinéma. Il y avait du monde et je voulais avoir une place.
   — Tu aurais dû m'attendre. A cause de toi, j'ai raté le film.
3. — Tu sais, pour le CD, c'est de ma faute. C'est moi qui l'ai perdu.
   — Il n'y a pas de mal. Je n'aimais pas cette musique de toute façon!
4. — J'aurais dû te dire qu'il y avait une interro en histoire. Tu ne m'en veux pas?
   — Si, tu aurais pu me téléphoner. Maintenant, je vais avoir une très mauvaise note.

Answers to Quizzes 10-1A and 10-1B • Chapitre 10

ANSWERS Quiz 10-1A

A. (10 points: 1 point per item)
1. lui; ce qui
2. Excuse
3. lui; pardon
4. réconcilier
5. Oublie
6. Dis
7. lui; un cadeau

B. (7 points: 1 point per item)
7, 3, 6, 2, 4, 1, 5

C. (10 points: 2 points per item)
Answers may vary. Possible answers:
1. Oublie-la!
2. Téléphone-lui pour t'excuser.
3. Offre-lui de nouvelles cassettes.
4. Invite-la à ta boum ce week-end.
5. Explique-leur ce qui s'est passé.

D. (8 points: 1 point per item)
1. Je vais les inviter au cinéma.
2. Tu dois nous expliquer ce qui s'est passé.
3. Je dois lui demander pardon.
4. Invite-les à la boum.
5. Tu devrais l'oublier.
6. Explique-leur ce qui s'est passé.
7. Ne lui parle pas.
8. Téléphone-leur ce soir.

ANSWERS Quiz 10-1B

I. Listening

A. (8 points: 2 points per item)
1. b
2. e
3. c
4. a

II. Reading

B. (15 points: 3 points per item)
Answers will vary. Possible answers:
1. He met Juliette.
2. They decided to break up.
3. He misses her and wants to see her again.
4. To call her and tell her he loves her
5. To write each other, call, and try to see each other during vacation

III. Writing

C. (12 points)
Answers will vary. Possible answer:
Tu peux peut-être lui téléphoner pour t'excuser. Tu devrais l'inviter au restaurant. Demande-lui pardon. Et n'oublie pas de lui offrir un cadeau.

Answers to Quizzes 10-2A and 10-2B • Chapitre 10

ANSWERS Quiz 10-2A

A. (6 points: 2 points per item)
Answers may vary. Possible answers:
1. Tu pourrais
2. Ça t'embête de
3. Ça t'ennuie de

B. (12 points: 3 points per item)
Answers may vary. Possible answers:
Robert
Avec plaisir.
Pas de problème.

Pierre
Je n'ai pas le temps.
J'ai quelque chose à faire.

C. (5 points: 1 point per item)
Answers may vary. Possible answers:
Je dois...
1. fixer la date.
2. envoyer les invitations.
3. préparer les amuse-gueule.
4. choisir la musique.
5. faire le ménage.

D. (7 points: 1 point per item)
1. c
2. b
3. a
4. c
5. c
6. a
7. c

E. (5 points: 1 point per item)
1. Non, je ne l'ai pas sortie.
2. Oui, je l'ai promené.
3. Oui, je les ai envoyées.
4. Non, je ne l'ai pas faite.
5. Oui, je les ai faits.

ANSWERS Quiz 10-2B

I. Listening
A. (10 points: 2 points per item)
1. a
2. b
3. a
4. a
5. b

II. Culture
B. (5 points: 1 point per item)
provençale
aïoli
tapenade
ratatouille
pissaladière

III. Reading
C. (10 points: 2 points per item)
1. babysit her sister
2. She wants to go to a concert with Jean-Claude.
3. vacuum
4. She can't go because she's really busy.
5. She offers to help with studying for a math test.

IV. Writing
D. (10 points)
Answers will vary. Possible answer:
Marguerite,
   Pour ta boum, tu dois d'abord demander la permission à tes parents. Après ça, tu peux fixer la date. Ensuite, tu devrais envoyer les invitations. Je peux faire ça, si tu veux. Puis, tu dois choisir la musique. Finalement, le jour de la boum, il faut préparer les amuse-gueule et faire le ménage. Dis-moi si je peux t'aider avec les préparatifs.

Answers to Quizzes 10-3A and 10-3B • Chapitre 10

ANSWERS Quiz 10-3A

A. (8 points: 2 points per item)
Answers may vary. Possible answers:
1. C'est pas grave.
2. Ça ne fait rien.
3. T'en fais pas.
4. Il n'y a pas de mal.

B. (6 points: 1 point per item)
1. Je n'aurais pas dû l'oublier.
2. J'aurais dû les faire.
3. J'aurais pu la sortir.
4. J'aurais dû lui téléphoner.
5. J'aurais dû la faire.
6. J'aurais dû leur écrire.

C. (16 points: 2 points per item)
1. ma faute; aurais dû / aurais pu
2. Désolé; m'en veux; grave
3. aurais pu / aurais dû; Excuse; pas de mal

ANSWERS Quiz 10-3B

I. Listening

A. (8 points: 2 points per item)
1. a
2. b
3. a
4. b

II. Reading

B. (12 points: 2 points per item)
1. false
2. false
3. true
4. false
5. true
6. false

III. Writing

C. (10 points)
Answers will vary. Possible answer:

SON PERE   Tu as vu quelle heure il est?
YUET   Oui, je sais. Je suis vraiment désolée.
SON PERE   Qu'est-ce qui s'est passé?
YUET   La mobylette de Sophie est tombée en panne.
SON PERE   Tu aurais pu téléphoner.
YUET   Oui, excuse-moi, Papa. Tu ne m'en veux pas?
SON PERE   Ça va pour cette fois. Il n'y a pas de mal.

Scripts for Chapter Test • Chapitre 10

I. Listening

A.
JULIEN Je peux te parler? J'ai un problème.
SEVERINE Qu'est-ce qu'il y a?
JULIEN C'est Aurélie. Elle ne me parle plus.
SEVERINE Qu'est-ce qui s'est passé?
JULIEN On avait rendez-vous. C'était son anniversaire. Je n'y suis pas allé parce que mes parents m'ont privé de sortie.
SEVERINE Eh bien, tu devrais lui expliquer ce qui s'est passé.
JULIEN Elle refuse de m'écouter. Qu'est-ce que je dois faire?
SEVERINE Téléphone-lui et demande-lui pardon.
JULIEN Oh, je ne sais pas. Elle est vraiment fâchée, tu sais.
SEVERINE Ben, insiste pour lui parler et dis-lui que tu l'aimes. Invite-la au restaurant. Et n'oublie pas de lui offrir un cadeau. Je suis sûre qu'elle va te pardonner.
JULIEN Tu crois?

B.
ELODIE Marc, tu as une minute?
MARC Oui, bien sûr. Qu'est-ce qu'il y a?
ELODIE Tu sais que Kim fait une boum samedi soir.
MARC Je sais. Elle m'a envoyé une invitation.
ELODIE Elle m'a invitée, moi aussi, mais je me suis disputée avec elle hier et c'était de ma faute. Alors, je ne sais pas si je devrais aller à sa boum. Je voudrais bien, mais si elle m'en veut,...
MARC A mon avis, tu devrais lui téléphoner et t'excuser. Vous êtes bonnes copines. C'est tellement bête, une dispute.
ELODIE Merci pour tes bons conseils. Je vais lui téléphoner ce soir et lui demander pardon. Je te vois à la boum, alors?

C.
11. — Je ne sais pas quoi faire. Est-ce que je peux te parler? J'ai un problème assez personnel. Tu as une minute?
12. — Mais si, c'est de ta faute! Tu aurais dû me demander la permission avant de prendre mes vêtements. Et ce n'est pas la première fois.
13. — A mon avis, tu devrais lui parler. Dis-lui que tu es désolé et que c'est de ta faute. Téléphone-lui ce soir et explique-lui. Elle va comprendre.
14. — Dis, Ariane, ça t'ennuie de me prêter cinq euros? Il faut que j'achète des timbres. Je peux te les rendre demain.
15. — Mais non, je ne t'en veux pas. Ce n'est pas de ta faute si tu ne peux pas venir chez moi samedi.

Answers to Chapter Test • Chapitre 10

I. Listening Maximum Score: 30 points

A. (10 points: 2 points per item) **B.** (10 points: 2 points per item) **C.** (10 points: 2 points per item)

A.
1. b
2. a
3. b
4. a
5. a

B.
6. b
7. a
8. a
9. a
10. b

C.
11. c
12. c
13. a
14. c
15. a

II. Reading Maximum Score: 38 points

D. (10 points: 2 points per item) **E.** (16 points: 2 points per item) **F.** (12 points: 2 points per item)

D.
16. e
17. c
18. a
19. d
20. b

E.
21. a
22. b
23. a
24. c
25. a
26. b
27. c
28. b

F.
29. b
30. b
31. a
32. b
33. a
34. b

III. Writing Maximum Score: 22 points

G. (10 points)
Answers will vary. Possible answer:
Michel,
  A mon avis, tu devrais te réconcilier avec elle. Tu devrais lui téléphoner et lui expliquer ce qui s'est passé. Excuse-toi et dis-lui que tu l'aimes. Elle va sûrement te pardonner.

H. (12 points)
Answers will vary. Possible answer:
— Je suis vraiment désolé pour ta boum. Mes parents m'ont privé de sortie pour la semaine.
— Tu aurais pu téléphoner.
— Oui, je sais, mais je ne pouvais pas. Ils m'ont privé de téléphone aussi.
— Bon, alors, ce n'est pas de ta faute. Je ne t'en veux pas.

IV. Culture Maximum Score: 10 points

I. (10 points)
Answers may vary. Possible answer:
I would hang posters of Aix-en-Provence that show the **parc des Thermes** or paintings by Cézanne. I would serve **pissaladière** or **ratatouille**. To start, I would serve black olives or a dip made of anchovies, garlic, and olives called **tapenade**.

Chapitre 11 — Chacun ses goûts

Quiz 11-1A
Maximum Score: 30/100

PREMIERE ETAPE

Grammar and Vocabulary

A. You and your friends are talking about the new student in your French class. Complete your conversation with the appropriate present tense form of the verb **connaître**. (10 points)

— Cette fille-là, qui est-ce? Je ne la **(1)** _____ pas.

— Elle s'appelle Sylvie. Martine et Christine la **(2)** _____ bien.

— Murielle et Aurélie, vous **(3)** _____ Sylvie aussi?

— Non, nous ne la **(4)** _____ pas encore mais elle est dans notre classe d'histoire cet après-midi.

— François la **(5)** _____. Il dit qu'elle est sympa. Il lui a parlé à la cantine hier.

SCORE _____

B. Identify the following artists or songs. Use the expressions **Il est/Elle est** or **C'est** in your answers. (10 points)

chanteur / chanteuse   groupe   chanson   musicien(ne)   américain(e)
anglais(e)   canadien(ne)   antillais(e)   français(e)

1. Céline Dion
   _____

2. Frère Jacques
   _____

3. Faith Hill
   _____

4. Les Rolling Stones
   _____

5. Zouk Machine
   _____

SCORE _____

Nom _____ Classe _____ Date _____

Quiz 11-1A

C. Write what kind of music the following people like. (10 points)

1.  Elaine : _____

2.  Martin : _____

3.  Gérard : _____

4.  Nathan : _____

5.  Clarice et Jean-Marc : _____

SCORE ☐

TOTAL SCORE ☐ /30

CHAPITRE 11 Chacun ses goûts

PREMIERE ETAPE

Quiz 11-1B

Maximum Score: 30/100

I. Listening

A. Listen as some teenagers discuss their tastes in music. For each conversation, indicate whether the second speaker is **a) familiar** or **b) unfamiliar** with the music or musician mentioned. (10 points)

1. _____ 2. _____ 3. _____ 4. _____ 5. _____   SCORE [ ]

II. Reading

B. Flaure, Patrick, and Odile are having a conversation about their tastes in music. Read their conversation, and then answer the questions on page 278. (10 points)

FLAURE   Qu'est-ce qui vous plaît comme musique?

ODILE   Moi, j'aime bien le rock et le reggae.

PATRICK   Le reggae? Moi aussi. Ce qui me plaît, c'est la musique de Bob Marley.

ODILE   Moi, je préfère la musique de son fils, Ziggy Marley. Et toi, Flaure? Qu'est-ce qui te plaît comme musique?

FLAURE   Ce qui me plaît, c'est le jazz, le blues, le folk et la musique classique.

PATRICK   Ouah! Tu aimes beaucoup de genres de musique, toi!

FLAURE   Oui. Pour moi, la musique est une façon de découvrir de nouveaux horizons. Si on allait à un concert ensemble? C'est la Fête de la musique la semaine prochaine.

PATRICK   Mais il y a quel genre de musique? Je n'aime pas les groupes de jazz et la musique symphonique est nulle.

FLAURE   Je propose un groupe antillais. Ils viennent de Martinique. Mais si ça ne vous intéresse pas, il y aura des tas d'autres groupes.

ODILE   Oui, on peut choisir un groupe ou un chanteur que nous aimons tous les trois.

PATRICK   D'accord. Nous pouvons regarder *Aix en musique*. C'est un bon guide de musique.

ODILE   Bonne idée. A propos, j'en ai un.

Nom_____ Classe_____ Date_____

Quiz 11-1B

1. What type of music do both Patrick and Odile like?
   _____

2. Who likes several different kinds of music?
   _____

3. What upcoming special event does Flaure recommend to Patrick and Odile?
   _____

4. What types of music does Patrick not want to hear in a concert?
   _____

5. What does Odile have that can help them decide which concert to go to?
   _____

SCORE [ ]

III. Writing

C. Write a letter to your pen pal about your tastes in music. Mention at least two kinds of music that you're familiar with and two that you don't know much about. Ask your pen pal what type of music he or she likes and if he or she is familiar with your favorite musician or group. (10 points)

_____
_____
_____
_____
_____
_____
_____
_____
_____
_____

SCORE [ ]

TOTAL SCORE [ ] /30

Chapitre 11 — Chacun ses goûts

DEUXIEME ETAPE

Quiz 11-2A
Maximum Score: 35/100

Grammar and Vocabulary

A. Your friend Cécile is going to rent a movie, and you're making a list of suggestions. Write, in French, what type of film each of the following is, so that Cécile will know in which section she should look for them. (10 points)

1. *Mission impossible* _____
2. *Hamlet* _____
3. *Demain ne meurt jamais* _____
4. *Frankenstein* _____
5. *Titanic* _____

SCORE ☐

B. You're waiting at the bus station, and you overhear part of a conversation in which some people are talking about a movie they want to go see. Complete their conversation logically with an appropriate expression. (8 points)

— Qu'est-ce qu'on (1) _____ comme films?

— Ben... Tu veux voir *Dr. Dolittle?*

— C'est avec (2) _____ ?

— C'est avec Eddie Murphy. Il est super.

— Ça (3) _____ où?

— Au Royal et au Ciné Montparnasse.

— Ça commence (4) _____ ?

— Euh... A 15h30.

SCORE ☐

Nom _____ Classe _____ Date _____

 Quiz 11-2A

C. Choose the word or phrase that best completes these sentences. (5 points)

1. Ça commence...
   a. au Royal.
   b. Gérard Depardieu.
   c. à 13h30.

2. On joue...
   a. Hercule.
   b. au Plumereau.
   c. d'horreur.

3. Ça passe...
   a. Catherine Deneuve.
   b. à l'Odéon.
   c. les cow-boys.

4. Dracula, c'est un film...
   a. western.
   b. d'horreur.
   c. d'aventures.

5. C'est un film d'action avec...
   a. Pierce Brosnan.
   b. au Gaumont.
   c. Le Monde perdu.

SCORE _____

D. Suggest a type of movie to see based on what your friends tell you. Use the expression **Si on + imparfait** in your answers. (12 points)

1. Je suis amoureuse d'un garçon sympa. Je veux voir quelque chose de romantique.
   _____

2. J'aime les films qui font rire.
   _____

3. J'aime bien les films qui font peur.
   _____

4. J'adore les cow-boys!
   _____

5. Je préfère les vieux films américains.
   _____

6. Je m'intéresse beaucoup à tout ce qui est extraterrestre!
   _____

SCORE _____

TOTAL SCORE _____ /35

Nom_____ Classe_____ Date_____

Chapitre 11 Chacun ses goûts

DEUXIEME ETAPE

Quiz 11-2B

Maximum Score: 35/100

I. Listening

A. Listen as some teenagers talk about movies. For each conversation you hear, choose the phrase that would most logically complete the conversation. (8 points)

1. _____
2. _____
3. _____
4. _____

a. On joue *Titanic* et *L'Homme au masque de fer*. Qu'est-ce que tu en penses?

b. Ça passe au Concorde. C'est un peu loin, non?

c. C'est avec Gérard Depardieu.

d. Oui, il faut se dépêcher! Le film est à 20h30 et c'est la dernière séance.

e. C'est surtout un film comique, mais on peut dire que c'est aussi de la science-fiction.

SCORE [   ]

II. Reading

B. Read the following movie schedule and answer the questions on page 282. (10 points)

a. ***La Famille Pierrafeu***   Film comique américain en couleurs de Brian Levant avec John Goodman et Rosie O'Donnell. **v.o.** Les aventures d'une famille tranquille mais pas tout à fait comme les autres : une drôle de saga préhistorique. Séances : 17h, 19h30, 21h30. Film 20 mn après.

b. ***L'Enfant lion***   Film d'aventures français en couleurs de Patrick Grandperret avec Mathurin Sinze et Sophie-Véronique Toue Tagbe. Dans une Afrique légendaire, un petit garçon a une relation magique avec la nature et une jeune lionne née le même jour que lui. Séances : 17h30, 20h00, 22h. Film 15 mn après.

c. ***Les Enfants du paradis***   Film classique de Marcel Carné avec Jean-Louis Barrault et Arletty. En 1840, un mime, un comédien, un bandit et un riche aristocrate tombent amoureux de la même femme. C'est le plus célèbre film français. Séances : 16h30, 18h45, 21h15. Film 20 mn après.

Nom _____ Classe _____ Date _____

Quiz 11-2B

Which film . . .

_____ 1. is a classic?   _____ 4. starts at 8:15?

_____ 2. is a comedy?   _____ 5. is a love story?

_____ 3. is in English?

SCORE ☐

III. Culture

C. Match these terms you'd find in a French movie guide with their English equivalents. (4 points)

_____ 1. v.f.   a. ticket

_____ 2. v.o.   b. discount

_____ 3. tarif réduit c. showing

_____ 4. séance   d. dubbed

                       e. subtitled

SCORE ☐

D. Name three services the Minitel provides. (3 points)

_____

_____

SCORE ☐

IV. Writing

E. Write an e-mail to your friend inviting him or her to go to a movie with you. Tell what movie is playing, what kind of film it is, who stars in it, and where and when it is showing. (10 points)

_____
_____
_____
_____
_____
_____
_____
_____

SCORE ☐

TOTAL SCORE ☐ /35

CHAPITRE 11 — Chacun ses goûts

Quiz 11-3A

TROISIEME ETAPE

Maximum Score: 35/100

Grammar and Vocabulary

A. Florence and Gérard both read the same book over the weekend. Florence loved the book, but Gérard didn't like it. Write three things that each of them might say about the book they read. (18 points)

Florence	Gérard
_____	_____
_____	_____
_____	_____

SCORE _____

B. Christine has written a summary of a book she read last weekend for her French class. Complete her summary using **qui, que** or **qu'** as appropriate. (10 points)

J'ai lu le dernier roman de Jocelyne Perrinot le week-end dernier. Ça parle d'une jeune femme

(1) _____ s'appelle Sarah. Elle habite avec sa famille au Kansas, dans un ranch

(2) _____ elle adore. Un jour, elle rencontre un artiste, Renaud, (3) _____

arrive au ranch par hasard. Ils tombent amoureux et il reste pendant deux mois. Avant de

partir, Renaud lui donne la bague *(ring)* de sa mère (4) _____ il portait toujours au

bout d'une chaîne et promet de revenir bientôt. Hélas... il ne revient jamais mais chaque jour

Sarah regarde la bague (5) _____ Renaud lui a donnée et elle continue d'espérer.

SCORE _____

Quiz 11-3A

C. Your friends are talking about the book that each of them read for a class project. Tell what type of book each person read, based on what they say. (7 points)

1. Ça parle d'un détective français qui arrive à New York pour chercher un criminel mystérieux qui s'appelle Le Sphinx.

   _____

2. J'adore Jacques Prévert! Ses poèmes sont tellement intéressants.

   _____

3. L'auteur parle de son enfance au Maroc et de sa carrière plus tard dans l'armée.

   _____

4. Et puis, tout le village fait une grande fête pour célébrer le retour d'Astérix et d'Obélix.

   _____

5. Max voit Clarice au parc et il tombe tout de suite amoureux.

   _____

6. Les Zorkans attaquent la planète et il y a des explosions partout.

   _____

7. C'est dans la cinquième scène du premier acte que le héros découvre que Camille est sa sœur.

   _____

SCORE ☐

TOTAL SCORE ☐ /35

Chapitre 11 — Chacun ses goûts

Quiz 11-3B

TROISIEME ETAPE

Maximum Score: 35/100

I. Listening

A. Marguerite and Pierre are in a bookstore. For each book in which Marguerite expresses an interest, indicate whether Pierre's opinion of the book is **a) favorable** or **b) unfavorable**. (15 points)

1. _____   2. _____   3. _____   4. _____   5. _____

SCORE [ ]

II. Reading

B. Read this review of the Provençal classic *Tartarin de Tarascon* by Alphonse Daudet. Then answer the questions on page 286. (10 points)

> Tartarin est un homme qui habite dans une ville provençale du nom de Tarascon. Il est très populaire dans cette petite ville et tous les habitants le connaissent. On dit de lui qu'il est un grand chasseur. Mais en Provence, il n'y a pas beaucoup d'animaux à chasser. C'est pour cela qu'un jour, Tartarin décide d'aller dans un endroit où il y aura plus d'animaux à chasser. Il emmène toutes ses armes et il part pour l'Afrique. Et c'est comme ça que l'histoire de *Tartarin de Tarascon* commence. C'est un livre d'aventures très drôle et c'est plein de rebondissements. Tous les gens qui aiment la Provence devraient lire *Tartarin de Tarascon*. Mais attention, c'est une histoire marseillaise!

Holt French 2 Allez, viens!, Chapter 11   Testing Program 285

Nom_____ Classe_____ Date_____

 **Quiz 11-3B**

1. Where is Tartarin from?_____
2. How do people in his hometown like him?_____
   _____

3. This review of the book says Tartarin is **un grand chasseur** looking for **beaucoup d'animaux à chasser**. After reading the review, what would you guess **un chasseur** is?
   _____

4. What kind of book is *Tartarin de Tarascon*?_____
5. To whom does the reviewer recommend this book?_____
   _____

SCORE [ ]

III. Writing

C. You're a book critic for your French Club newsletter. Write about two books that you read recently, one that you liked and one that you didn't like. Give the title, the type of book, a brief summary, and your overall opinion of the book. (10 points)

1. _____
_____
_____
_____
_____
_____
_____

2. _____
_____
_____
_____
_____
_____
_____

SCORE [ ]

TOTAL SCORE [ ] /35

Nom _____ Classe _____ Date _____

CHAPITRE 11
Chacun ses goûts

Chapter Test

I. Listening

Maximum Score: 30

A. Listen to a movie reviewer describe five films. Match the films with the posters. (10 points)

a.   b.   c.

d.   e.

1. _____   2. _____   3. _____   4. _____   5. _____

SCORE _____

B. Listen to a reviewer discuss the latest books on the radio. Decide whether his opinion of each book is **a) favorable** or **b) unfavorable**. (10 points)

6. _____
7. _____
8. _____
9. _____
10. _____

SCORE _____

Holt French 2 Allez, viens!, Chapter 11

Copyright © by Holt, Rinehart and Winston. All rights reserved.

Nom_____ Classe_____ Date_____

 Chapter Test

C. Sabine runs into Laurent at the store while she's looking for a present for her sister. Listen to their conversation and decide whether the statements that follow are **a) true** or **b) false**. (10 points)

_____ 11. Sabine was first thinking about buying a CD.

_____ 12. Laurent suggests a CD of the group Niagara.

_____ 13. Laurent recommends a mystery.

_____ 14. Sabine thinks her sister prefers love stories.

_____ 15. Sabine is going to talk to Laurent's mother before she decides.

SCORE _____

II. Reading
Maximum Score: 30

D. Read the following book report that Julien gave on the French version of *Gone with the Wind*. Choose the missing words from the choices given below. (10 points)

> Je viens de lire le grand classique, *Autant en emporte le vent* de Margaret Mitchell. **(16)** _____ déjà le film, bien sûr, comme tout le monde, mais le livre, c'est une autre expérience. C'est **(17)** _____ de Scarlett et de Brett. Ça **(18)** _____ leur passion, leur amour. C'est **(19)** _____ d'amour, mais en même temps on apprend beaucoup sur la vie dans le sud des Etats-Unis pendant la guerre civile. Le livre est très long, mais l'histoire n'est jamais **(20)** _____. Je le recommande à tous et à toutes.

_____ 16. a. On joue   b. Je connaissais   c. On passe

_____ 17. a. une biographie   b. l'histoire   c. la chanson

_____ 18. a. raconte   b. passe   c. regarde

_____ 19. a. une B.D.   b. un roman   c. un polar

_____ 20. a. gentillet   b. passionnante   c. ennuyeuse

SCORE _____

Nom _____ Classe _____ Date _____

Chapter Test

E. Read this film review from a teen magazine. Then choose the correct completions for the statements that follow. (8 points)

▼▼▼▼▼▼▼▼▼▼▼▼▼▼▼▼▼▼▼▼▼▼▼▼▼▼▼▼▼▼▼▼▼▼

Little Buddha raconte l'histoire de Jesse Conrad, neuf ans, qui est un jeune garçon comme il en existe des millions à travers le monde. Il habite Seattle, aux Etats-Unis; son père est ingénieur, sa mère, prof de maths. Un jour, sa famille reçoit la visite de moines bouddhistes, venus du royaume himalayen du Bhoutan. Ces hommes croient que Jesse pourrait être un de leurs chefs spirituels. Pour Jesse, c'est le début d'un grand voyage à travers le temps et l'espace qui le mènera à la cour du prince Siddhartha, prince qu'on appellera plus tard Bouddha... Ce film, plein d'émotion et de poésie, est comme une fenêtre qui s'ouvre sur un monde dont nous ignorons presque tout. On y découvre le bouddhisme et son histoire, qui remonte à plus de vingt siècles. Les paysages et les décors sont superbes. Le jeune Alex Wiesendanger, qui joue Jesse, est formidable. C'est le chanteur Chris Isaak qui joue le rôle de son père. Une belle histoire à voir en famille. Durée du film : 2h15.

▲▲▲▲▲▲▲▲▲▲▲▲▲▲▲▲▲▲▲▲▲▲▲▲▲▲▲▲▲▲▲▲▲▲

_____ 21. Jesse Conrad . . .
   a. is nine years old.
   b. is a regular kid.
   c. lives in Seattle.
   d. all of the above

_____ 22. A group of Buddhist monks thinks that Jesse could be . . .
   a. one of their spiritual leaders.
   b. a traveler in space.
   c. a prince.
   d. all of the above

_____ 23. Alex Wiesendanger . . .
   a. plays the role of a singer.
   b. plays the part of Jesse.
   c. plays the role of the father.
   d. none of the above

_____ 24. The reviewer thinks the film . . .
   a. is full of poetry.
   b. is a great story.
   c. should be seen with your family.
   d. all of the above

SCORE [ ]

Chapter Test

F. Read this article from a weekly paper in Aix and decide whether the statements that follow are **a) true** or **b) false**. (12 points)

CETTE SEMAINE
A LIRE / A VOIR / A ECOUTER

De La Soul. (C'est le nom du groupe.) Quand leur deuxième disque est sorti, ces 3 rappeurs new-yorkais ont dit qu'ils n'allaient plus faire de musique. Mais ils ont changé d'avis et leur troisième disque vient de sortir.

Le mercredi 8 décembre, ne manquez pas l'émission «Ex Libris» : Patrick Poivre d'Arvor présentera le livre *Comment va la planète?* Attention, cette émission est programmée tard dans la soirée. Ex Libris TF 1, 22h45.

Les Misérables. Ecoutez plus de deux heures de poésie, d'intrigue et de suspense et faites la connaissance de Cosette et de Jean Valjean. Découvrez l'œuvre de Victor Hugo sur deux cassettes enregistrées par Guy Tréjan.

Le Jardin secret. Après la mort de ses parents, Mary part vivre dans le manoir lugubre de son oncle. En explorant la propriété, elle découvre un jardin, laissé à l'abandon. Elle décide de s'en occuper... Une jolie fable, filmée dans des décors superbes.

Découvrez *La Vie des grands peintres* : Paul Cézanne, Vincent Van Gogh, Claude Monet... Admirez leurs tableaux dans ce livre aux photographies magnifiques et aux explications faciles à comprendre. Une collection formidable.

_____ 25. Cet article parle de livres, de musique et de films.

_____ 26. Cosette et Jean Valjean ont écrit *Les Misérables.*

_____ 27. *La Vie des grands peintres* est une autobiographie de Vincent Van Gogh.

_____ 28. Patrick Poivre d'Arvor présente des livres à la télé.

_____ 29. *Le Jardin secret* est un film très drôle mais il n'y a pas d'histoire.

_____ 30. Le deuxième disque du groupe *De La Soul* vient de sortir.

SCORE _____

III. Culture

Maximum Score: 16

G. Match the following terms with their definitions. (8 points)

_____ 31. La Fête de la musique

_____ 32. Cannes

_____ 33. Minitel

_____ 34. séance

a. a movie showing
b. a festival on the first day of summer
c. the site of a movie festival
d. subtitles
e. an information service

SCORE _____

H. Look at the movie schedule below and answer the questions in English. (8 points)

Cinéma Cézanne
18, Avenue des Rosiers.
43.08.12.38
Places : 9 €
Mercredi, tarif réduit : 7,5 €

Tintin et le temple du soleil
Séances : 14h30, 17h00, 19h45.
Film 10 mn après.

Eclair de lune v.o. Dolby stéréo
Séances : 15h20, 18h30, 21h50.
Film 20 mn après.

La Boum Dolby stéréo
Séances : 15h00, 18h15, 21h.
Film 15 mn après.

Aladdin v.f.
Séances : 13h55, 16h30, 19h.
Film 10 mn après.

35. At the 6:15 P.M. showing of *La Boum,* when would the feature film actually begin?

_____

36. Which film is dubbed in French?

_____

37. Which film is subtitled?

_____

38. On which day are ticket prices discounted?

_____

SCORE _____

Nom_____ Classe_____ Date_____

Chapter Test

IV. Writing

Maximum Score: 24

I. What's the worst movie you've seen lately? Send a critique to your French pen pal. Include the title, the type of movie, and at least three criticisms of the film. (9 points)

_____
_____
_____
_____
_____
_____
_____

SCORE ☐

J. Fill in the chart below with some of your favorite entertainment choices. Give at least two reasons for your choices. (15 points)

Musique, cinéma et littérature : mes coups de cœur

	Nom/Titre	Genre	Pourquoi?
Chanteur ou groupe			
Film			
Livre			

SCORE ☐

TOTAL SCORE ☐ /100

292 Testing Program

Holt French 2 Allez, viens!, Chapter 11

Nom_____ Classe_____ Date_____

CHAPITRE 11 Chapter Test Score Sheet

Circle the letter that matches the most appropriate response.

I. Listening
Maximum Score: 30

A. (10 points)   **B.** (10 points)   **C.** (10 points)

1. a b c d e   6. a b   11. a b
2. a b c d e   7. a b   12. a b
3. a b c d e   8. a b   13. a b
4. a b c d e   9. a b   14. a b
5. a b c d e   10. a b   15. a b

SCORE [ ]   SCORE [ ]   SCORE [ ]

II. Reading
Maximum Score: 30

D. (10 points)   **E.** (8 points)   **F.** (12 points)

16. a b c   21. a b c d   25. a b
17. a b c   22. a b c d   26. a b
18. a b c   23. a b c d   27. a b
19. a b c   24. a b c d   28. a b
20. a b c   29. a b
                                   30. a b

SCORE [ ]   SCORE [ ]   SCORE [ ]

III. Culture
Maximum Score: 16

G. (8 points)   **H.** (8 points)

31. a b c d e   35. _____
32. a b c d e   36. _____
33. a b c d e   37. _____
34. a b c d e   38. _____

SCORE [ ]   SCORE [ ]

Holt French 2 Allez, viens!, Chapter 11

Nom _____ Classe _____ Date _____

IV. Writing

Maximum Score: 24

I. What's the worst movie you've seen lately? Send a critique to your French pen pal. Include the title, the type of movie, and at least three criticisms of the film. (9 points)

_____
_____
_____
_____
_____
_____
_____

SCORE ☐

J. Fill in the chart below with some of your favorite entertainment choices. Give at least two reasons for your choices. (15 points)

Musique, cinéma et littérature : mes coups de cœur

	Nom/Titre	Genre	Pourquoi?
Chanteur ou groupe	_____ _____	_____ _____	_____ _____ _____ _____
Film	_____ _____	_____ _____	_____ _____ _____ _____
Livre	_____ _____	_____ _____	_____ _____ _____ _____

SCORE ☐

TOTAL SCORE ☐ /100

Listening Scripts for Quizzes • Chapitre 11

Quiz 11-1B Première étape

1. — Dis, Thomas, tu connais Toure Kunda? C'est un groupe africain.
   — Bien sûr, je les ai vus en concert à Montpellier.
2. — Ce soir, on va écouter la chanteuse canadienne Céline Dion à Bercy. Tu viens avec nous?
   — Je ne sais pas qui c'est et j'ai beaucoup de travail à faire. Mais merci quand même.
3. — On va voir Pavarotti ce soir.
   — Qui c'est?
   — C'est le meilleur chanteur d'opéra. C'est de la musique classique.
   — Je ne le connais pas mais je veux bien aller l'écouter.
4. — Ce week-end, c'est la Fête de la musique. Il y aura une chanteuse de zouk de Martinique. C'est génial, non ?
   — Je ne connais pas cette musique. Est-ce que je peux venir avec vous?
5. — Tu sais, ce soir, je vais voir un très bon musicien de jazz. C'est Michel Petrucciani. Tu ne le connais pas, je pense.
   — Bien sûr que si! Je l'ai vu au festival de Jazz d'Antibes.

Quiz 11-2B Deuxième étape

1. — Je veux bien aller voir *Men in Black*. Mais qu'est-ce que c'est comme genre de film?
2. — D'accord, allons voir *Les Visiteurs*. Mais il faut prendre le journal pour voir où ça passe.
3. — Je ne sais pas quoi faire ce soir.
   — Allons voir un film!
   — Oui, je veux bien, mais qu'est-ce qu'on joue?
4. — Est-ce que tu as téléphoné au cinéma pour demander à quelle heure commence le film?

Quiz 11-3B Troisième étape

1. — J'ai envie de lire un roman de science-fiction. Je crois que je vais prendre *Dune*.
   — Je ne te le recommande pas. D'abord, c'est trop long et puis comme histoire, ça casse pas des briques!
2. — Je ne savais pas que Jean-Paul Sartre avait écrit des pièces de théâtre!
   — Si, lis *Huis clos*. Tu verras, on ne s'ennuie pas! C'est vraiment intéressant.
3. — Viens, allons voir les autobiographies.
   — Tu plaisantes! C'est du n'importe quoi! Tous ces gens qui parlent de leur vie, c'est bête!
4. — Il faut que j'achète *Germinal* de Zola pour mon cours de littérature. De quoi ça parle?
   — Oh là là, c'est déprimant comme histoire. Tu vas pleurer souvent. Bonne chance!
5. — Tu sais, Pierre, je trouve que *Rendez-vous à Berlin* est une très belle histoire.
   — Oui, je sais. Il y a du suspense et c'est plein de rebondissements. C'est vraiment passionnant!

Answers to Quizzes 11-1A and 11-1B • Chapitre 11

ANSWERS Quiz 11-1A

A. (10 points: 2 points per item)
1. connais
2. connaissent
3. connaissez
4. connaissons
5. connaît

B. (10 points: 2 points per item)
Answers may vary. Possible answers:
1. Elle est canadienne.
2. C'est une chanson française.
3. C'est une chanteuse américaine.
4. C'est un groupe anglais.
5. C'est un groupe antillais.

C. (10 points: 2 points per item)
1. le rock
2. le blues
3. la musique classique
4. le country/le folk
5. le reggae

ANSWERS Quiz 11-1B

I. Listening
A. (10 points: 2 points per item)
1. a
2. b
3. b
4. b
5. a

II. Reading
B. (10 points: 2 points per item)
1. Reggae music
2. Flaure
3. The music festival
4. Jazz and classical
5. A music guide: *Aix en musique*

III. Writing
C. (10 points)
Answers will vary. Possible answer:
Salut,
   Je suis allé(e) à un concert de Maracas hier. C'est un groupe brésilien. C'était génial. Moi, j'aime aussi le country et le rock. Je connais un peu le reggae, mais pas trop. Je ne connais pas du tout le jazz ou le blues. Et toi, qu'est-ce qui te plaît comme musique? Tu connais le country? Ecris-moi vite!

Answers to Quizzes 11-2A and 11-2B • Chapitre 11

ANSWERS Quiz 11-2A

A. (10 points: 2 points per item)
1. Un film d'action
2. Un film classique
3. Un film policier
4. Un film d'horreur
5. Un film d'aventures/d'amour

B. (8 points: 2 points per item)
1. joue
2. qui
3. passe
4. à quelle heure

C. (5 points: 1 point per item)
1. c
2. a
3. b
4. b
5. a

D. (12 points: 2 points per item)
1. Si on allait voir un film d'amour?
2. Si on allait voir un film comique?
3. Si on allait voir un film d'horreur?
4. Si on allait voir un western?
5. Si on allait voir un film classique?
6. Si on allait voir un film de science-fiction?

ANSWERS Quiz 11-2B

I. Listening
  A. (8 points: 2 points per item)
  1. e
  2. b
  3. a
  4. d

II. Reading
  B. (10 points: 2 points per item)
  1. c
  2. a
  3. a
  4. b
  5. c

III. Culture
  C. (4 points: 1 point per item)
  1. d
  2. e
  3. b
  4. c

  D. (3 points)
  Answers will vary. Possible answers: shopping, buying tickets, making reservations, finding phone numbers

IV. Writing
  E. (10 points)
  Answers will vary. Possible answer:
  Salut,
   On joue *Titanic* avec Leonardo DiCaprio et Kate Winslet. Ça passe au Tinseltown à 18h30. C'est un film d'amour. Tu voudrais aller le voir avec moi?

Answers to Quizzes 11-3A and 11-3B • Chapitre 11

ANSWERS Quiz 11-3A

A. (18 points: 3 points per item)
Answers may vary. Possible answers:
Florence
Je te le recommande.
C'est plein de rebondissements.
On ne s'ennuie pas.

Gérard
C'est un navet.
Ça casse pas des briques.
C'est du n'importe quoi.

B. (10 points: 2 points per item)
1. qui
2. qu'
3. qui
4. qu'
5. que

C. (7 points: 1 point per item)
1. Un polar
2. Un livre de poésie
3. Une autobiographie
4. Une bande dessinée
5. Un roman d'amour
6. Un livre de science-fiction
7. Une pièce de théâtre

ANSWERS Quiz 11-3B

I. Listening
A. (15 points: 3 points per item)
1. b
2. a
3. b
4. b
5. a

II. Reading
B. (10 points: 2 points per item)
1. the town of Tarascon in Provence
2. He is very popular; everyone knows him.
3. a hunter
4. a humorous adventure story and tall tale
5. people who love Provence

III. Writing
C. (10 points: 5 points per item)
Answers will vary. Possible answers:
1. J'ai lu le roman classique *Great Expectations* pour mon cours d'anglais. C'est l'histoire d'un garçon qui tombe amoureux d'une fille très méchante. C'est plein de rebondissements. Je te le recommande.

2. J'ai lu aussi un roman de science-fiction, *Les Invités de la planète Pluto.* C'est l'histoire d'un homme qui découvre des extraterrestres qui vivent dans son jardin. L'histoire, c'est du n'importe quoi. Un vrai navet!

Scripts for Chapter Test • Chapitre 11

I. Listening

A. 1. Dans un décor futuriste, Paris est menacé par des milliers d'oiseaux préhistoriques. Si vous aimez la science-fiction, vous aimerez ce film.
2. Voici un film classique tourné dans l'ouest des Etats-Unis. C'est 1863 et une bande de hors-la-loi attaque une famille de ranchers.
3. Dans ce film, il y a du suspense, de l'humour et aussi beaucoup d'action. Des voitures qui explosent. Un trésor caché dans les Alpes. Croyez-moi, on ne s'ennuie pas!
4. C'est le retour du commissaire Maigret. Dans ce polar plein de rebondissements, Maigret réussit, comme toujours, à arrêter le criminel qu'il recherche.
5. Muriel et Roland s'aiment malgré tous leurs problèmes. C'est une belle histoire, mais c'est triste.

B. 6. *Amour toujours* est un livre gentillet sans plus. Je ne peux vraiment pas le recommander.
7. *Mes couchers de soleil* est un livre de poésie. Il faut le lire parce que c'est un très beau livre. Et la beauté pure, c'est rare.
8. *Flash et la nouvelle planète* est une nouvelle B.D. Ça parle d'une guerre entre deux étoiles. Moi, je n'ai pas trouvé ça passionnant.
9. Si vous êtes des fans de science-fiction, il faut lire *Galactica*. L'histoire est pleine de rebondissements. De quoi ça parle? Je ne vais pas vous dire. Il faut le lire.
10. Le nouveau polar d'Eric Dutronc est un classique. C'est plein de suspense. C'est peut-être un peu violent, mais c'est vraiment passionnant.

C. LAURENT Eh, salut, Sabine!
SABINE Bonjour, Laurent.
LAURENT Que fais-tu ici?
SABINE Je cherche un CD pour offrir à ma sœur. Demain, c'est son anniversaire.
LAURENT Voilà le nouveau CD du groupe Niagara. Il est sensass.
SABINE Non, elle en a déjà un de ce groupe et elle ne l'aime pas trop.
LAURENT Tu peux lui acheter un livre.
SABINE Bonne idée, mais lequel? Il y en a tellement ici.
LAURENT Offre-lui *La Nuit des temps*. C'est un roman de science-fiction. Je te le recommande.
SABINE Non, ce n'est pas son style. Elle préfère les romans d'amour.
LAURENT Tiens, regarde. *Pêcheur d'Islande.* Tu connais ce livre? C'est un roman d'amour. C'est une belle histoire.
SABINE Je ne savais pas que tu aimais les romans d'amour. Tu l'as lu, ce livre?
LAURENT Non, non. C'est ma mère qui m'a dit que c'était très bien.
SABINE De quoi ça parle?
LAURENT Je ne sais pas, mais tu peux demander à ma mère.
SABINE Ce n'est pas trop long à lire?
LAURENT Non, mais c'est peut-être déprimant. Ma mère a beaucoup pleuré.
SABINE Je crois que ma sœur aimera. Je vais l'acheter.

Answers to Chapter Test • Chapitre 11

I. Listening   Maximum Score: 30 points

A. (10 points: 2 points per item)
1. d
2. a
3. c
4. e
5. b

B. (10 points: 2 points per item)
6. b
7. a
8. b
9. a
10. a

C. (10 points: 2 points per item)
11. a
12. a
13. b
14. a
15. b

II. Reading   Maximum Score: 30 points

D. (10 points: 2 points per item)
16. b
17. b
18. a
19. b
20. c

E. (8 points: 2 points per item)
21. d
22. a
23. b
24. d

F. (12 points: 2 points per item)
25. a
26. b
27. b
28. a
29. b
30. b

III. Culture   Maximum Score: 16 points

G. (8 points: 2 points per item)
31. b
32. c
33. e
34. a

H. (8 points: 2 points per item)
35. 6:30
36. *Aladdin*
37. *Eclair de lune*
38. Wednesday

IV. Writing   Maximum Score: 24 points

I. (9 points)
Answers will vary. Possible answer:
J'ai vu *Dumb and Dumber*. C'est un film comique. C'est un navet! Il n'y a pas d'histoire et c'est très bête. Ne va pas le voir.

J. (15 points: 5 points per item)
Answers will vary. Possible answers:

Tim McGraw	country	Il chante très bien. J'adore ses chansons d'amour!
Frankenstein	film d'horreur	C'est une histoire passionnante. Il y a du suspense. On ne s'ennuie pas.
Our Town	pièce de théâtre	C'est une belle histoire. Ça raconte la vie d'une fille et de sa famille. Je vous recommande cette pièce.

Nom _____ Classe _____ Date _____

CHAPITRE 12
A la belle étoile

Quiz 12-1A

Maximum Score: 35/100

■ PREMIERE ETAPE

Grammar and Vocabulary

A. Your friend is preparing a scrapbook with pictures she took while on her last camping trip. Help her label, in French, the animals in the pictures she took. (12 points)

1.

2.

3.

_____

4.

5.

6.

_____

SCORE ☐

B. You and your friends and family are at a campsite and you're planning your activities for the day. Tell what each person is going to do based on what he or she brought. (15 points)

1. Luc / a canoe

_____

2. Christine / a mountain bike

_____

Holt French 2 Allez, viens!, Chapter 12

Quiz 12-1A

3. Your parents / hiking boots
   _____

4. Albert / skis
   _____

5. You / snow shoes
   _____

SCORE _____

C. Aurélie and her sister are discussing what they plan to do this weekend. Complete their conversation with a logical expression from the box below. (8 points)

> se trouve   qu'est-ce qu'il y a à   loups   au nord de   on peut
> faire du camping   faire une randonnée en raquettes   faire   au sud   renards

— Dis, Aurélie, qu'est-ce que tu veux faire ce week-end?

— Je pense aller au parc de la Jacques-Cartier avec mes amis.

— Ah oui? Où (1) _____ ce parc?

— C'est (2) _____ du lac Saint-Jean.

— Qu'est-ce qu'il y a à (3) _____ au parc?

— Beaucoup de choses. On peut (4) _____ et

   (5) _____.

— (6) _____ voir? Est-ce qu'il y a beaucoup d'animaux intéressants?

— Oui, il y a toutes sortes d'animaux comme des (7) _____ et des

   (8) _____. Il y a aussi des forêts magnifiques à voir.

— Ça a l'air amusant. Je peux venir aussi?

— Pourquoi pas? Demandons à Maman si elle est d'accord.

SCORE _____

TOTAL SCORE _____ /35

CHAPITRE 12 — A la belle étoile

Quiz 12-1B
Maximum Score: 35/100

PREMIERE ETAPE

I. Listening

A. You work at a tourist bureau in Canada. Match these questions about national parks in Canada with the appropriate answers listed below. (12 points)

1. _____
2. _____
3. _____
4. _____
5. _____
6. _____

a. Il y a surtout des orignaux et des ratons laveurs.
b. On peut faire des randonnées, du canotage et du vélo.
c. Bien sûr que vous pouvez faire du camping.
d. Mais on ne peut pas faire de ski, ce n'est pas la saison.
e. Le chemin de randonnée commence au sud de la rivière.
f. C'est dans l'ouest du parc.

SCORE ____

II. Reading

B. Nathalie is on a trip at a wildlife preserve. Read the letter she wrote to her friend and then answer the questions that follow in English. (10 points)

> Salut, Anne!
> Ça va? Moi, ça va très bien. Aujourd'hui, c'est le dernier jour de notre séjour à la Réserve faunique du Saint-Maurice. C'était un séjour vraiment incroyable! La réserve se trouve à environ 200 km à l'ouest de la ville de Québec, alors, c'est un peu loin de chez nous. On est arrivés ici il y a une semaine.
> Papa voulait essayer le vélo de montagne qu'il a eu pour son anniversaire. Alors, le premier jour, on a fait du vélo de montagne. Moi, je trouve ça un peu ennuyeux, mais on s'est bien amusés quand même. Mardi et mercredi, on a fait du canotage. C'était super! Jeudi et vendredi, on a fait des randonnées et on a vu beaucoup d'animaux : des orignaux, des canards, des écureuils. Je crois même que j'ai vu un renard! Mais mon frère ne me croit pas. Il n'en sait rien, lui! Malheureusement, on doit rentrer demain.
> Nathalie

Nom _____ Classe _____ Date _____

Quiz 12-1B

CHAPITRE 12

1. Where is the Saint-Maurice Reserve located? _____
2. What did Nathalie and her family do the first day? Why?
   _____
3. What did they do on Tuesday and Wednesday? _____
4. What did they do on Thursday and Friday? _____
5. What did Nathalie think she saw? What does her brother think?
   _____

SCORE [ ]

III. Writing

C. You're planning to visit the Mont-Saint-Bruno national park. Write four questions you plan to ask the park ranger when you call to get information about the park. (8 points)

_____
_____
_____
_____
_____

SCORE [ ]

IV. Culture

D. 1. Who was Jacques Cartier? What did he do? (2 points)
   _____
   _____

2. In the **parc de la Jacques-Cartier,** you can canoe or hike along **les routes des draveurs.** Who were the **draveurs**? (3 points)
   _____
   _____

SCORE [ ]

TOTAL SCORE [ ] /35

304 Testing Program   Holt French 2 Allez, viens!, Chapter 12

Nom _____ Classe _____ Date _____

CHAPITRE 12 — A la belle étoile

DEUXIEME ETAPE

Quiz 12-2A

Maximum Score: 35/100

Grammar and Vocabulary

A. Your friends went camping last weekend but had a terrible time because they forgot some essential items. Based on what went wrong, tell what each of them forgot to take. (12 points)

1. Je n'ai pas bien dormi!
   _____

2. Je n'ai pas pu manger de poissons du lac!
   _____

3. Je me suis fait piquer par des insectes!
   _____

4. Je ne pouvais pas bien voir la nuit.
   _____

5. J'ai dû manger de la nourriture froide!
   _____

6. Je me suis perdu dans la forêt!
   _____

SCORE _____

B. You're picnicking in the park with some classmates and you see them do the following activities. What advice would you give each of them? (15 points)

1. Alain jette des papiers par terre *(on the ground)*.
   _____

2. Sylvie donne des chips à un écureuil.
   _____

3. Etienne coupe les branches d'un arbre.
   _____

4. Madeleine s'écarte *(wanders off)* du sentier.
   _____

Quiz 12-2A

5. Pascal écrit son nom sur une roche *(rock)*.

   _____

   SCORE [ ]

C. You and your friends are on a long hiking trip in a national park. Complete the following conversations, using appropriate words or phrases from the box below. (8 points)

| fatigué | presque | meurs | n'en peux | peur |
| courage | | abandonne | | crève de faim |

1. — Si on s'arrêtait un peu? Je suis _____.

   — On y est _____.

2. — Tu n'as pas l'air en forme. Qu'est-ce qu'il y a?

   — J'ai oublié d'emporter de l'eau. Je _____ de soif!

   Je _____ plus!

3. — Génial! Regardez là-bas. Il y a des ours!

   — Ah non! J'ai _____ des ours!

4. — J'_____!

   — _____! Dix minutes, pas plus.

   — Mais, je n'ai pas mangé avant de partir. Je _____!

SCORE [ ]

TOTAL SCORE [ ] /35

CHAPITRE 12 — A la belle étoile

Nom _____ Classe _____ Date _____

DEUXIEME ETAPE

Quiz 12-2B

Maximum Score: 35/100

I. Listening

A. Listen to these discouraged campers and match their complaints with the appropriate advice. (10 points)

1. _____
2. _____
3. _____
4. _____
5. _____

a. Tu ne devrais pas boire de boissons sucrées. Bois plutôt de l'eau minérale.
b. Evite de nourrir les animaux et mange tes sandwiches si tu as tellement faim!
c. Courage! On y est presque!
d. Allez, on ne peut pas se perdre. On suit les sentiers balisés et puis j'ai une boussole!
e. Il faut respecter la nature. Remporte tes déchets!

SCORE _____

II. Reading

B. Read Sylvie's journal entry below. Then indicate whether the statements that follow are **true** or **false**. (10 points)

> Mon premier week-end de camping!
> Ce week-end, je vais faire du camping pour la première fois dans un parc national en Gaspésie. Voici la liste de ce que je vais emporter.
> D'abord, il me faut une lampe de poche parce que la nuit j'ai peur dans le noir. Ensuite, je vais acheter une tente. J'aime les petites tentes en forme de dôme avec avancée et une fenêtre. C'est pratique et pas cher.
> Pour dormir, j'ai un sac de couchage hyper confortable. Maman me l'a offert pour Noël l'année dernière. Il est rouge en nylon, doublé polyester et coton. Il est très chaud. Je dois prendre aussi des allumettes pour faire un feu de camp. Ça va être génial. Bon, je crois que c'est tout... Ah non! Il me faut aussi une trousse de premiers soins si un animal m'attaque... mais, avec qui est-ce que je vais faire du camping?
> Je ne peux pas y aller seule. J'ai peur!

_____ 1. Sylvie often goes camping.
_____ 2. She will sleep in a tent.
_____ 3. She must buy a fishing pole and a compass.
_____ 4. She already has a sleeping bag.
_____ 5. She loves to camp by herself.

SCORE _____

Nom _____ Classe _____ Date _____

Quiz 12-2B

III. Writing

C. Write what you think each person is saying in the following illustrations. (6 points)

1.
2.
3.

_____ _____ _____
_____ _____ _____
_____ _____ _____
_____ _____ _____

SCORE [ ]

D. Imagine you're a park ranger. What are three things you could tell a camper to do to preserve the wildlife in your park? (6 points)

_____
_____
_____
_____
_____
_____

SCORE [ ]

IV. Culture

E. Match these endangered species with their habitat. (3 points)

_____ 1. la baleine   a. Martinique
_____ 2. l'iguane   b. Canada
_____ 3. l'éléphant   c. Côte d'Ivoire

SCORE [ ]

TOTAL SCORE [ ] /35

CHAPITRE 12 — A la belle étoile

TROISIEME ETAPE

Quiz 12-3A

Maximum Score: 30/100

Grammar and Vocabulary

A. M. Dubois told your French class what his childhood was like. Summarize his talk for the French Club newsletter, using the appropriate **imparfait** forms of the verbs below. (10 points)

1. mes frères / me taquiner
2. faire souvent / des bêtises
3. écouter / toujours de la musique rock
4. jouer / au foot avec mes amis
5. mes frères et moi / ne pas ennuyer beaucoup / ma mère

Quand j'étais petit, _____

_____

_____

_____

_____

SCORE _____

B. Ahmed had several things he needed to do to get ready for his camping trip with his friends Marcie and Jean. Rearrange what Ahmed did in a logical order by numbering his activities from 1–5. (5 points)

_____ Après le déjeuner, je suis allé acheter une boussole et un sac de couchage pour Jean.

_____ Finalement, nous sommes partis vers six heures.

_____ Ensuite, nous sommes rentrés à la maison faire des sandwiches et déjeuner.

_____ D'abord, Marcie et moi, nous avons fait les courses.

_____ Après ça, je suis allé chez Jean lui donner le sac et voir s'il était prêt à partir.

SCORE _____

Nom _____ Classe _____ Date _____

Quiz 12-3A

C. Suzanne is camping with friends. Complete her letter to her parents about her trip. Use the **passé composé** or the **imparfait** of the verbs in parentheses as appropriate. (15 points)

Chers Maman et Papa,

Je m'amuse bien ici! Il y a beaucoup de choses à faire et à voir. A l'arrivée au camp, il (1) _____ (faire) du soleil. Je/J' (2) _____ (faire) du vélo de montagne avec des amis. La première nuit, Christine et moi, nous (3) _____ (dormir) dans la même tente. Je (4) _____ (ne pas avoir) de lampe de poche, alors j(e) (5) _____ (devoir) emprunter celle de Christine. Hier matin, il (6) _____ (pleuvoir) et je (7) _____ (ne pas aller) à la pêche. Cet après-midi, il (8) _____ (faire) beau et je/j' (9) _____ (faire) du canotage avec Sylvie. Nous (10) _____ (s'amuser) mais l'eau était froide. Lorette (11) _____ (décider) de faire une randonnée pédestre toute seule. Elle (12) _____ (se perdre) parce qu'elle (13) _____ (ne pas suivre) les sentiers balisés. En rentrant, elle (14) _____ (être) fatiguée et elle (15) _____ (avoir) très faim!

Je vous embrasse,
Suzanne

SCORE _____

TOTAL SCORE _____ /30

CHAPITRE 12 — A la belle étoile

TROISIEME ETAPE

Quiz 12-3B

Maximum Score: 30/100

I. Listening

A. Listen as Pierre talks about his hiking trip with his friend Sabine. Then indicate whether each of the following statements is **a) true** or **b) false**. (7 points)

_____ 1. Pierre and Sabine went camping.

_____ 2. They forgot to take a compass.

_____ 3. Sabine was in a good mood on the way to the park.

_____ 4. They had an argument because they forgot to take insect repellent.

_____ 5. Pierre and Sabine got lost.

_____ 6. Pierre fell and broke his hand.

_____ 7. They did not have much fun.

SCORE [ ]

II. Reading

B. Samir and his family had a ski outing in Canada. Number these events in the correct order. (12 points)

_____ Donc, mes parents et moi, on a skié tout l'après-midi et c'était génial! Mais à quatre heures vingt, Eveline n'était toujours pas là.

_____ On est partis très tôt lundi matin. Moi, j'avais pris mon petit déjeuner tôt. Eveline, par contre, avait très faim. On a dû s'arrêter dans un fast-food pour lui acheter quelque chose à manger.

_____ D'abord, Eveline a perdu un de ses skis. On a passé une heure à le chercher. Enfin, on l'a trouvé sous un arbre. Déjà une heure de perdue.

_____ Il était déjà onze heures quand on est arrivés au parc. On était un peu en retard, mais pas trop. On a commencé à skier et les problèmes ont continué.

_____ Après ça, Eveline a vu une amie à elle qui faisait une randonnée en raquettes. Eveline a annoncé qu'elle abandonnait le ski pour faire de la randonnée avec son amie. On s'est donné rendez-vous à quatre heures.

_____ Finalement, elle est arrivée avec quarante minutes de retard. Elle avait perdu sa montre! Enfin! On s'est quand même bien amusés.

SCORE [ ]

Nom_____ Classe_____ Date_____

Quiz 12-3B

III. Writing

C. Imagine you went to a wildlife reserve with your friends. Tell what happened on your trip, using the pictures below. (8 points)

SCORE _____

IV. Culture

D. Would you be more likely to hear these words or expressions in **a) Quebec** or **b) France**? (3 points)

_____ 1. patate

_____ 2. week-end

_____ 3. chien chaud

SCORE _____

TOTAL SCORE _____ /30

Nom _____ Classe _____ Date _____

CHAPITRE 12 — A la belle étoile

Chapter Test

I. Listening
Maximum Score: 30

A. A group of friends is hiking in the woods. Listen to their remarks and decide whether each person is **a) complaining** or **b) offering encouragement.** (10 points)

1. _____
2. _____
3. _____
4. _____
5. _____

SCORE [ ]

B. Jérôme wrote about a recent vacation for homework. Listen as he reads his essay to the class. Then put the pictures he took on vacation in the order in which he mentions them. (10 points)

a.    b.    c.

d.    e.

6. _____   7. _____   8. _____   9. _____   10. _____

SCORE [ ]

Holt French 2 Allez, viens!, Chapter 12   Testing Program 313

Chapter Test

C. While hiking with a group of friends, André and Marina became separated from the others. They're beginning to worry. Listen to their conversation and then decide whether these statements are **a) true** or **b) false**. (10 points)

_____ 11. André and Marina are lost.

_____ 12. Marina is using a compass.

_____ 13. André and Marina have a flashlight.

_____ 14. André encourages Marina when she complains.

_____ 15. Marina suggests that they tell the others that they were admiring nature.

SCORE _____

II. Reading

Maximum Score: 30

D. You're planning a visit to a wildlife park. Read the rules below and then decide whether these statements are **a) true** or **b) false**. (10 points)

Parc de Fabrice

Si vous voulez faire de la randonnée pédestre ou du vélo de montagne, notez les règles suivantes :

Prière :
— de ne pas s'approcher des animaux et de ne pas les nourrir.
— de remporter tous vos déchets avec vous.
— de suivre les sentiers balisés pour éviter de piétiner la végétation.
— d'avertir le personnel du parc en cas d'événement anormal ; contactez le garde à l'entrée.

Il est interdit d'amener vos animaux domestiques.

On vous conseille de vous référer au plan du parc pour avoir une idée du degré de difficulté de chacun des sentiers et de leur longueur.

_____ 16. Going off the trails isn't permitted in this park.

_____ 17. Hiking isn't permitted.

_____ 18. You should take your trash with you.

_____ 19. Feeding the ducks is permitted.

_____ 20. Mountain biking isn't permitted.

SCORE _____

E. Read these letters sent in to **Camping Jeunesse** magazine. Match each letter with the correct reply. (10 points)

_____ 21.
> J'ai un ami qui ne respecte pas la nature. Chaque fois que nous faisons une randonnée, il laisse ses déchets sur le sentier. Je lui dis de les remporter, mais il ne m'écoute pas.
> Sandrine, 15 ans

_____ 22.
> Mes amis m'ont invité à faire une randonnée en raquettes. Je voudrais beaucoup y aller, mais j'ai peur de ne pas y arriver. Ils sont tous en très bonne forme, mais moi pas. Je ne veux pas être le dernier sur le sentier.
> Bruno, 14 ans

_____ 23.
> Je voudrais faire du camping avec mes amis, mais qu'est-ce que je dois faire s'il y a un ours? J'ai entendu dire que les ours entrent dans les tentes pendant qu'on dort.
> Anne, 13 ans

_____ 24.
> Je voudrais faire une randonnée cet été, mais mon problème, c'est que je n'ai aucun sens de l'orientation. Le nord? Le sud? C'est un mystère pour moi et je me perds facilement.
> Claire, 15 ans

_____ 25.
> Mes amis et moi, nous allons faire une grande randonnée pédestre cet été avec le père de Chloé. Mais je suis allergique à certains insectes. Qu'est-ce que je dois faire?
> Sophie, 14 ans

a. Tu ferais bien d'emporter une bonne lotion anti-moustiques et d'éviter de mettre des shorts.

b. Voici une idée originale. Pourquoi tu ne photographies pas tous ses déchets sur le sentier? Et puis, donne-lui ces photos en cadeau devant tous ses amis. Comme ça, il aura une meilleure idée de ce qu'il fait!

c. Tu ne devrais pas avoir peur. Mais évite de les attirer en laissant tes déchets dans le terrain de camping.

d. Tu devrais leur demander si tu peux inviter un ami, quelqu'un qui vient de commencer comme toi. Comme ça, vous êtes deux à aller plus lentement. Nous te souhaitons bon courage! Tu y arriveras.

e. C'est facile. Achète une bonne boussole.

SCORE ____

Chapter Test

F. Read Edouard's journal entry about his camping trip. Then identify the people in the drawing below, based upon his entry. (10 points)

L'année dernière, j'ai passé une fin de semaine à faire du camping avec des copains de classe dans le parc de la Jacques-Cartier. Le premier jour, on a fait beaucoup de choses, alors, le soir, on était assez fatigués.

Malheureusement, après, tout a été de travers! Marie venait juste de commencer à manger son sandwich quand elle a remarqué qu'il y avait des moustiques. Elle avait oublié sa lotion anti-moustiques! Et puis, Marc était de mauvaise humeur parce qu'il avait oublié les allumettes. Alors, pas de feu pour nous ce soir-là! Odette était un peu énervée aussi. Elle n'arrivait pas à monter sa tente. Quant à André, il était très fatigué. Son lit lui manquait beaucoup. Il n'a pas du tout aimé dormir dans un sac de couchage. Jean-Marie, notre aventurier, a décidé de faire une petite randonnée. Quand il a allumé sa lampe de poche, il a vu un ours énorme! Je ne sais pas qui a eu le plus peur, l'ours ou Jean-Marie, mais c'était épique! En tout cas, moi, j'ai passé une nuit tranquille sous les étoiles avec ma canne à pêche. C'était fantastique!

_____ 26. Marie   _____ 27. Marc   _____ 28. Odette

_____ 29. André   _____ 30. Jean-Marie

SCORE [ ]

316 Testing Program Holt French 2 Allez, viens!, Chapter 12

III. Culture

Maximum Score: 14

G. Match these French expressions with their Canadian equivalents. (10 points)

_____ 31. boisson   **a.** chien chaud

_____ 32. dîner   **b.** souper

_____ 33. stop   **c.** bienvenue

_____ 34. de rien   **d.** breuvage

_____ 35. hot-dog   **e.** arrêt

SCORE _____

H. Answer the following questions in English. (4 points)

36. What's one way in which Canada tries to protect the environment?

_____

_____

_____

37. Who was Jacques Cartier?

_____

_____

_____

SCORE _____

IV. Writing

Maximum Score: 26

I. Your friends have come to you with their problems. Give them advice about what they should or should not do and encourage them. (10 points)

38. Je déteste faire de la randonnée! J'abandonne!

_____

_____

_____

_____

Chapter Test

39. Je ne respecte pas assez la nature, mais je veux changer. Qu'est-ce que je dois faire?

_____
_____
_____
_____

SCORE _____

J. Imagine you've returned from a weekend trip. Describe your trip in detail. Tell who you saw, what activities you did, what the weather was like, and how you felt about the trip. Use the **passé composé** and **imparfait** as appropriate. You should write at least eight sentences. (16 points)

| Après ça | Ensuite | D'abord | Finalement |

_____
_____
_____
_____
_____
_____
_____
_____
_____
_____
_____

SCORE _____

TOTAL SCORE _____ /100

Nom _____ Classe _____ Date _____

CHAPITRE 12 Chapter Test Score Sheet

Circle the letter that matches the most appropriate response.

I. Listening
Maximum Score: 30

A. (10 points)

1. a b
2. a b
3. a b
4. a b
5. a b

SCORE _____

B. (10 points)

6. a b c d e
7. a b c d e
8. a b c d e
9. a b c d e
10. a b c d e

SCORE _____

C. (10 points)

11. a b
12. a b
13. a b
14. a b
15. a b

SCORE _____

II. Reading
Maximum Score: 30

D. (10 points)

16. a b
17. a b
18. a b
19. a b
20. a b

SCORE _____

E. (10 points)

21. a b c d e
22. a b c d e
23. a b c d e
24. a b c d e
25. a b c d e

SCORE _____

F. (10 points)

26. a b c d e
27. a b c d e
28. a b c d e
29. a b c d e
30. a b c d e

SCORE _____

III. Culture
Maximum Score: 14

G. (10 points)

31. a b c d e
32. a b c d e
33. a b c d e
34. a b c d e
35. a b c d e

SCORE _____

H. (4 points)

36. _____
_____
_____
37. _____
_____
_____

SCORE _____

Holt French 2 Allez, viens!, Chapter 12

Testing Program **319**

Copyright © by Holt, Rinehart and Winston. All rights reserved.

Nom _____ Classe _____ Date _____

CHAPITRE 12

IV. Writing

Maximum Score: 26

I. (10 points)

38. _____

39. _____

SCORE ☐

J. (16 points)

_____

SCORE ☐

TOTAL SCORE ☐ /100

Listening Scripts for Quizzes • Chapitre 12

Quiz 12-1B Première étape

I. Listening
1. Je voudrais faire une randonnée. Pouvez-vous m'indiquer un chemin?
2. Bonjour, je cherche une carte de la montagne, s'il vous plaît. Je voudrais faire du ski.
3. Où se trouve le lac Vermeil?
4. J'aime bien faire du camping. Est-ce qu'on peut passer la nuit dans le parc?
5. Qu'est-ce qu'on peut faire comme activités dans ce parc?
6. Qu'est-ce qu'on peut voir comme animaux dans le parc ?

Quiz 12-2B Deuxième étape

I. Listening
1. Je crève de soif et il n'y a presque plus de jus de fruit. Qu'est-ce qu'on va faire?
2. Je n'en peux plus, mon sac est trop lourd. Je vais jeter tous ces déchets.
3. Tu devrais regarder la carte. C'est bientôt la nuit et j'ai peur de me perdre.
4. Je pense que ces écureuils ont faim, mais moi aussi, je meurs de faim!
5. J'abandonne! Je craque! Je suis trop fatigué! Je ne peux plus avancer.

Quiz 12-3B Troisième étape

I. Listening
Samedi, j'ai fait une randonnée au parc avec Sabine. D'abord, nous sommes allés faire des courses pour avoir de quoi boire et manger. Ensuite on a préparé les sacs, on y a mis les courses, des cartes, une boussole et bien sûr une trousse de premiers soins. Après ça, nous avons pris le bus. Pendant le voyage, nous avons beaucoup ri. Sabine avait l'air de bonne humeur. Par contre, au retour, elle était de très mauvaise humeur. Pendant la randonnée, nous nous sommes d'abord disputés parce qu'on avait oublié la lotion anti-moustiques. Ensuite, nous nous sommes perdus et puis Sabine est tombée! Elle s'est fait mal au pied et ne voulait plus marcher! Finalement, nous avons dû abandonner et nous sommes rentrés. Quelle journée!

Answers to Quizzes 12-1A and 12-1B • Chapitre 12

ANSWERS Quiz 12-1A

A. (12 points: 2 points per item)
1. un orignal
2. un écureuil
3. une mouffette
4. un ours
5. un raton laveur
6. un canard

B. (15 points: 3 points per item)
1. Luc va faire du canotage.
2. Christine va faire du vélo de montagne.
3. Mes parents vont faire une randonnée pédestre.
4. Albert va faire une randonnée en skis.
5. Je vais faire une randonnée en raquettes.

C. (8 points: 1 point per item)
1. se trouve
2. au sud
3. faire
4. faire du camping
5. faire une randonnée en raquettes
6. Qu'est-ce qu'il y a à
7. loups
8. renards

ANSWERS Quiz 12-1B

I. Listening

A. (12 points: 2 points per item)
1. e
2. d
3. f
4. c
5. b
6. a

II. Reading

B. (10 points: 2 points per item)
1. 200 km west of Quebec city
2. mountain-bike riding; her dad wanted to try his new bike
3. They went canoeing.
4. They went hiking.
5. She thought she saw a fox, but her brother doesn't believe her.

III. Writing

C. (8 points: 2 points per item)
Answers will vary. Possible answers:
Où se trouve le parc du Mont-Saint-Bruno?
Qu'est-ce qu'il y a à voir au parc?
On peut y faire du canotage?
Il y a des ours dans le parc?

IV. Culture

D. (5 points)
Answers may vary. Possible answers:
(2 points)
1. Jacques Cartier was an explorer. He claimed Canada for the French crown in 1534.

(3 points)
2. **Draveurs** were raftsmen who transported trappers and lumberjacks who came to Canada to make their fortunes.

Answers to Quizzes 12-2A and 12-2B • Chapitre 12

ANSWERS Quiz 12-2A

A. (12 points: 2 points per item)
Answers may vary. Possible answers:
1. un sac de couchage
2. une canne à pêche
3. de la lotion anti-moustiques
4. une lampe de poche
5. des allumettes
6. une boussole

B. (15 points: 3 points per item)
Answers will vary. Possible answers:
1. Tu devrais remporter tes déchets.
2. Tu ferais bien de ne pas nourrir les animaux.
3. Evite de mutiler les arbres.
4. Tu devrais suivre les sentiers balisés.
5. Tu ferais bien de respecter la nature.

C. (8 points: 1 point per item)
Answers may vary. Possible answers:
1. fatigué; presque
2. meurs; Je n'en peux
3. peur
4. abandonne; Courage; crève de faim

ANSWERS Quiz 12-2B

I. Listening
  A. (10 points: 2 points per item)
  1. a
  2. e
  3. d
  4. b
  5. c

II. Reading
  B. (10 points: 2 points per item)
  1. false
  2. true
  3. false
  4. true
  5. false

III. Writing
  C. (6 points: 2 points per item)
  Answers will vary. Possible answers:
  1. — Je n'en peux plus!
     — Allez, tu y es presque!
  2. J'ai peur des ours!
  3. Je meurs de soif! J'abandonne!

  D. (6 points: 2 points per item)
  Answers will vary. Possible answers:
  Tu ne dois pas nourrir les animaux!
  Evite de mutiler les arbres!
  Tu devrais remporter tes déchets.

IV. Culture
  E. (3 points: 1 point per item)
  1. b   2. a   3. c

Answers to Quizzes 12-3A and 12-3B • Chapitre 12

ANSWERS Quiz 12-3A

A. (10 points: 2 points per item)
Quand j'étais petit, mes frères me taquinaient. Je faisais souvent des bêtises. J'écoutais toujours de la musique rock. Je jouais au foot avec mes amis. Mes frères et moi, nous n'ennuyions pas beaucoup ma mère.

B. (5 points: 1 point per item)
- __3__ Après le déjeuner, je suis allé acheter une boussole et un sac de couchage pour Jean.
- __5__ Finalement, nous sommes partis vers six heures.
- __2__ Ensuite, nous sommes rentrés à la maison faire des sandwiches et déjeuner.
- __1__ D'abord, Marcie et moi, nous avons fait les courses.
- __4__ Après ça, je suis allé chez Jean lui donner le sac et voir s'il était prêt à partir.

C. (15 points: 1 point per item)
1. faisait
2. ai fait
3. avons dormi
4. n'avais pas
5. ai dû
6. a plu
7. ne suis pas allée
8. a fait
9. ai fait
10. nous sommes amusées
11. a décidé
12. s'est perdue
13. n'a pas suivi
14. était
15. avait

ANSWERS Quiz 12-3B

I. Listening

A. (7 points: 1 point per item)
1. b
2. b
3. a
4. a
5. a
6. b
7. a

II. Reading

B. (12 points: 2 points per item)
5, 1, 3, 2, 4, 6

III. Writing

C. (8 points)
Answers will vary. Possible answer:
Mes amis et moi, nous sommes allés au parc de la Jacques-Cartier. Le premier jour, Annick et moi, nous avons vu des canards. C'était super! On a aussi fait une randonnée de cinq heures! Après ça, on était vraiment fatigués! Le deuxième jour, on a fait du canotage. C'était formidable!

IV. Culture

D. (3 points: 1 point per item)
1. a
2. b
3. a

Scripts for Chapter Test • Chapitre 12

I. Listening

A. 1. — Mais ça fait une heure qu'on marche! Je n'en peux plus, moi!
2. — Voilà. Il n'y a plus que deux kilomètres. Courage!
3. — Mais, qu'est-ce que c'est? J'ai peur des écureuils, moi.
4. — Allez, tu y es presque! On pourra se reposer dans vingt minutes.
5. — Alors, moi, j'abandonne. Je crève de faim.

B. Bon... Cet été, j'ai passé des vacances incroyables avec mes parents et ma sœur Annick. Le six juillet, on est partis faire du camping à la campagne. C'était super! On a vu toutes sortes d'animaux, même un ours au bord de la route. On s'est arrêtés dans le parc et on s'est d'abord installés. Après, Annick et moi, on a décidé de se promener. On a fait de la randonnée pendant une heure. C'était super! On s'est arrêtés à côté d'un petit étang où il y avait des canards. Ensuite, on a continué notre promenade et tout à coup, Annick a crié : «Un renard! Cours! Vite!» Moi, je n'ai pas vu de renard, mais j'ai quand même couru. Annick est tombée en courant et elle s'est fait mal à la main. Après ça, on était tellement fatigués qu'on a décidé de se reposer un peu. Finalement, on est retournés à notre tente pour raconter l'histoire à Maman et à Papa. Quelle journée!

C.
ANDRE Dis, Marina, on arrive quand au Chalet Grégoire? Ça va faire quatre heures qu'on marche et je suis crevé. J'ai l'impression qu'on tourne en rond. Les autres vont s'inquiéter.
MARINA On devrait bientôt y être. Mais c'est difficile sans la boussole.
ANDRE Mais, tu m'as dit que tu connaissais un raccourci!
MARINA Ben, en fait, j'avais onze ans la dernière fois que je suis venue ici. J'ai peut-être oublié où était ce raccourci.
ANDRE C'est pas vrai! On aurait dû rester avec le groupe! Mais je t'ai suivie et maintenant nous sommes perdus. Bravo!
MARINA Oh, ça va! Ça va! Allume ta lampe de poche, il commence à faire nuit et on ne voit plus rien.
ANDRE Quelle lampe de poche? C'est toi qui devais la prendre! Marina, cette randonnée est un vrai cauchemar! Je suis crevé et je commence aussi à avoir faim.
MARINA Attends, regarde. «Chalet Grégoire : 2 kilomètres.» Tu vois? Courage! On y est presque! On va dire aux autres qu'on s'est arrêtés quelques heures pour admirer les animaux dans la nature. Ils n'ont pas besoin de savoir qu'on s'est perdus.

Answers to Chapter Test • Chapitre 12

I. Listening   Maximum Score: 30 points

A. (10 points: 2 points per item)
1. a
2. b
3. a
4. b
5. a

B. (10 points: 2 points per item)
6. e
7. a
8. c
9. b
10. d

C. (10 points: 2 points per item)
11. a
12. b
13. b
14. b
15. a

II. Reading   Maximum Score: 30 points

D. (10 points: 2 points per item)
16. a
17. b
18. a
19. b
20. b

E. (10 points: 2 points per item)
21. b
22. d
23. c
24. e
25. a

F. (10 points: 2 points per item)
26. d
27. b
28. a
29. c
30. e

III. Culture   Maximum Score: 14 points

G. (10 points: 2 points per item)
31. d
32. b
33. e
34. c
35. a

H. (4 points: 2 points per item)
Answers may vary. Possible answers:
36. The Canadian government designates certain areas as wildlife preserves.
37. Jacques Cartier was a French explorer who originally claimed Canada for the French crown.

IV. Writing   Maximum Score: 26 points

I. (10 points: 5 points per item)
Answers will vary. Possible answers:
38. Courage! Tu y es presque!
39. D'abord, tu ne devrais pas mutiler les arbres! Et tu ferais bien de jeter tes déchets dans les poubelles.

J. (16 points)
Answers will vary. Possible answer:
Je suis allé(e) à Montréal le week-end dernier chez mes amis Jacques et Madeleine. D'abord, nous sommes allés au ciné. Nous avons vu un film super. Après ça, nous sommes allés au café parce que j'avais soif. Samedi, il faisait beau. Alors, nous sommes allés au stade pour voir un match de foot. Ça, c'était passionnant. Finalement, nous avons fait une randonnée dans le parc. C'était vraiment super. Je me suis bien amusé(e) à Montréal.

Nom _____ Classe _____ Date _____

Final Exam: Chapitres 7–12

I. Listening

Maximum Score: 26

A. You're spending the day in Paris. You wake up to the commercials on the clock radio. Match each ad you hear with a product pictured below. (5 points)

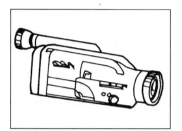

a.

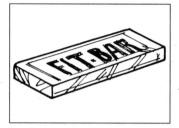

b.

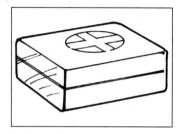

c.

d.

e.

1. _____   2. _____   3. _____   4. _____   5. _____

SCORE ____

B. While you're having croissants and hot chocolate in a Parisian café, you overhear people talking. Decide whether the people you hear are feeling **a) good** or **b) bad**. (5 points)

6. _____   7. _____   8. _____   9. _____   10. _____

SCORE ____

C. One of the students you met at the café invites you to go to lunch with him at the cafeteria. His friends are talking about their weekends. Decide what each person did. (5 points)

    a. broke up with a friend   d. got ready for a party
    b. was sick   e. went on a hike
    c. visited friends

11. _____   12. _____   13. _____   14. _____   15. _____

SCORE ____

Holt French 2 Allez, viens!, Final Exam

Copyright © by Holt, Rinehart and Winston. All rights reserved.

Nom _____ Classe _____ Date _____

D. Mireille invited you and some of her friends to dinner. She talks about her problems. Listen to the advice her friends give her and choose what each friend suggests. (5 points)

    a. break up with your boyfriend   **d.** spend a day in the country
    b. go to the movies   **e.** work out
    c. eat better

16. _____ 17. _____ 18. _____ 19. _____ 20. _____

SCORE _____

E. After dinner, you go to Estelle's birthday party. You're supposed to meet Sylvie there, but she never shows up! She calls you to explain. Listen to her explanation and then decide whether the statements that follow are **a) true** or **b) false**. (6 points)

_____ 21. Sylvie is sorry.

_____ 22. She says she should have given you a gift.

_____ 23. Sylvie had an accident.

_____ 24. Sylvie got lost.

_____ 25. Sylvie saw a friend of hers who was upset.

_____ 26. Sylvie decided not to go to the party since she was already so late.

SCORE _____

II. Reading

Maximum Score: 34

F. Emmanuelle loves movies. She has seen five movies in the last three weeks. Read her comments on five current films and match them with the type of film she is describing. (5 points)

    a. un western   **b.** un film d'action   **c.** une comédie
    d. un film d'amour   **e.** un film d'horreur

_____ 27. Ça, c'était génial. C'était plein de rebondissements et je ne me suis pas ennuyée une seconde. J'ai adoré la poursuite en bateau.

_____ 28. C'est très drôle comme film. J'ai beaucoup ri. Je te le recommande.

_____ 29. Bof, tu sais, moi, les histoires de cow-boys et d'Indiens, ça ne me plaît pas trop.

_____ 30. J'ai détesté ce film. C'était vraiment nul. Et puis, la scène où tous les insectes attaquent la ville, elle est vraiment dégoûtante.

_____ 31. C'est une belle histoire mais la fin est vraiment triste. Les deux jeunes ne peuvent pas se marier parce que leurs parents ne veulent pas.

SCORE _____

Nom _____ Classe _____ Date _____

G. Read Sophie's letter to her friend Marie-Line. Choose the appropriate word for each blank in the letter. Then complete the sentences that follow. (9 points)

Chère Marie-Line,
  Hello de Londres! Je viens de passer ma première journée avec la famille Williams. Mon avion est arrivé de Paris à l'heure et j'ai tout de suite reconnu les Williams. Jerry, mon petit «frère» avait un gros ballon avec mon nom écrit dessus. Nous avons quitté l'aéroport et j'ai vu Londres pour la première fois. (32) _____, il pleuvait. Cara, ma «sœur», dit que c'est normal.
  A la maison, Cara m'a montré ma chambre et vers 7 heures, Madame Williams a servi le dîner, un rôti de bœuf avec des légumes. (33) _____, je ne trouve pas que la cuisine anglaise mérite la mauvaise réputation qu'elle a en France.
  Après le dîner, Monsieur Williams a proposé de faire un petit tour de «London by night» en voiture. (34) _____ que c'était lui qui conduisait et pas moi. Les Anglais conduisent A GAUCHE!! Quelle drôle d'idée!!
  Maintenant, il est minuit et je suis seule dans ma chambre. C'est le seul endroit où je n'ai pas besoin de parler anglais. Mais je suis crevée. (35) _____, j'aime bien les Anglais. Si seulement ils pouvaient parler français et conduire à droite comme tout le monde!

  Bisous
  Sophie

32. a. Finalement
    b. Malheureusement
    c. Alors

33. a. A propos
    b. Bref
    c. Ensuite

34. a. En ce moment
    b. C'est-à-dire
    c. Heureusement

35. a. D'abord
    b. Plutôt
    c. Bref

____ 36. Sophie is . . .
    a. visiting Paris with her English family.
    b. staying in London with an English family.
    c. showing an English family her home.

____ 37. The family . . .
    a. was hard to find at the airport.
    b. includes a brother and a sister.
    c. doesn't eat well.

____ 38. The weather is . . .
    a. rainy.
    b. cool.
    c. hot.

____ 39. Sophie seems surprised by . . .
    a. English cooking.
    b. English driving.
    c. the weather.

____ 40. Sophie is tired out because . . .
    a. she's been speaking English all day.
    b. her trip was a long one.
    c. she went on an evening walking tour.

SCORE _____

H. Every week the magazine column **Qu'en penses-tu?** features a letter from a student with a problem along with advice from the readers. Read this week's column and answer the questions that follow. (7 points)

Voici le problème d'Elvire...

«Je m'appelle Elvire. J'ai 15 ans et j'ai un problème. Voilà : je suis amoureuse d'un garçon qui s'appelle Laurent. Il est super beau. Il est grand, il a les cheveux blonds et les yeux bleus. Depuis quelques temps, j'ai remarqué qu'il me regardait souvent et l'autre jour il est venu me parler. Je voudrais bien sortir avec lui, mais je ne sais pas quoi faire.»

Voici les réponses de...

Michèle : «A mon avis, tu devrais lui reparler. Essaie de savoir quels sont ses passe-temps préférés. Puis, invite-le à faire quelque chose qu'il aime. Sois la plus naturelle possible. Tu vas voir, tout va bien se passer.»

Rémy : «Ecris-lui une lettre et dis-lui que tu l'aimes. Donne-lui rendez-vous pour aller au café. S'il vient, tout va bien. Sinon, tant pis pour Laurent!»

Ali : «Demande à ses copains s'il t'aime ou pas. S'ils répondent oui, tu peux peut-être faire une boum chez toi et l'inviter avec tous ses copains.»

_____ 41. Why is Elvire writing?
   a. She likes Laurent.
   b. Laurent is bothering her.
   c. She doesn't like Laurent's looks.

_____ 42. What does she want to do?
   a. Talk to someone about Laurent.
   b. Write a letter.
   c. Go out with Laurent.

Answer questions 43–47 with **a) Michèle, b) Rémy,** or **c) Ali.**

_____ 43. Who does not suggest making a date with Laurent?

_____ 44. Who tells Elvire to have a party?

_____ 45. Who thinks she should find out about Laurent's interests?

_____ 46. Who suggests writing a letter?

_____ 47. Who thinks Elvire should ask Laurent's friends if he likes her?

SCORE _____

Nom _____ Classe _____ Date _____

I. Read this French fable about the crow and the fox. Then put the events of the story in order and answer the questions that follow. (8 points)

Il était une fois un renard qui faisait une randonnée pédestre. Il s'était perdu et il était très fatigué. Tout à coup, il a vu un corbeau dans un arbre avec un fromage dans le bec. Le corbeau a regardé le renard et lui a demandé :

«Qu'est-ce que tu as? Ça n'a pas l'air d'aller.»

Le renard lui a répondu :

«Ben, je me suis perdu, je crève de faim et je n'ai plus rien à manger. Est-ce que tu veux bien partager ton fromage avec moi?»

«Pas question!» a répondu le corbeau. «C'est mon fromage et je le garde.»

Alors, le renard, qui était très malin, a dit au corbeau :

«J'ai entendu dire que tu étais un très mauvais chanteur. C'est vrai?»

Le corbeau, qui était fâché, a répondu :

«Bien sûr que non! Tiens, écoute!»

Et il a ouvert son bec tellement grand pour pouvoir chanter que son fromage est tombé tout droit dans la bouche du renard. Alors le renard a ri et il a dit au corbeau :

«Voilà ce qui arrive quand on est égoïste. Tu aurais dû partager ton déjeuner avec moi. Maintenant, ton fromage est à moi. Et il a l'air délicieux! Merci bien.»

Put the following events from the story in order.

    a. Le corbeau ne voulait pas partager son fromage.

    b. Le renard faisait une randonnée pédestre.

    c. Le renard s'est perdu. Il avait très faim.

    d. Quand le corbeau a commencé à chanter, le renard a attrapé le fromage.

    e. Le renard a dit que le corbeau était un mauvais chanteur.

48. _____   49. _____   50. _____   51. _____   52. _____

_____ 53. Based on the story, what do you think **partager** means?
    a. to give   **b.** to share   **c.** to make

_____ 54. The fox is described as **malin**. What do you think that means?
    a. grateful   **b.** polite   **c.** clever

_____ 55. The crow is described as **égoïste**. What do you think that means?
    a. selfish   **b.** handsome   **c.** talented

SCORE [ ]

J. Some students are sending messages on the computer at school. Read each message and match it with the appropriate response. (5 points)

_____ 56. Je suis déprimée! Quand j'étais petite, mon père et moi, on faisait des tas de choses ensemble. Mais depuis le divorce, je ne le vois presque plus. Il me manque!

_____ 57. Mes parents me privent de sortie tout le temps. J'essaie de leur expliquer qu'ils n'ont pas toujours raison, mais c'est inutile. Je veux aller à une boum ce samedi. Qu'est-ce que tu me conseilles?

_____ 58. Je n'en peux plus! J'essaie de me mettre en forme, mais je craque! Hier soir, j'ai mangé trois paquets de chips.

_____ 59. Aide-moi! Ce matin, j'ai pris un raccourci à travers les bois derrière chez moi et j'ai croisé une mouffette. Malheureusement, je portais ma nouvelle veste. Qu'est-ce que je peux faire maintenant?

_____ 60. Tu pourrais me rendre un service? Ça t'ennuie de me prêter ton nouveau jean noir pour samedi soir? Je sors avec Roger. Je sais que tu fais du babysitting, donc tu n'en auras pas besoin.

a. C'est une histoire amusante! Je te conseille d'éviter tes amis.

b. Si tu lui écrivais une lettre? Dis-lui exactement ce que tu m'as écrit. Propose-lui de passer un week-end ensemble.

c. Tu te souviens de ma veste bleu marine? Tu ne me l'as jamais rendue. Alors, je ne veux plus te prêter mes vêtements. Désolée, c'est non.

d. Ne t'en fais pas! Tout le monde a le même problème. Essaie de ne pas sauter de repas. Comme ça, tu ne seras pas tenté de grignoter.

e. Attends qu'ils soient de bonne humeur. Puis, demande la permission de sortir.

SCORE ____

III. Culture

Maximum Score: 15

K. Match these people, places, and things and the areas with which they're associated. (5 points)

_____ 61. maquis et marchés   a. Québec

_____ 62. histoires exagérées   b. Aix-en-Provence

_____ 63. ratatouille   c. Provence

_____ 64. Paul Cézanne   d. Côte d'Ivoire

_____ 65. orignaux, mouffettes, ratons laveurs   e. Marseille

SCORE ____

Nom _____ Classe _____ Date _____

L. Choose the correct completions for these statements about life in French-speaking regions. (10 points)

_____ 66. If a Canadian friend said she likes **La Semaine Verte,** she's referring to . . .
  a. a TV show.
  b. an ecology week at school.
  c. the first week of spring.

_____ 67. If a Provençal friend said she made **tapenade** last night, she must have bought . . .
  a. green peppers.   b. olives.   c. eggs.

_____ 68. If a friend came back from vacation in the south of France and showed you a picture of the **cours Mirabeau,** you would know that he had visited . . .
  a. Aix-en-Provence.   b. Marseille.   c. Cannes.

_____ 69. If you were looking for a pharmacy in France, you would look for . . .
  a. a red arrow.   b. a green cross.   c. a black PH sign.

_____ 70. If a friend told you she tried the **Minitel** in Paris, you would assume she . . .
  a. tried a new bus service.
  b. went to a new type of movie theater.
  c. used an on-line computer service.

_____ 71. Richard spends a lot of time campaigning for the endangered animals of his region such as moose, caribou, and bears. He is from . . .
  a. Abidjan.   b. Provence.   c. Quebec.

_____ 72. Patricia loves taking dance classes at the local **MJC.** She's from . . .
  a. Abidjan.   b. Tours.   c. Yamoussoukro.

_____ 73. Her classmates at school in Paris tease Catherine because she uses some strange words, such as **chien chaud** and **patate.** Catherine is from . . .
  a. Quebec.   b. Provence.   c. Côte d'Ivoire.

_____ 74. Céline is proud of her city's world-famous film festival. She lives in . . .
  a. Nice.   b. Paris.   c. Cannes.

_____ 75. Jacques misses life in his village, where people cook over open fires and eat in communal bowls. Jacques is from . . .
  a. Martinique.   b. Côte d'Ivoire.   c. Quebec.

SCORE ____

IV. Writing

Maximum Score: 25

M. You just got this note from Gaëlle. Write her back and give her some advice. (7 points)

> J'ai un problème. La semaine dernière, j'ai perdu la chemise que Bruno m'avait prêtée. Tu vois, c'était sa chemise préférée et maintenant il est furieux. Il ne me parle plus. Qu'est-ce que je peux faire? Écris-moi vite.
>
> Gaëlle

SCORE ____

Holt French 2 Allez, viens!, Final Exam

Nom_____ Classe_____ Date_____

N. Your best friend moved to another city two months ago and a lot of things have happened since then. Write him or her a letter giving news about four of your mutual friends. You have bad news about two of them and good news about the other two. Be sure to vary the expressions you use to break the news. (8 points)

_____
_____
_____
_____
_____
_____
_____
_____
_____
_____

SCORE ____

O. Write a humorous story about an encounter with a wild animal during a camping trip. It doesn't have to be true. Describe the place where you went and tell what happened. (10 points)

_____
_____
_____
_____
_____
_____
_____
_____
_____
_____
_____
_____
_____

SCORE ____

TOTAL SCORE ____ /100

FINAL EXAM

334 Testing Program   Holt French 2 Allez, viens!, Final Exam

Copyright © by Holt, Rinehart and Winston. All rights reserved.

Nom_____ Classe_____ Date_____

Final Exam Score Sheet

Circle the letter that matches the most appropriate response.

I. Listening
Maximum Score: 26 points

A. (5 points)
1. a b c d e
2. a b c d e
3. a b c d e
4. a b c d e
5. a b c d e

SCORE ☐

B. (5 points)
6. a b
7. a b
8. a b
9. a b
10. a b

SCORE ☐

C. (5 points)
11. a b c d e
12. a b c d e
13. a b c d e
14. a b c d e
15. a b c d e

SCORE ☐

D. (5 points)
16. a b c d e
17. a b c d e
18. a b c d e
19. a b c d e
20. a b c d e

SCORE ☐

E. (6 points)
21. a b
22. a b
23. a b
24. a b
25. a b
26. a b

SCORE ☐

II. Reading
Maximum Score: 34 points

F. (5 points)
27. a b c d e
28. a b c d e
29. a b c d e
30. a b c d e
31. a b c d e

SCORE ☐

G. (9 points)
32. a b c
33. a b c
34. a b c
35. a b c
36. a b c
37. a b c
38. a b c
39. a b c
40. a b c

SCORE ☐

H. (7 points)
41. a b c   45. a b c
42. a b c   46. a b c
43. a b c   47. a b c
44. a b c

SCORE ☐

FINAL EXAM

Holt French 2 Allez, viens!, Final Exam

Nom_____ Classe_____ Date_____

I. (8 points)   **J.** (5 points)

48. a b c d e   56. a b c d e
49. a b c d e   57. a b c d e
50. a b c d e   58. a b c d e
51. a b c d e   59. a b c d e
52. a b c d e   60. a b c d e
53. a b c
54. a b c
55. a b c

SCORE [   ]   SCORE [   ]

III. Culture
Maximum Score: 15 points

K. (5 points)   **L.** (10 points)

61. a b c d e   66. a b c   71. a b c
62. a b c d e   67. a b c   72. a b c
63. a b c d e   68. a b c   73. a b c
64. a b c d e   69. a b c   74. a b c
65. a b c d e   70. a b c   75. a b c

SCORE [   ]   SCORE [   ]

IV. Writing
Maximum Score: 25 points

M. (7 points)

_____
_____
_____
_____
_____
_____
_____
_____

SCORE [   ]

Nom _____ Classe _____ Date _____

N. (8 points)

SCORE [ ]

O. (10 points)

SCORE [ ]

TOTAL SCORE [/100]

Listening Scripts for Final Exam

I. Listening

A. 1. — Partez tranquille vers l'aventure. Notre trousse de premiers soins vous rassure. Les petits accidents de route ou de camping ne peuvent plus gâcher vos vacances.
2. — C'est inutile de regretter les meilleurs moments passés en famille ou en vacances. Les rebondissements, les bêtises, les moments tendres, vous les capturerez.
3. — Vous avez envie d'une vie plus simple, plus pure? De savourer des plats exotiques? De porter des pagnes? De vous promener sur une plage de sable fin? De danser au rythme du tam-tam? Contactez-nous. Nous vendons des rêves.
4. — Vous le savez depuis longtemps. Vous n'avez pas le temps de manger comme il le faut. Vous dormez mal. Vous êtes souvent malade. Vous savez que vous consommez trop de sel, de sucre. Qu'est-ce que vous attendez pour vous sentir mieux? Quand vous grignotez, mangez quelque chose qui est bon pour vous.
5. — Quand vous avez des invités, laissez-nous vous aider. Vous n'avez pas le temps de préparer quelque chose de spécial? Pour nous, chaque jour est une occasion spéciale. La prochaine fois que vous invitez vos amis, passez l'aspirateur, mais laissez-nous préparer vos amuse-gueule.

B. 6. — Dis Caro, qu'est-ce qui ne va pas? Tu n'as pas l'air très en forme.
   — J'ai mal aux dents aujourd'hui.
7. — Bruno, pourquoi tu ne fais pas la randonnée à vélo de montagne avec nous? Tu es malade?
   — Non, ça va bien, mais ce n'est pas mon truc.
8. — Sylvie, si on allait au ciné ce week-end?
   — Bonne idée, je ne suis plus malade et j'ai envie de sortir.
9. — Olivier, tu ferais bien de faire de la gymnastique avec nous.
   — Je devrais, mais j'ai mal dormi et je ne me sens pas très bien aujourd'hui.
10. — Marc, qu'est-ce qui se passe? Tu as l'air déprimé.
    — Amina et moi, nous nous sommes disputés et nous avons cassé.

C. 11. — J'ai passé tout le week-end à faire les préparatifs pour la boum aujourd'hui. Vous savez que c'est l'anniversaire d'Estelle? Vous êtes tous invités.
12. — Ça y est. Antoine et moi, on a cassé samedi soir. Il m'énerve et il a trop mauvais caractère.
13. — J'ai fait une randonnée avec quelques amis. Nous avons marché trente kilomètres. Aujourd'hui, je n'en peux plus. Je suis crevé, mais c'était fantastique.
14. — Quel week-end! Vendredi, je savais déjà que quelque chose n'allait pas. Samedi et dimanche, je suis resté couché avec la grippe et aujourd'hui je suis encore tout raplapla.
15. — Ce week-end, je suis allée à Tours pour voir tous mes anciens amis. On a passé un week-end sensass ensemble.

D. 16. — Mireille, tu devrais venir avec Sophie et moi dimanche. Il y a un bon policier au Lido et on y va à trois heures. Ça te dit?

17. — Pourquoi tu ne vas pas passer une journée à la campagne? Une journée dans la nature toute seule, ça te fera du bien.

18. — Mireille, tu as l'air inquiète. Tu sais, je crois que tu devrais casser avec François. François est gentil, mais vous vous disputez tout le temps.

19. — Viens avec moi! Nous commençons toujours avec quelques abdominaux, et puis nous faisons trente minutes de musculation. D'accord, c'est fatigant, mais ça fait beaucoup de bien.

20. — Ton problème, c'est que tu consommes trop de matières grasses. Moi, j'avais le même problème il y a quelques mois, mais maintenant je ne grignote plus et je me sens beaucoup mieux. Tu devrais faire comme moi.

E. Salut! Je suis vraiment désolée. J'aurais dû te téléphoner à la boum mais je n'avais pas le numéro de téléphone d'Estelle. D'abord, j'ai raté le bus... alors, j'ai décidé de venir à pied. Ensuite, je me suis perdue. Je me suis retrouvée sur la place de la Concorde et je ne savais vraiment plus quoi faire. J'ai finalement décidé de prendre un taxi parce qu'il était déjà tard. Mais à ce moment-là, j'ai vu ma copine Stéphanie à la terrasse d'un café. Elle avait l'air très déprimée et elle pleurait. Elle m'a dit que Patrick venait de casser avec elle. Alors, j'ai décidé de rester avec elle pour la réconforter. Excuse-moi. Tu ne m'en veux pas?

Answers to Final Exam

I. Listening   Maximum Score: 26 points

A. (5 points: 1 point per item)
1. c
2. a
3. e
4. b
5. d

B. (5 points: 1 point per item)
6. b
7. a
8. a
9. b
10. b

C. (5 points: 1 point per item)
11. d
12. a
13. e
14. b
15. c

D. (5 points: 1 point per item)
16. b
17. d
18. a
19. e
20. c

E. (6 points: 1 point per item)
21. a
22. b
23. b
24. a
25. a
26. b

II. Reading   Maximum Score: 34 points

F. (5 points: 1 point per item)
27. b
28. c
29. a
30. e
31. d

G. (9 points: 1 point per item)
32. b
33. a
34. c
35. c
36. b
37. b
38. a
39. b
40. a

H. (7 points: 1 point per item)
41. a
42. c
43. c
44. c
45. a
46. b
47. c

I. (8 points: 1 point per item)
48. b
49. c
50. a
51. e
52. d
53. b
54. c
55. a

J. (5 points: 1 point per item)
56. b
57. e
58. d
59. a
60. c

III. Culture   Maximum Score: 15 points

K. (5 points: 1 point per item)
61. d
62. e
63. c
64. b
65. a

L. (10 points: 1 point per item)
66. a
67. b
68. a
69. b
70. c
71. c
72. b
73. a
74. c
75. b

IV. Writing   Maximum Score: 25 points

M. (7 points)   Answers will vary.
N. (8 points)   Answers will vary.
O. (10 points)   Answers will vary.

To the Teacher

Speaking Tests

The primary goal of *Allez, viens!* is to help students develop proficiency in French. The speaking tests in the *Testing Program* have been designed to help assess students' proficiency in understanding and speaking French. The speaking tests, which measure how well students use the language in contexts that approximate real-life situations, reflect the interview/role-play format of the Situation Cards in the *Activities for Communication*. You can choose to set up interviews with each student, role-play the short situations with individual students, or have pairs of students act out the role-play situations spontaneously as you observe.

Administering a speaking test requires approximately three to five minutes with each student or pair of students. You might administer a speaking test to one student or a pair of students while the others are working on the reading and writing sections of a Chapter Test or on any written assignment. Make sure that you and the student(s) are seated far enough from others so that you will not disturb them. Instruct the student(s) to speak in a soft but audible voice. If such an arrangement is not possible, you might want to meet with students at mutually agreed upon times outside of class.

The Speaking Test Evaluation Form on page 342 will help you assess each student's performance. At the end of each test, take a moment to note your impressions of the student's performance on the evaluation form. The following guidelines offer one possible way to determine a student's global score, based on the evaluation.

- **18–20 pts:** The student accomplishes the assigned task successfully, speaks clearly and accurately, and brings additional input to the basic situation (for example, using functions or structures that beginning language learners seldom use spontaneously).

- **15–17 pts:** The student accomplishes the assigned task successfully with few errors, is able to communicate effectively in spite of these errors, and offers meaningful responses.

- **12–14 pts:** The student accomplishes the task with difficulty. He or she demonstrates minimum oral competence, hesitates frequently, and offers minimal, predictable responses.

- **9–11 pts:** The student is unable to accomplish the task or fails to demonstrate acceptable use of functions, vocabulary, and grammatical structures.

- **0–8 pts:** Communication is almost non-existent. The student does not understand the aural cues and is unable to accomplish the task. Errors are so extreme that communication is impossible.

Nom _____ Classe _____ Date _____

Speaking Test Evaluation Form

Chapter _____ ☐ Interview ☐ Role-Play ☐ Other format

Targeted Function(s) _____
_____
_____

Context (Topic) _____

COMPREHENSION (ability to understand aural cues and respond appropriately)	(EXCELLENT)	4	3	2	1	(POOR)
COMPREHENSIBILITY (ability to communicate ideas and be understood)	(EXCELLENT)	4	3	2	1	(POOR)
ACCURACY (ability to use structures and vocabulary correctly)	(EXCELLENT)	4	3	2	1	(POOR)
FLUENCY (ability to communicate clearly and smoothly)	(EXCELLENT)	4	3	2	1	(POOR)
EFFORT (inclusion of details beyond the minimum predictable response)	(EXCELLENT)	4	3	2	1	(POOR)

TOTAL POINTS ☐

NOTES:

_____
_____
_____
_____
_____
_____

SPEAKING TESTS

CHAPITRE

Bon séjour!

Speaking Test

Targeted Functions: describing and characterizing yourself and others; expressing likes, dislikes, and preferences; asking for information; asking for and giving advice; asking for, making, and responding to suggestions; relating a series of events

A. Interview
Have students answer these questions in French.
1. **Tu as quel âge?**
2. **Tu es comment?**
3. **Quel est ton cours préféré?**
4. **Qu'est-ce que tu vas faire dimanche?**
5. **Je vais au Canada cet hiver. Qu'est-ce que je dois prendre?**

B. Role-play
Have pairs of students act out the following situation, or act it out yourself with a student.

> You're talking on the phone to your pen pal who lives in France. He or she is arriving in two days to visit you for the first time. Discuss with your pen pal how you will identify each other at the airport, what your pen pal should bring, and what activities you could do together.

CHAPITRE

Bienvenue à Chartres!

Speaking Test

Targeted Functions: welcoming someone; responding to someone's welcome; asking how someone is feeling and telling how you are feeling; pointing out where things are; paying and responding to compliments; asking for and giving directions

A. Interview
Have students answer these questions in French.
1. **Bienvenue chez moi. Tu as fait bon voyage?**
2. **Pas trop fatigué(e)?**
3. **Tu n'as pas faim?**
4. **Nous sommes au lycée. Où est ta maison?**
5. **Maintenant, nous sommes chez toi. Où sont les toilettes?**
6. **Qu'est-ce qu'il y a dans ta chambre?**

B. Role-play
Have pairs of students act out the following situation, or act it out yourself with a student.

> You're an exchange student and you've just arrived at your host family's home in Chartres. Respond to your host's welcome. Your host will point out the different rooms of the house. Pay a compliment. Then ask for directions to the **lycée** you will be attending.

Holt French 2 Allez, viens!

Un repas à la française

Speaking Test

Targeted Functions: making purchases; asking for, offering, accepting, and refusing food; paying and responding to compliments; asking for and giving advice; extending good wishes

A. Interview

Have students answer these questions in French.
1. **Tu es à la boucherie. Je suis le vendeur (la vendeuse). Qu'est-ce que vous désirez?**
2. **Tu es à la charcuterie. Vous désirez?**
3. **Tu es à la crémerie. Qu'est-ce que vous désirez?**
4. **Qu'est-ce que je pourrais offrir à un ami qui aime le sport et la photographie?**
5. **Et à mon amie qui adore les vêtements?**

B. Role-play

Have pairs of students act out the following situation, or act it out yourself with a student.

> You're having dinner at a friend's house. Ask your friend to pass several dishes. Compliment the food. Then ask your friend to suggest gift ideas for a family member's birthday. You remember that today is your friend's birthday. Wish him or her a happy birthday.

Sous les tropiques

Speaking Test

Targeted Functions: asking for information and describing a place; asking for and making suggestions; emphasizing likes and dislikes; relating a series of events

A. Interview

Have students answer these questions in French.
1. **Où se trouve la Martinique?**
2. **C'est comment là-bas?**
3. **Qu'est-ce qu'on peut faire à la Martinique?**
4. **Ça te dit d'aller faire du deltaplane?**
5. **Qu'est-ce que tu fais le matin pour te préparer?**

B. Role-play

Have pairs of students act out the following situation, or act it out yourself with a student.

> You're vacationing in Martinique with a friend who has been there before. Ask him or her what the island is like and what there is to see and do. Then ask for and make suggestions of activities you could do together. Emphasize your likes and dislikes.

CHAPITRE 5 — Quelle journée!

Speaking Test

Targeted Functions: expressing concern for someone; inquiring; expressing satisfaction and frustration; sympathizing with and consoling someone; giving reasons and making excuses; congratulating and reprimanding someone

A. Interview
Have students answer these questions in French.
1. **Ça n'a pas l'air d'aller. Qu'est-ce qui se passe?**
2. **Comment s'est passée ta journée d'hier?**
3. **Tu as passé un bon week-end?**
4. **Je suis assez bon(ne) en maths. Et toi?**
5. **Je ne suis pas doué(e) pour les sciences. Et toi?**

B. Role-play
Have pairs of students act out the following situation, or act it out yourself with a student.

You've had a bad day. Your mother or father notices that something is wrong. Tell him or her about everything that went wrong today, including the bad grade you received in one of your classes. He or she will express sympathy for your mishaps and then reprimand you for the bad grade.

CHAPITRE 6 — A nous les châteaux!

Speaking Test

Targeted Functions: asking for opinions; expressing enthusiasm, indifference, and dissatisfaction; expressing disbelief and doubt; asking for and giving information

A. Interview
Have students answer these questions in French.
1. **Est-ce que tu es allé(e) au zoo récemment? Tu t'es bien amusé(e)?**
2. **Est-ce que tu es allé(e) dans un parc d'attractions récemment? C'était comment?**
3. **Je vais te donner un million de dollars! D'accord?**
4. **Il y a un éléphant dans le gymnase! Tu veux aller le voir?**
5. **Tu es à Paris et tu veux aller à Nice en train. Je suis l'employé(e) de la gare. Je peux vous aider?**

B. Role-play
Have pairs of students act out the following situation, or act it out yourself with a student.

You went to France last summer. You did a lot of things, some you enjoyed, and some you didn't. Tell your friend what you did on your trip. He or she will ask you how you enjoyed each activity.

Holt French 2 Allez, viens!

CHAPITRE  7

En pleine forme

Speaking Test

Targeted Functions: expressing concern for someone; complaining; giving, accepting, and rejecting advice; expressing discouragement; offering encouragement; justifying your recommendations; advising against something

A. Interview
Have students answer these questions in French.
1. **Tu n'as pas l'air en forme. Qu'est-ce que tu as?**
2. **Tu ferais bien de faire de l'exercice. Ça te dit?**
3. **Pourquoi tu ne fais pas de l'aérobic?**
4. **Qu'est-ce que je peux faire pour me mettre en condition?**
5. **Qu'est-ce que je dois faire pour mieux me nourrir?**

B. Role-play
Have pairs of students act out the following situation, or act it out yourself with a student.

> You go to see your doctor because you haven't been feeling well. The doctor asks you to describe what's wrong. Tell him or her how you feel. The doctor will recommend exercise and give advice on nutrition. Accept or reject the advice.

CHAPITRE  8

C'était comme ça

Speaking Test

Targeted Functions: telling what or whom you miss; reassuring someone; asking and telling what things were like; reminiscing; making and responding to suggestions

A. Interview
Have students answer these questions in French.
1. **C'était comment là-bas?**
2. **Quand tu étais petit(e), tu étais comment?**
3. **Si on allait en Côte d'Ivoire?**
4. **Si on allait se promener dans un marché d'artisans?**
5. **Si on achetait un pagne et un tam-tam?**

B. Role-play
Have pairs of students act out the following situation, or act it out yourself with a student.

> Your family has moved to Abidjan. You're telling a new friend what you miss about the place where you used to live. Your friend asks what things were like there and then reassures you about your new home. He or she then suggests some activities. Accept or reject the suggestions.

CHAPITRE 9 — Tu connais la nouvelle?

Speaking Test

Targeted Functions: wondering what happened; offering possible explanations; accepting or rejecting explanations; breaking some news; showing interest; beginning, continuing, and ending a story

A. Interview
Have students answer these questions in French.
1. A mon avis, il va neiger aujourd'hui. Tu ne crois pas?
2. Ton ami(e) a l'air déprimé(e). Peut-être qu'il(elle) a été privé(e) de sortie. Tu ne crois pas?
3. Ton ami(e) est de bonne humeur. Pourquoi?
4. Pourquoi est-ce que ton ami(e) fait la tête?
5. Raconte quelque chose qui t'est arrivé.

B. Role-play
Have pairs of students act out the following situation, or act it out yourself with a student.

You're talking with a friend about a classmate who's in a very bad mood today. You both offer possible explanations for his or her bad mood. Then you remember some good news about another classmate. Break the news to your friend.

CHAPITRE 10 — Je peux te parler?

Speaking Test

Targeted Functions: sharing a confidence; asking for and giving advice; asking for and granting a favor; making excuses; apologizing and accepting an apology; reproaching someone

A. Interview
Have students answer these questions in French.
1. J'ai un problème. Je peux te parler?
2. Je me suis disputé(e) avec un(e) ami(e). Qu'est-ce que tu ferais, toi?
3. Tu peux m'aider à organiser une boum?
4. Qu'est-ce que je dois faire comme préparatifs?
5. J'ai perdu ton interro. Tu ne m'en veux pas?

B. Role-play
Have pairs of students act out the following situation, or act it out yourself with a student.

You were "grounded" and as a result, you missed a friend's party. You forgot to phone your friend to explain why you couldn't go to the party. Call your friend, apologize, and ask for advice on how to get on good terms again with your parents.

Chacun ses goûts

Speaking Test

Targeted Functions: identifying people and things; asking for and giving information; giving opinions; summarizing

A. Interview
Have students answer these questions in French.
1. Qui est ton chanteur (ta chanteuse) préféré(e)?
2. Je veux acheter un CD pour la fille d'un(e) ami(e). Quels groupes est-ce que tu me recommandes?
3. Qu'est-ce qu'on joue comme bons films en ce moment?
4. De quoi ça parle?
5. Est-ce que tu as lu un bon livre récemment? Lequel?
6. Qu'est-ce que ça raconte?

B. Role-play
Have pairs of students act out the following situation, or act it out yourself with a student.

> You and a friend are deciding what to do together. You want to go see a music group. Ask your friend if he or she is familiar with the group you want to see. Your friend wants to see a movie instead. Talk about the different films that are showing.

A la belle étoile

Speaking Test

Targeted Functions: asking for and giving information; giving directions; complaining; expressing discouragement and offering encouragement; asking for and giving advice; relating a series of events; describing people and places

A. Interview
Have students answer these questions in French.
1. Où est-ce que tu voudrais aller faire du camping?
2. Où est-ce que ça se trouve?
3. Qu'est-ce qu'il y a à voir là-bas?
4. Qu'est-ce qu'il y a à faire là-bas?
5. Si tu vas faire du camping, qu'est-ce qu'il faut que tu emportes?
6. Imagine que tu es allé(e) faire du camping récemment. Décris ce que tu as fait.

B. Role-play
Have pairs of students act out the following situation, or act it out yourself with a student.

> You're talking on the phone with a park ranger in Canada. Find out where the park is located, what there is to see and do at the park, and what you should bring to camp there. The park ranger will answer your questions and give you advice on respecting nature.